寰宇財金 64

梭羅斯旋風

Soros

The Life, Times, & Trading Secrets of the World's Greatest Investor

Robert Slater 著

羅 耀 宗 譯

The McGraw-Hill Companies, Inc.

Taipei   New York   San Francisco   Washington, D.C.   Auckland
Bangkok   Bogota   Caracas   Hamburg   Hong Kong   Jakarta   Lisbon
London   Madrid   Manila   Mexico   Milan   Montreal   NewDelhi   Paris
San Juan   Sao Paulo   Seoul   Singapore   Sydney   Tokyo   Toronto

Soros

by Robert Slater

目　　錄

序

　　這本傳記體式的著作沒有任何人授權委託撰寫。大部分人聽到某位作家正在寫一本書，以某個人為主角，第一個會問的問題，在這裡先回答再說。替喬治・梭羅斯（George Soros）寫傳，是我自己的構想。1992年，我寫的奇異公司董事長魏爾契（Jack Welch）的傳記，也由歐文專業出版公司出版後，又想找另一位重要的企業人物，為他作傳。我無意間想起梭羅斯。我和他的辦公室接洽，讓他知道我計劃做什麼事。他們要我和凱斯特公司（Kekst & Co.）的大衛・柯隆費爾德（David Kronfeld）連絡；梭羅斯選定凱斯特公司處理他的公共關係事務。

　　我們談了30分鐘，聊得很愉快，曉得沒人想過或正著手針對梭羅斯寫書。我告訴柯隆費爾德，說我希望改變這件事，而且會通知他我有沒有得到出書合約或何時得到。我請他不要把這個計畫的任何事情傳達給梭羅斯和當時他身邊的人知道；柯隆費爾德給我的印象，是他會等我的電話。

　　一個月後，出書計畫獲得首肯，我立即打電話通知柯隆費爾德，說我將著手寫這本書。他的答覆是，「很遺憾，梭羅斯身邊的人決定不跟你合作。」他沒做任何解釋。我根本沒寫信給梭羅斯，把我的計畫告訴他，所以這個反應不是我期待的。柯隆費爾德接著向我說，凱斯特公司的主管喬森・凱斯特

（Gershon Kekst）曾建議梭羅斯身邊的人，不管是誰——讓我知道他們是誰——和我合作。他說，他們試著「為你求情」，但沒有成功。我向他道謝，但指出我沒請他為我求情，也沒要求合作。我只希望將來能夠訪問梭羅斯和他的助理，因為那似乎符合大家的利益——梭羅斯的利益和我的利益。我問，是不是可以訪問梭羅斯的東歐各基金會工作人員。柯隆費爾德建議我去找法蘭西絲·艾布齊德（Frances Abouzeid）。

在電話中，艾布齊德說，梭羅斯已向另一人做出「承諾」，這個人正在寫談他的書，因此他和助理「沒有時間」給我。我說，我還是計劃寫下去，希望梭羅斯能夠改變主意。艾布齊德表示，我可以訪問在梭羅斯各基金會工作的人。

於是我開始著手這本書的資料蒐集和研究工作。不管在公益慈善活動或投資事業生涯中，認識梭羅斯或與他共過事的人，我都希望盡可能找他們一談。剛開始，在梭羅斯的東歐各基金會工作的人，我決定把他們列為重點。

在羅馬尼亞的布加勒斯特，梭羅斯的工作人員熱誠地接待我，待如上賓，到機場接我，送我去見基金會的工作人員，並允許我列席基金會不對外公開的會議，以及訪問董事以降的任何人和每一個人。他們給了我希望得到的合作，這似乎是個好兆頭。稍後在匈牙利的布達佩斯，我給自己訂了更複雜的目標，不再只訪問基金會的工作人員，也想見見從孩童時期就認識梭羅斯的人。找這些人可不容易，但最後還是見到幾位。一般來說，他們的記憶仍十分鮮明，而且似乎很高興能有機會回憶他們的同學或兒時的玩伴。

在布達佩斯，我和梭羅斯短暫打過照面。計劃去那裡時，根本沒想到他也會在布達佩斯。他到那裡，是要見東歐和前蘇聯地區各基金會的執行董事，同時1994年3月8日在塔佛納飯店（Taverna Hotel）爲他們舉辦的晚宴上，他將出席。很幸運的，我本來就要在那家飯店訪問一位基金會員工，於是決定把握良機，向梭羅斯自我介紹。但是那個晚上我見到的第一個人，是法蘭西絲・艾布齊德。她很客氣，說會試著安排，在晚宴開始前，和梭羅斯簡短地見面。如果不行，她說，下個月我在紐約時，會試著安排我和梭羅斯見面。稍後她回來說，那個晚上梭羅斯會不會到飯店來，還不十分肯定，因此得等到4月再說。當然了，我的失望之情溢於言表。

但是就在我和梭羅斯身邊工作的人聊天時，梭羅斯走了進來。他走得很輕快，我急趨向前。艾布齊德一旁作陪，居中引介。

我說，正在寫一本談他的書。

梭羅斯答，不曉得有這件事。

不曉得有這件事？怎麼有可能不曉得？不用說，我心涼了一大截。大衛・柯隆費爾德和法蘭西絲・艾布齊德明明告訴我，我寫書不提供協助，做這個決定的是梭羅斯。

我稍微提了一下自己的背景，並說很希望和他一談。

他說，沒辦法做任何承諾。

我堅持，告訴他，我在布達佩斯已經和孩童時期就認識他

的人，談了一些有趣的事。我再次指出，和他一談很重要。

他似乎有些動搖，說等我結束資料的蒐集研究工作時，我們會見面。梭羅斯接著告訴法蘭西絲·艾布齊德：「他可以參加今晚的宴會，但不對外公開。」

事情有這樣的轉變，我高興極了。

不過艾布齊德說話了：「不行，我們不希望外人參加。」

梭羅斯看著我，流露抱歉的神色，「我必須聽從她的判斷」。喬治·梭羅斯聽任公共關係助理決定某個正在寫他傳記的人可不可以參加晚宴，叫我十分吃驚。

後來，我沒再與梭羅斯見面。但是在五個國家——美國、英國、匈牙利、羅馬尼亞和以色列——我訪問到他的許多同事，最遠可追溯到他的投資事業生涯的早期。由於這些訪問，我相信已能從所有層面，描述喬治·梭羅斯這個人。很幸運的，梭羅斯講的話經常有紀錄可稽，不管是在報紙上、雜誌上或者接受電視台訪問。藉著這些訪問，我能夠就影響梭羅斯事業生涯的課題，察覺他相信什麼事。而且，他寫了三本書，其中一本談他的金融理論《金融煉金術》〔 The Alchemy of Finance 〕），另兩本談他的公益慈善活動。《開放蘇聯體系》〔 Opening the Soviet System 〕 和 《爲民主背書》〔 Underwriting Democracy 〕）。梭羅斯談到自己的事，散見書中各處，有助我瞭解他的性格。

我安排和華爾街、倫敦金融圈的許多金融分析師見面，很有意思，也受益良多。有些分析師和梭羅斯並沒有私交，卻能

侃侃而談他置身其中的環境背景，讓我管窺金融圈的運作方式，以及對梭羅斯驚人的投資紀錄有什麼樣的反應。

為了還活著的公眾人物，寫一本沒經對方授權允許的書，在資料的蒐集研究工作上，相當不容易。這一次，我覺得面對的挑戰特別大，因為察覺梭羅斯要他最親近的助理人員，包括公共關係助理，不要和我接觸。我寫給他幾封信，強調身為作家，有義務給他機會，就他人講述，和他有關的若干事件和若干聲明，發表自己的看法。這樣的主張未受對方理會。

不過，1994年5月31日，我收到梭羅斯基金的法律總顧問修恩‧華倫（Sean C. Warren）的信，基本上是答覆我連續寫給梭羅斯，請求接受訪問的第二封信。華倫在信中說，那封信的目的是確認梭羅斯不會和我合作，因為他正和另一位寫他的書的人合作。「想必你能夠諒解，梭羅斯先生和他的同事時間很有限，必須很謹慎地分配使用。因此，梭羅斯先生也要求基金會的工作人員及其他機構，不要回應你的請求。」華倫重申，「沒人有空見你」，而且我應該「請停止打電話給梭羅斯先生和各基金會，談有關見面的事」。

信尾語句，可說是他的籲求：「來信中，你說希望見梭羅斯先生，目的是讓你的書盡可能精確，達到『公正平衡』。雖然沒人會見你，但我想你還是會以最大的努力，善盡新聞記者報導的責任，使你的書精確和公正平衡。」

這樣的籲求令我納悶。1994年6月20日，我寫信給大衛‧柯隆費爾德，問了他很多有關梭羅斯的問題，希望當面討論。我指出，法律總顧問請我下筆公正平衡和精確，同時表示，能

夠幫助我做到那件事的人，我接觸不到。柯隆費爾德先生沒有回音。

我很高興發現梭羅斯的觸角只延伸到那麼遠。他以前的許多員工比較樂於和我分享他們對他的看法，而且幾乎有紀錄可查。我很感激他們接受我冗長的訪問。與之形成對比的是，有時候我覺得好像在和梭羅斯身邊的人玩貓捉老鼠的遊戲：打電話給某個人，請求接受訪問，對方答應了，後來卻又取消。有一次，一位女士同意接受訪問，並表示梭羅斯身邊的人已和她談過，要她不要和我談，但她決定不管那麼多，一定要和我談。另一次，一位梭羅斯親近的助理同意和我見面。經過一整個晚上冗長的訪問後，這個人隔天早上打電話來說，她從梭羅斯身邊的人獲悉，她不應該和我談的。於是我不得不把可以搬上檯面的訪問，變成「不能引名道姓」。從這樣的例子，可以明顯看出喬治‧梭羅斯布下的網很寬廣。

雖然有這些限制，我可以很有自信地說，這本書是到目前為止，探討喬治‧梭羅斯最深入的一本。

這裡簡單地談談我的主編傑弗瑞‧柯拉姆茲（Jeffrey Krames）。和他合作出一本大書，又是樂趣無窮。他在許多方面提供支援、建議和熱情，幫助我構思這個寫書計畫、分享我對這個主題的興奮之情、指出內文如何強化。本來一件很複雜的挑戰，因為他的幫忙，我有了很美好的體驗，在此致上深深的謝忱。

我要感謝布魯斯‧李伯曼（Bruce Liebman），在紐約處理一些重要的資料蒐集研究整理工作。由於他，我才能輕而易舉

地撰寫有關梭羅斯一整套很有價值的文章。也感謝傑爾達・麥斯林・梅茨格（Zelda Meislin Metzger）和大衛・諾斯曼（David Nachman）的協助。

也要感謝以下這些人，讓我有機會和他們一談：法蘭西絲・艾布齊德、艾德格・厄斯泰爾（Edgar Astaire）、費倫茨・巴達（Ferenc Bartha）、辛波卡・納西亞（Cimpoca Narcisa）、里昂・伯曼（Leon Cooperman）、貝絲・戴文波特（Beth Davenport）、齊拉・杜波絲（Csilla Dobos）、威廉・道奇（William Dodge）、丹尼爾・杜隆（Daniel Doron）、唐・伊連（Don Elan）、狄紐・傑瑞斯古（Dinu C. Giurescu）、艾雷克斯・葛法伯（Alex Goldfarb）、詹姆士・葛朗特（James Grant）、安卡・哈拉辛（Anca Haracim）、米克拉斯・何恩（Miklas Horn）、安納托爾・卡雷茨基（Anatole Kaletsky）、史帝芬・柯倫（Stephen Kellen）、大衛・柯隆費爾德、班尼・藍達（Benny Landa）、亞瑟・勒納（Arthur Lerner）、喬治・梅格勒斯（George Magnus）、詹姆士・馬凱斯（James Marquez）、羅伯・米勒（Robert Miller）、費倫茨・內格爾（Ferenc Nagel）、古爾・歐佛（Gur Ofer）、卡爾・波普爾（Karl Popper）、艾倫・拉法葉（Allan Raphael）、詹姆士・羅傑斯（James Rogers）、傑佛瑞・謝克斯（Jeffrey Sachs）、赫塔・賽德曼（Herta Seidman）、耶休荻特・西蒙（Yehuditte Simo）、艾林・提歐德瑞斯古（Alin Teodoresco）、波爾・泰騰義（Pal Tetenyi）、克利斯・特納（Chris Turner）、米可洛斯・華薩赫爾利（Miklos Vasarhelyi）、拜爾倫・伍恩（Byron Wien）等人，以及其他要求不要透露姓名的人士。

　　艾倫・拉法葉、詹姆士・馬凱斯、拜爾倫・伍恩、唐・伊連、克利斯・特納看過本書的部分原稿，很感謝他們百忙中抽空，以及提供寶貴的建議。

　　感謝我的家人：需要幫忙的時候，內人艾莉總是隨時在側，支援、建議、閱讀草稿，以及在我從一個國家跑到另一個國家，尋找關於喬治・梭羅斯更詳細的資料時，照顧家裡。她最能諒解、幫最大的忙，謝謝她所做的每一件事。感謝我的小孩——米瑞兒和她先生席米、亞當、雷徹爾——他們的存在，給我的生活添增那麼多樂趣。

　　這是我第四本有關企業的書，而每次寫這類書時，總是想起我多麼貼近主題；所謂主題，其實就是我的家人。他們不只展現亟需的熱情，更進而添增重要的意見，協助我把事情講得更清楚、更深入，感謝他們的幫忙：我的兄弟傑克・史雷特、舅子朱德・魏尼克、堂兄弟梅爾文・史雷特和幾個姪子。他們是家族中的「企業人」，也是我最重要的讀者群之一。我最重要的「讀者」，是先父約瑟夫・史雷特。在潛意識中，他激發我發現整個企業的主題充滿無盡的趣味。剛開始我冥頑不靈，想不透企業的哪些地方叫他如此著迷，後來終於曉得，也相信他一定既驚且喜，很高興看到我總算瞭解了他的意思。我要對他致上無盡的謝意。這本書獻給約瑟夫・史雷特。

羅伯・史雷特（Robert　Slater）

第一章
全世界最傑出的投資家

1992年9月15日下午5時30分

　　喬治・梭羅斯躺靠在橢圓形辦公桌後面的皮質高椅裡，凝視左邊的大窗外，中央公園令人窒息的景觀，以及約33樓層底下交通尖峰時段的來往人車。他因再次成為遊戲場中的一員而興奮不已。

　　近來，每次走進曼哈頓城中的梭羅斯基金管理公司辦公室，梭羅斯覺得自己比較像訪客，不像老闆。不過今天他屬於這裡。今天，他可以爬一座山，或者擊垮一家銀行。他很有自信，相信他還能玩遊戲──而且玩得比以前要好。或者比每個人都好。

　　那麼近些年來，大部分時間遠遊他鄉，所為何事？1988年，他把工作交付年輕許多，投資理財紀錄十分出色的史坦利・朱肯米勒（Stanley Druckenmiller），此後基金運作得很平順。梭羅斯到辦公室，總是和朱肯米勒同心協力，但有時對於應如何解讀金融市場，難免意見相左。

　　不過這些日子，梭羅斯有比較多的時間遠赴東歐或前蘇聯地區，為他1980年代設立的各個公益慈善基金會奔波，目的是

使那些國家轉型成民主政治的典範。這麼多年來，所有精力投入金融市場，已賺得夠用的錢。現在，到了此生之秋，他希望盡可能擺脫辦公室裡的日常事務，寧可到匈牙利或羅馬尼亞，和他的基金會工作人員混在一起、吃力地走過波士尼亞泥濘的街道、到處冒險。

但今天不是普通日子。喬治‧梭羅斯將下金融史上最大的賭注。他的心一定在狂跳，應該衝進大廳，神經兮兮地對著嚇壞的員工大吼大叫。但這不是他的作風。只有他的心思在奔馳。他坐下來，看起來很平靜，心裡自問的問題，和每次即將躍進水中，濺起水花時間的問題一樣。

做這件事正確嗎？我會不會淹死？

眺望著市內第一盞燈光亮起，梭羅斯的心已經遠飄到幾千哩外。是不是最好啟程前往倫敦？他不是很有把握。也許今天不要緊。

遠離華爾街金融區，喬治‧梭羅斯一直覺得樂趣無窮——曉得自己不必那麼辛苦，在紐約證券交易所的影子裡徘徊，也知道如何賺進大錢。這樣的感覺，別有一番滋味在心頭。

以他玩投資遊戲的方式，以他解讀金融市場時採用不同於常人的風格，而能大獲成功的事實來看，實在沒理由和鬧區的群眾擠在一塊爭食青草。他滿足於置身城中心。在一如往常的冒險活動中，小憩片刻，令他心滿意足。他的辦公室溫暖如家，幾幅畫掛在牆上，家人的照片擺在桌上。但是距梭羅斯專用辦公室幾步遠的地方，員工坐在冷冰冰的電腦螢幕前，兩眼

直視前方，動也不動，好像害怕頭稍微偏左轉右，會被人誤以爲打盹。牆上一幅文字，似乎由電腦設計出來，寫著：我生而貧窮，但不會窮死。

這是喬治·梭羅斯的信條。他目前62歲，財富超乎想像，曉得自己已經贏得「比賽」，不會窮死。確實如此，他死時很有可能是美國最有錢的人之一。但是沒人敢建議可以把那幅文字取下來了。畢竟，辦公室裡的其他人需要一點激勵。有些員工也很有錢，身價高達數百萬美元。他們也不會窮死。和喬治·梭羅斯在一起兢兢業業奮鬥的人，似乎全參與了淘金熱，也都找到了黃金。梭羅斯基金管理公司的辦公室看起來不像諾克斯堡（Fort Knox ，美國軍事重地，位於肯塔基州北部的哈丁縣），進出沒那麼困難。但是這裡洋溢著醉人的銅臭味。

整座城市慢慢陷入黑夜，梭羅斯幾乎毫無所覺。他是足跨全球的交易員。身爲投資人，他對東京和倫敦金融市場的興趣，和對華爾街一樣濃厚；對布魯塞爾和柏林的經濟趨勢，好奇心之強，一如對皮奧里亞（Peoria ，美國伊利諾州中部城市）或波啓普夕（Poughkeepsie ，美國紐約州東南部城市）。今天他的心思沒放在辦公室，它已到了歐洲。那是他眼前最關心的地方。

過去幾年，他一直注意歐洲經濟共同體的發展，察覺到信管已點燃，金融大爆炸就要發生。

梭羅斯是金融理論大師，喜歡在股票、債券和貨幣的實驗室裡檢驗個人的理論。那真是妙不可言的實驗室。這裡沒有所謂的灰色地帶。不管那是什麼，都沒有。股票價格不是上漲，

就是下跌，要不然就是持平不變。任何有關股票市場如何運作的理論，都可以每天檢驗。

「察覺混亂狀態，可以致富。」

很多投資人相信金融世界有理性，認為股價有與生俱來的邏輯。找出那種邏輯，就可以致富。

梭羅斯不信這一套。他認為金融世界不穩定、亂成一團。梭羅斯的想法是：察覺混亂狀態，可以致富。把金融市場的動向看成是某個龐大的數學公式裡的一部分，想去量測它，根本行不通。梭羅斯深信，數學公式並沒有主宰金融市場。

主宰金融市場的是心理面。講得明白些，即群眾本能。

找出群眾何時以及如何將擁向某種股票、貨幣或商品背後，成功的投資人就能搶得先機。

簡而言之，這就是梭羅斯的理論。

今天，梭羅斯在整個歐洲金融世界檢驗他的理論。過去幾年，他一直在那裡檢驗，背靠椅子，等著正確的時機來臨，等著群眾奔馳而來的腳步聲。

聽到那個聲音，他早已做好準備，可以隨時一撲而上、把握大好良機。察覺到自己對某個金融情勢的看法是正確時，他

已準備把審慎之心立即丟到腦後。這一次，他很肯定自己是對的。

這一次，他準備下的豪賭，在金融世界裡，沒人幹過。

要是輸了，好吧，會賠一些錢。這不打緊，因為以前也賠過。1987年股市崩盤，他對市場的解讀錯誤，不得不認賠了結，損失3億美元。

但是他贏錢的次數更多──為他那群客戶菁英而贏──而且在很長的一段時間內一直做得很好，《機構投資人》（Institutional Investor）雜誌早在1981年6月就稱他是「全世界最傑出的基金經理人」。

1969年他成立旗艦量子基金（Quantum Fund）之後，只有一年賠過錢，也就是1981年。很簡單，在金融市場中，沒人和喬治・梭羅斯一樣，在那麼長的時間裡做得那麼好。華倫・包菲特（Warren E. Buffett）比不上，彼得・林區（Peter Lynch）比不上，任何人都比不上。

他的紀錄在華爾街上是最好的。

那一天傍晚，他待在辦公室，惦記著倫敦。倫敦現在是晚上10時30分。好戲上演的地方在那兒，不在紐約市。一陣滿足閃過梭羅斯臉上。他想起1989年11月9日，柏林圍牆崩垮的日子。

每個人都曉得，在現代史中，這是多重要的一天。其他人相信，或至少期望，柏林圍牆瓦解後，大一統的新德國會崛起

和欣欣向榮。

梭羅斯卻有不一樣的想法。他經常如此。他的投資秘密在於看法和別人相反。他察覺到,統一所需經費龐大,德國會經歷一段艱苦期。他也察覺到,德國的眼光會轉往內看,只煩惱自身的經濟問題,至於其他西歐國家的經濟難題,相較之下便不是那麼重要。

只顧家內事的德國,對歐洲其他國家的經濟——以及貨幣——會產生很大的衝擊。他如此相信。

他睜開雙眼,耐心等待。

1990年,他看到英國踏出要命的一步,加入了新創的西歐貨幣體系,也就是匯率穩定機能(ERM)。梭羅斯認為,英國參加ERM是個錯誤。當時英國經濟並不強健,加入ERM,等於把自己和西歐最強的經濟體——統一後的新德國——連結在一起。

這種連結,不管好壞,英國終將唯德國是從。德國是西歐地區最強大的經濟體,有力量決定什麼樣的事情對其他西歐國家的經濟有利。

梭羅斯認為,唯德國馬首是瞻,英國必將付出慘痛的代價。

英國或許會想往某個方向改變貨幣政策,但辦不到,因為它的政策必須和居於主宰地位的德國貨幣政策連動。

　　正如梭羅斯所期，1992年西歐爆發金融危機。英國等許多國家的經濟不振。英國希望降低利率。

　　但是德國基於本身的國內情勢，不肯降低利率：他們十分擔心通貨膨脹復燃。1920年代的恐怖記憶猶新，當年的通貨膨脹有如毒藥，拖垮了德國經濟。

　　德國利率不降，歐洲其他國家便沒有自行其是，獨自降低利率的本錢。因爲這麼做，貨幣匯價有貶值之虞。貨幣一貶值，便敞開大門，給了投機客可趁之機。

　　所以英國愈來愈動彈不得。

　　英國的經濟每下愈況。英鎊匯價高估，承受的下跌壓力日益沉重。英國希望改善經濟，但前提是貶低英鎊匯價，讓出口貨更具吸引力。

　　但是ERM訂立的規定，強迫英國必須把英鎊盯住2.95德國馬克。

　　1992年夏，英國政治領袖堅稱，可以度過風暴，英鎊不需要貶值。英國不會脫離ERM。他們可以咬緊牙根，撐過艱困的時光。

　　喬治·梭羅斯覺得他們胡說八道。

　　他十分清楚，英國的經濟處境很糟。英國不可能留在ERM中。他們必須棄船。

　　危機始於9月中旬。

謠言開始滿天飛，說義大利里拉會貶值。紐約的交易員大拋里拉。

9月13日星期日，里拉貶值了——但只貶7％，仍在ERM規定的限幅內。

投資人猜對歐洲各國中央銀行會信守承諾，維持貨幣匯價在ERM規定的上下限內，因此賺了很多錢。賭ERM匯率重新調整後，各國貨幣匯價將超越ERM原訂的上下限，看起來似乎是爛賭注。

但如果他們說里拉不會貶值，義大利後來卻把里拉貶值，那不表示國王沒穿衣服？其他國家政府口中的所有保證，又有什麼意義？

或許還會有第二波——也許此刻正是開始賣出英鎊的好時機？

一時之間，全世界各個角落，投資人和企業界對西歐國家政府堅持依ERM決定匯率的意願，頓失信心。現在他們急著拋出各種弱勢貨幣，包括英鎊。

隨著9月15日即將過去，喬治‧梭羅斯愈來愈有信心，相信英國將把英鎊撤離ERM。

認為賭英鎊下跌時機已經成熟的是朱肯米勒。他向梭羅斯說，該放手去做了。梭羅斯同意，但敦促這位首席操作員下的賭注，必須比他心裡想的要大。

於是朱肯米勒替梭羅斯賣掉價值100億美元的英鎊。

離開辦公室返回第五街的公寓時，梭羅斯看起來似乎信心滿滿。那個晚上，他睡得很好。

隔天上午7時，梭羅斯家裡的電話響起。朱肯米勒報來戰果。梭羅斯聽這位快樂的操作員說，一切進行得很好。喬治‧梭羅斯好夢正酣時，已經賺進9億5,800萬美元的利潤。在ERM危機期間，梭羅斯還建立了其他倉位，把這些利潤加進來，總數接近20億美元。

英國人把9月16日──英鎊被迫退出ERM的日子──叫做黑色星期三。

梭羅斯稱它為白色星期三。

就是這一筆賭注，以100億美元作本，賭英國被迫貶值英鎊，使梭羅斯名揚全球。

那是他這個投資家出手最大的一次行動，既空前又絕後。

───────────

由於這次豪賭，梭羅斯──「全球最傑出的投資家」──成了金融世界裡的傳奇人物。

1992年9月以後，有關喬治‧梭羅斯的神話愈來愈多。

最主要的一個神話，說他能夠動搖市場：只要針對某種商品（如黃金）或貨幣（如馬克）講句話，就會導引交易員轉變

操作方向。價格隨他的話而起伏漲跌。

他看起來似乎不會出錯，值得追隨。

對英鎊發動猛烈攻勢後兩個月，1992年12月一位記者做了關於梭羅斯的電視紀錄片，對於梭羅斯似有能力動搖市場，很感訝異：「你投資了黃金，由於這件事，每個人都認為他們應該投資黃金，於是金價上揚；你寫了一篇文章，質疑德國馬克的價值，於是德國馬克下跌。你投資倫敦的不動產，一夜之間跌勢似乎扭轉了過來。一個人是不是該有那樣大的影響力？」

這樣的恭維，梭羅斯似覺受用，但提出另類觀點。

「目前，」他這麼起頭，「我的影響力被人誇大。我真的很肯定這一點。等到大家都瞭解這件事，事情就不一樣了。」——他臉上掛著大大的微笑——「我不可能絕不出錯，你曉得，一如大家現在對我興趣濃厚，捧我上天，終有一天也會把我摔落地。」

這兩件事，到目前為止，他都沒說對。

他的影響力沒被人誇大，大家對他的興趣也沒有即將衰減的跡象。

《商業週刊》的報導中，詢及身為大師的感受如何，他說，覺得很開心。

開心。

但有些人不如以前開心。

1994 年，有關梭羅斯的神話四處流傳，華盛頓開始注意這件事。如果喬治‧梭羅斯真能動搖市場，而且如果憑一人之力能夠賺進或賠掉那麼多財富，那他豈不是危險份子？喬治‧梭羅斯不該受節制嗎？

1990 年代中期，梭羅斯在金融世界如日中天，幾乎沒人能望其項背，應加以節制規範成了圍繞他的主題。

身為全球最傑出的投資家，他累聚的金錢，比大部分人這輩子，或一百輩子能夠看到的還多。但是籠罩著他的神秘色彩，這只是其中部分原因。

喬治‧梭羅斯絕不只是賺進數十億美元的人，絕不只是《經濟學人》週刊所說的「擊垮英格蘭銀行的人」，絕不只是《商業週刊》所說的「動搖市場的人」。

我們發現，金錢對喬治‧梭羅斯來說，曾經只有微乎其微的吸引力。

他並沒有立志成為世界一流的投資家，賺進很多錢。相反的，他渴望做個有理想的人，而且一直覺得在知性領域打滾比在物質領域打滾輕鬆自在。

可是他發現自己具有賺錢的天賦——而且是賺很多錢。錢似乎揮之即來。或許這是他覺得被金錢玷汙的原因。他希望這一生除了累聚財富，還能做更多的事。

　　梭羅斯不認為金融投機行為不道德或者只是在賭博。他不為自己所做的事辯駁；他根本沒有從這裡面得到快感。梭羅斯渴盼對別人有所貢獻———一種會被人懷念的貢獻。

　　他把自己描繪成哲學家，不是金融投資專家。他喜歡自稱失敗的哲學家，用以提醒自己早年想做但放棄的事。

　　他懷有偉大的夢想，希望給這個世界添增知識：這個世界如何運作、人在這個世界中如何運作。在學校唸書時，梭羅斯已開始追尋這類知識。這樣的探索，吸引他踏進哲學世界，有一段時間還想當哲學教授。他也研讀經濟學，但一直比較像是這個世界的訪客，不是永久居民。

　　梭羅斯念經濟學，有被騙的感覺。他認為，經濟學家對這個世界的運作方式，欠缺實務上的理解。他們做偉大的夢，只談理想情況，而且誤以為這個世界很有理性。即使年輕時期，喬治‧梭羅斯也十分清楚，這個世界遠比經濟學家要人們相信的混亂。

　　梭羅斯開始著手提出自己的理論———知識理論、歷史理論，和及時提出的金融理論———之後，把自己的信念定著在最根本的信仰上，也就是這個世界很難預測、絕無理性———簡言之，難以捉摸。

　　他試著把這些理論寫成書，但是很難寫得讓人看懂和易讀。有些時候，連自己也看不懂到底在寫些什麼。知性世界難以征服，令他備感挫折，於是他啟程找尋己力能夠征服的世界。

　　從某個方面講，決定很容易做成。不管怎麼說，他總要賺錢糊口。為什麼不盡可能賺些錢，試著向所有的經濟學家證明他比他們更瞭解這個世界的運作方式？梭羅斯相信，錢可以給他一座講台，站在上面闡述自己的看法。簡而言之，賺錢還是有助於他當個哲學家。

　　他踏進的金融世界，有賺大錢的可能，風險卻也高得驚人。懦夫不適合到這個地方。

　　膽小怕事者也許享有幾年的好光陰，但最後壓力襲上身來；壓力來自為別人的金錢負責。代價很高，他們夜不安枕、沒有休閒娛樂時間、丟了朋友、失去家庭生活，因為金融市場裡妖魔鬼怪橫行。幸好，懦夫總會及時找到別的事做。

　　相較之下，梭羅斯不是懦夫。他看起來冷靜異常，不動感情。某種投資賺錢，他感到滿足，沒賺錢，也不會跑到最近的屋頂或摩天大樓。他很鎮靜，沉得住氣；很少狂笑，也鮮見愁眉苦臉。

　　他喜歡自稱是評論家；真的，他開玩笑地說，他是世界上待遇最高的評論家。評論家這個名詞，意思是說，他是局外人，是觀棋者。「我是過程的評論家，不是建立事業的企業家。我是評斷它們的投資人。我在金融市場的功能，是當評論家，而我的批評和判斷，是用買進和賣出的決定來表達。」

　　1956年他踏進投資這一行，先是在倫敦，後來到紐約打天下，但是稱得上當做事業生涯，是1969年以後。那時，他創立了自己的投資基金，叫做量子基金（Quantum Fund）。接下來

25年，他一直活躍其中——除了八〇年代初幾年。八〇年代末，他採取比較低調的姿態，大部分時間花在公益慈善活動上。不過他一直與經營管理基金的經理人保持連繫。

量子是率先自由開放給非美國投資人的境外基金之一。其他大部分境外基金都受美國法律限制，只能收99個投資人，而且通常最少必須投資100萬美元。它也是個避險基金；避險基金是有錢人一個極其神秘的投資合作組織，願意拿錢冒很高的風險，爲的是變得更有錢。梭羅斯的基金放空、使用很複雜的金融工具，而且大量借錢來運用——這些策略不是投資散戶能夠利用的。

避險基金幾年前開始出現時，少數經理人採用一種策略，混合買進不同的股票種類。這些經理人的投資組合中，一部分是市場上漲時會獲利的股票多頭倉，另一部分是市場下跌時會獲利的股票空頭倉。從這個角度來看，這些基金做了避險動作。

梭羅斯和其他許多避險基金大王捨棄這種策略，踏出美國股票市場，不只賭全球性的股票大變動，更賭利率、貨幣的動向——也就是掌握金融市場的整體走勢。平均一個交易日，梭羅斯的基金買賣7億5,000萬美元的證券。

他得到的成果十分驚人。1969年梭羅斯創立量子基金時，投資10萬美元，而且以後拿到的所有股利都再投資下去，到了1994年春，當初的投資已有1億3,000萬美元的價值——年複利率高達35％。基金規模如果小得多，比方說是5,000萬美元或1億美元，有這樣的投資報酬率，會被人認爲很突出，但是投資

組合高達數十億美元，有這樣的成果，整個華爾街都要瞠目結舌。

1969年，梭羅斯的量子基金受益憑證每股賣41.25美元，1993年初的價值是21,543.55美元；它也可以配發可觀的現金股利。到了1994年6月，每股價值22,600美元。要成為量子基金的會員，最少必須投資100萬美元。根據大部分的報導，梭羅斯擁有量子基金的三分之一。

梭羅斯不是用「古老的方式」取得財富。十九世紀的美國工業大亨──如洛克斐勒或卡內基等企業家──因為蓋了某些東西，生產石油和鋼鐵，而取得財富。喬治・梭羅斯既不擁有，也沒經營自己的企業。他也沒有其他任何權力基礎。他的專長是動用大量資金，身手靈巧地活躍在金融市場中。

梭羅斯塊頭不大，看起來卻相當健壯，蜷髮剪短，戴細邊眼鏡。有人說，他看起來像經濟學教授或滑雪教練。英語講得很棒，但略帶匈牙利腔。有個寫文章的人，說他「長得四平八穩，看起來很有精神，眉皺，下巴尖，嘴薄，頭髮剪得成叢豎起，聲音平板，略微粗嘎……」。

沒見過梭羅斯的人，可能把他想像成粗漢，等看到他和其他大部分人無異時，難免大吃一驚。《衛報》說：「他看起來根本不像餓狼。他那悠遊自在的風格和輕快婉轉的匈牙利腔，有如歐洲貴族。額頭皺紋多，表示經常深思世界現況──給人留下學者的印象，而這正是他樂於見到的。」

對《觀察家》（The Observer）的編輯來說，梭羅斯似乎正合歐洲人的風格。「他是個子略小的文雅之士，蓋有奧匈帝國美食社會彬彬有禮、克己自制，難以抹滅的印子。早些年，談到他，別人可能馬上想起他正輕啜摩卡咖啡，和托洛斯基（Trotsky）在維也納的中央咖啡館裡下西洋相棋。」

英國《獨立報》這麼總結梭羅斯的儀表：「他像八〇年代典型的電影『華爾街』裡平凡無奇的主角蓋哥（Gordon Gekko）。看起來比實際年齡小十歲，這可能是勤於打網球，以及對紐約提供給大富人家的俗麗生活風格不感興趣的緣故。他不喝酒、不抽菸，飲食也有節制。在路上碰到他，看起來就像認真，但有點不修邊幅的中歐教授。」

七〇年代末和八〇年代初，梭羅斯發現投資帶來的痛苦太酷烈。那種痛苦來自他經營的投資基金變得太大，超過他認為適合管理的規模。

但是他善於求生。這個藝術學自父親，二次世界大戰期間已付諸實際應用；1944年，他在布達佩斯躲避納粹追拿。想在金融市場生存下去，有時必須急流勇退。八〇年代初，梭羅斯就做了這樣的事。他採取低調作風，交由別人經管基金。

「想在金融市場生存下去，有時必須急流勇退。」

他也得出一個重大的結論，除了在投資世界功成名就，還

希望從生命中得到更多東西。他不是享樂主義者，錢能給他帶來的東西就是那麼多。他想拿錢去做一些好事。他不需要家人或董事會批准，一旦決定怎麼花錢，放手去花便是。

　　既有那樣的自由、那樣的力量，於是他對可能的選擇做了審慎的長思。最後，他決定推動一個宏偉的計畫，鼓勵封閉的社會開放，重點先放在東歐，後來擴及前蘇聯地區。

　　好幾年前，梭羅斯便離開了匈牙利，因為無法忍受統治國家的政治制度——首先是二次大戰期間的法西斯主義，接著是戰後的共產主義。整個東歐和蘇聯冒出的「封閉」社會，令他不快。他深信，應有美國和西歐那樣欣欣向榮的政治和經濟自由。

　　其他人——通常是西方國家的政府，有時是民間的基金會——也曾設法影響這些封閉社會。但是從來不曾有來自西方的民間個人企圖推動那麼深遠的變革。

　　梭羅斯相信他應該接受挑戰。就像他在投資上教會自己的，他起步緩慢，慎重其事地前行，錢花得精打細算。他希望——是個實現時間拖得很長的希望——打開這些封閉的社會。

　　他想運用自己擁有的財富，在東歐和蘇聯人民心中撒下種籽，不管如何緩慢，再由他們去影響自己的國家，採行他熱愛的西方式自由。要產生衝擊，而又不引起對方疑慮，的確困難；贏得主政當局認可他的努力，或許不可能，但他願意一試。

　　實際上，早在1979年，他就開始在南非從事援助活動，結

果失敗。轉向東歐後，1984年他在匈牙利建立了據點。稍後在東歐其他地方和蘇聯，也取得立足點。

在其中若干國家取得立足點，已算不小的成就，因為這些國家的政府難免懷有疑慮和敵意。但是梭羅斯基金會終於開花結果。到了九〇年代中期，他已捐出數億美元給這些基金會。1992年和1993年，梭羅斯送出5億美元，並承諾再送5億美元。1993年，雖然他認為俄羅斯的情勢「動盪激烈」，捐給俄羅斯的錢，還是比許多西方政府多。

全世界最偉大的投資家喬治·梭羅斯，已經成了全世界最偉大的公益慈善家喬治·梭羅斯。

他成了多瑙河到烏拉山間最重要的西方民間捐贈人。許多人稱讚他是大善人，也有人挖苦他是好事之徒。不管怎麼說，梭羅斯終於找到立竿見影的方法，贏得若干人敬重，而且在華爾街和倫敦金融圈之外做了某些事情。

打開封閉社會的慈善公益活動，帶給他的滿足感，遠超過累聚財富的樂趣。這也使他的曝光度遠甚於以往。他喜歡和這些事情有關的新聞報導——其實，應該說他渴望見到這樣的報導，因為他希望全世界曉得，他不只是很有錢的人。

可是梭羅斯還沒有完全滿意，因為察覺到別人想在這個過程中看出他的秘密投資世界。他希望新聞媒體有所報導，但只限於好的一面。他還想盡可能仍當個民間人物，但他已經太惹人注目，成就已經太大，觸角已經伸到太廣大的地區。

梭羅斯終於瞭解不可能躲過大眾凝視的的探照燈，乾脆豁

出去，設法運用新得的名氣。以前他一直東躲西藏，不願透露
自己的投資倉位。突然之間，他變得很愛講話，經常公開宣稱
他喜歡哪個金融市場。以前他對國際事務一直沒有很大的興
趣，可是現在常公開提出建言，談各式各樣的外交政策問題，
從北約組織（NATO）到波士尼亞，無所不談，希望吸引全球
領袖的注意。他尤其希望美國的政治人物能夠注意。短期而
言，梭羅斯好發議論，反而身受其害。他沒得到新的尊敬，反
被指狂妄僭越。

　　梭羅斯已60多歲，他斬釘截鐵地說，現在最優先和重要的
工作，是公益慈善活動，投資的日子已遠拋腦後。在投資方
面，他繼續設法盡可能保持低調。但是1992年重擊英鎊一役，
使他聲名大噪。而且他本人似乎樂於見到一定程度的新聞媒體
報導。他已做好相當充分的準備，讓整個世界進到他所有的公
益慈善活動中。他繼續護衛私人投資世界，大眾卻想探索更
多，瞭解這個人如何成為全世界最傑出的投資家。

　　本書將試圖探討這位傑出人物的生活和事業生涯，包括梭
羅斯的公眾和私人世界。

第二章
我是上帝

小孩子常會耽溺在自己的幻想中。他們希望和別人不一樣，宣稱自己比別人優秀，或者想方設法，吸引亟需的注意力。

纖弱瘦小、害羞內向的小孩，總是喜歡夢想一彈手指，立即搖身變爲參孫、史特龍或者──去掉濃厚腔調的──史瓦辛格。很少離家、不願出遠門的孩子，則希望變成空軍駕駛員或太空人。

那麼，是什麼樣的孩子，相信自己是上帝？

童年時期的喬治‧梭羅斯，到底有些什麼樣的遭遇？1930年代，他在布達佩斯一個中上階級家庭，度過童年光陰，本該是個正常小孩，有很多朋友、喜歡的運動，而且舉止行爲很像同年齡的其他孩子。

認爲那種狂妄的想法，只是孩子短暫無常的白日夢，所以長大成人後的喬治‧梭羅斯露出了一些跡象，顯示他已擺脫那種救世主的信念，這樣的解釋未免太草率。

其實，長大成人後的梭羅斯沒有顯示任何跡象、露出輕蔑之色，或給任何註腳，暗示他不再堅持那種狂野的信念，只表

示相信自己是神很難。

「說真的，」他在一本書中寫道，「從孩童時代，我就存有相當強的救世主幻想，我覺得這事必須加以控制，否則可能因此惹上麻煩。」

控制那些幻想的方法之一，是盡可能不去談它。因此他很少提及那些幻想，不過1993年6月3日他告訴英國《獨立報》：「當你認為自己是上帝，也就是萬物的創造者時，那是一種病，但因為我熬了過來，所以覺得很自在。」

談到這些幻想最長的一段文字，出現在他1987年的著作《金融煉金術》（The Alchemy of Finance），透露年輕時的他，因為那樣的信念帶來沉重的負擔，秘密無法找人傾訴，而感到十分痛苦。

「我承認本身總是耽溺在自視甚高的誇大觀點裡，這一點，讀者應不會感到驚訝——講得坦白些，我把自己想像成某種上帝，或像凱因斯那樣的經濟改革者，或者更好，像愛因斯坦那樣的科學家。我對現實有十分強烈的感覺，所以曉得那樣的期望太過份，因此像犯了罪一樣，把這個秘密藏在心裡。在我成人生活的大部分光陰中，這是相當不快樂的一個源頭。踏進這個世界後，現實和我的幻想拉得夠近，使我敢於承認自己的秘密，至少對自己坦承。不用說，這一來，我覺得快樂許多。」

多叫人吃驚的一個想法——現實和他認為自己是上帝的幻想，兩者間拉得夠近。

　　喬治‧梭羅斯的意思是說，長大成人後的生活，也就是成為成功的理財投資專家以及公益慈善家，相當接近孩童時代自認是神的幻想？

　　他的意思顯然是這樣。

　　除了少數令人難以捉摸的談話，梭羅斯並沒有公開詳細說明為什麼相信自己是上帝，以及這麼說的真正意思到底為何。硬逼他說的話，或許他會說服別人，相信那只是開玩笑，也就是他根本不相信自己是上帝。他甚至四處取笑孩童時期的想法。有位記者曾向梭羅斯提及，他應該是生而當教宗的料。

　　「為什麼？」他問，「現在我已經是教宗的老闆了。」

　　已經是大人的他，總是讓人覺得，他相信自己與生俱來獨具一些特質。

　　喬治‧梭羅斯是上帝。

　　如果這句話不對，至少有助於解釋何以孩童時期的他極度自信，並把那樣的自信帶到成人時期。

　　喬治把童年時期的幻想當做秘密，怪不得兒時的朋友中，沒人記得他曾堅稱自己是神。他們只記得，他很喜歡對別的小孩發號施令。成人時期的大部分同事相信，他透露曾自認是神，其實意在誇大，用以確認自己的確優於他人。他們極力說明，淡化他的幻想，辯稱那不是他的本意，聽起來好像他們在為梭羅斯的誇大說法道歉。

其中一個人說，梭羅斯的意思，並非他「是」上帝，而是相信他能和上帝交談！另一個人認為梭羅斯說這句話，只是要表達他覺得自己無所不能：自稱是上帝，只是一種半開玩笑的方式，就像別人也可能拿自己和拿破崙比較。

我們可以這麼說，認識喬治‧梭羅斯的人，似乎都想把他拉回塵世。他們似乎不希望有個朋友或同事，真的相信自己是上帝。別人如有這樣的想法，他們會斥之無稽，頭殼壞去，但對梭羅斯，不能那樣說。畢竟，他令人生畏，肅然起敬。

────────────

是誰灌輸小喬治那樣的想法？

或許是他的雙親。他們當然十分疼愛他。但是父親提瓦達（Tivadar）和母親伊麗莎白（Elizabeth）也疼愛另一個兒子，卻沒有跡象顯示另一個兒子覺得自己像神。

1930年，喬治生於布達佩斯。不管是梭羅斯捐助的組織發布的新聞稿，或他的書中，誕生月、日都會被刪除，只留年份。原因不詳。

他出生後取的匈牙利姓名是Dzjchdzhe Shorash，後來根據拼音，取了喬治‧梭羅斯（George Soros）的英文姓名。雖然匈牙利姓的讀音是Shorosh，但喬治採納美國和英國朋友的建議，把姓氏發音改成Soros。

他只有一個哥哥，叫保羅，年長兩歲。

　　不管提瓦達‧梭羅斯有什麼缺點，永遠是小兒子心中強有力的典範。他是律師，在喬治誕生前，已有過可怕──和有益──的經驗。提瓦達是一次世界大戰時的奧匈帝國戰俘，接著在俄羅斯度過動盪的三年──從1917年革命開始的頭幾天，到1920年的內戰。內戰期間，他逃亡到西伯利亞求生。為了活下去，該做什麼事，他都做了，不管承受多大的折磨。

　　提瓦達回憶那段死裡逃生的歲月時，告訴兒子，革命時期，任何事情都可能發生。這些話不能說是求生的秘訣，卻在兒子心中烙下深深的印子。喬治慢慢曉得父親很聰明，甚至很狡猾，運用機智，勝過很多人。小喬治非常尊敬他。

　　比喬治小一歲的費倫茨‧內格爾（Ferenc Nagel），還活在布達佩斯。他是化學工程師，在知名的匈牙利燈具製造商湯斯朗（Tungsram）工作。1936年他在魯巴島（Lupa Island）第一次碰到喬治。魯巴島是多瑙河上的避暑勝地，在布達佩斯北方，開車一小時，梭羅斯家和內格爾家在那兒有房子。內格爾回憶往事說，形勢逆轉時，提瓦達總能找到應付之道。「他從來沒遭受重創。」內格爾帶點作結的味道說，那是提瓦達留給兒子的遺產。務實的態度也留給了兒子。喬治承認：「革命時他站在哪一邊？喔，當然了，兩邊都站。他必須活下去。」對喬治來說，重要的是，提瓦達具有絕處逢生的特質。

　　在喬治‧梭羅斯的一生中，求生的價值彌足珍貴。

　　戰爭期間，提瓦達的一些特質令人讚嘆，但承平時期，卻沒什麼。的確如此，到了1930年代，提瓦達在魯巴島居民眼

裡，不再是英雄。外表一團黑——黑髮、黑眼睛——相當英俊，有運動員般健壯的體格，熱愛運動。他也以擁有一輛行動電視攝影車、揮霍無度和沒興趣賣力工作著稱。「家父不工作，只是在賺錢。」小喬治心中似乎這麼認為。

費倫茨・內格爾仍記憶猶新，想起1930年代某個夏日，提瓦達・梭羅斯準備去上班的情景。

提瓦達每天坐上午7時的船，從魯巴達島到布達佩斯的辦公室。

「提瓦達聽到船快來的聲音，」內格爾回憶往事說，「趕緊穿上褲子和開始刮鬍子。手裡拿著刮鬍刀跑向碼頭，一路上還在刮，到了船上繼續刮。這些，全是為了睡到最後一分鐘。難得看到這樣的律師。他也一直十分滑頭。」

所謂滑頭，是說不墨守成規、不照規矩辦事、走捷徑抄近路。

有些人對提瓦達表示輕蔑，但和那些認為提瓦達喜歡少工作的人比起來，喬治似乎較贊同父親的生活風格。沒錯，喬治・梭羅斯後來承認，父親從一次世界大戰回來後便很少工作。但這也不壞。提瓦達在家的時間遠比以往多，喬治喜歡這樣。他樂於和父親交談，從談話中學習一些事情。別人發現提瓦達花錢掉以輕心，喬治卻淡然處之。父親的財富大減、大增、再大減，對他來說根本不重要。提瓦達有意無意間，傳達給兒子一個訊息，終其一生都放在心裡：「我學到一樣東西，那就是為了賺錢而賺錢，終將徒勞無功。財富可能是沉重的負擔。」

　　提瓦達這種人，把肉體的生存擺在一切之上，對他來說，擁有太多錢反而不美。大富人家總是惹人覬覦。而且，有了太多錢財，人可能變得軟弱，求生將較為困難。提瓦達把這些價值觀灌輸給兒子，並長留兒子心中。喬治‧梭羅斯後來擁有的財富比大部分人所能夢想的多得多，卻對累聚那麼多錢不感興奮。

　　但是提瓦達送給兒子的最重要禮物很簡單：十分關懷兒子。他經常和喬治談話，從自己的經驗中傳輸一些生活上的秘密，而且常使小兒子覺得那些秘密很重要。提瓦達除了灌輸兒子自我價值的觀念，也激起兒子的自信，相信能夠學會克服逆境、應付變局，正如父親曾經做過的。而且一如提瓦達，喬治將學會，解決問題的最好方式，通常是不按傳統牌理出牌。

　　如果說提瓦達教了小兒子求生的藝術，喬治的母親伊麗莎白則傳授了欣賞藝術和文化氣息。他深愛母親。繪畫和彫刻、音樂和文學，全是伊麗莎白生活中很重要的東西，她也試著引導兒子熱愛這些東西。喬治比較喜歡素描和油畫，不很欣賞音樂。他後來對哲學感興趣，似乎源自伊麗莎白‧梭羅斯對這個主題也有興趣。雖然家裡講匈牙利語，喬治後來學會了德語、英語、法語。

　　孩童時代的朋友耶休荻特‧西蒙（Yehuditte Simo）記得喬治是「很漂亮的小男孩」。她目前住在布達佩斯，兒時認識來自魯巴島的喬治和他雙親。

　　她回憶說，伊麗莎白的日子過得「不容易」。提瓦達揮霍

無度的花錢習慣，以及對工作漠然處之的態度，在家中引起緊張，伊麗莎白可能試過，卻無法阻止這種緊張偶爾表面化。伊麗莎白個子嬌小，看起來很脆弱，頭髮稀少，是傳統的家庭主婦，照顧兩個兒子，料理家務；整個家庭似乎比較像匈牙利家庭，而不是猶太家庭──和許多中上階層的匈牙利猶太人一樣，提瓦達和伊麗莎白不認同自己的宗教根源。梭羅斯後來告訴熟識的朋友：「我是在一個猶太、反猶太人的家庭中長大成人。」梭羅斯有藍眼珠和金色頭髮──比較像母親，而不像父親的黑色調──所以看起來不像猶太人，其他的孩子向他說，「你看起來不像猶太人」時，他都會綻開笑容。聽到自己沒有猶太人的外觀，比什麼都樂。

提瓦達很輕視猶太教，因此盡力使自己看起來像是基督教社區的一員。比方說，二次大戰期間，他要喬治向阿兵哥索討香菸。提瓦達接著把香菸轉交給開店的猶太人。對提瓦達來說，這整件事的目的，是讓自己看起來像是猶太人眼中的外邦人，對他們表示善意、和他們站在一起。這麼做似乎比較安全。

喬治·梭羅斯雖然努力使自己鶴立雞群，孩童時期的朋友卻不記得他很突出顯眼。他或許把自己想像成神，但是沒一個朋友認爲他具有不同於他人的特質，甚至做爲一個凡人，也沒有惹人注目的地方。根據所有人的說法，他不是天才，但很聰明，而且常常有別出心裁的舉動。喬治十歲大時，編了一份報紙，叫做《魯巴喇叭》（Lupa Horshina）。所有的文章都是自

己寫的，整整兩個夏天，以很低的價錢，賣給魯巴島上的家庭。內格爾記得他對較年長的人展開積極的推銷攻勢。「當他相信某件事情，便很強烈地挺身衛護。他有牛般執拗的霸道脾氣。」

小喬治擅長運動，特別是游泳、駕帆、打網球。魯巴島上有兩座網球場，供四十戶家庭使用，顯然太多了。他不喜歡英式足球，認為那是中上階層的運動，不適合他。

他喜歡玩遊戲，而且各式各樣的遊戲都愛玩，特別是匈牙利版的「大富翁」（Monopoly），叫做「資本家」（Capital）。七歲起，他就常和其他小孩玩這種遊戲，而且玩得最好，最差的是喬治·李特溫（George Litwin）。在喬治的童年玩伴心中，喬治·梭羅斯後來成了理財投資大師，而李特溫成為歷史學家，一點也不奇怪。

玩「資本家」每玩必贏，小喬治終於覺得無聊透頂。為了讓這種遊戲更有趣，他想出了新的規則，其中之一是加進證券交易所，讓遊戲變得更複雜。1960年代梭羅斯回到匈牙利時，這位頭角漸露的理財投資專家找到了費倫茨·內格爾，內格爾問他靠什麼為生。「你還記得小時候我們玩『資本家』嗎？」梭羅斯笑著回答，「嗯，現在我做相同的事。」

布達佩斯的小孩14歲前必須上學。對貧窮家庭來說，送小孩上學很困難。

布達佩斯的經濟學教師米克拉斯·何恩（Miklas Horn），

和喬治上同一所小學。1940年兩人都是十歲時首次見面。那年稍後，兩人轉學到專爲中上階層家庭而設的一所州立學校。接下來六年，何恩一直是喬治的同學。

上小學時，喬治很外向，因此他和何恩不是很好的朋友。「喬治非常大膽、外向，而我沉穩、靜默。他喜歡和其他小男孩打架。真的，喬治知道怎麼打拳，怎麼防衛。」

在喬治的學校，所有的年級都分兩班。猶太人在一班，非猶太人在另一班。喬治和米克拉斯·何恩都在猶太人那一班。何恩記憶猶新，記得猶太和非猶太小孩經常打架鬥毆的往事。雖然互毆爭鬥不是源自反猶太情結，但何恩覺得，打架似乎多發生在猶太和非猶太小孩間。何恩說：「在意識深層，你可以感受到反猶太情結，但是打架也摻有政治涵義。」

雖然小喬治也打架滋事，但他的校園暴力行爲，不是對反猶太情結的一種反應。米克拉斯表示，他很小心地不過份認同任何一班，和猶太和非猶太小孩都保持良好的關係。

雖然長大成人後的梭羅斯喜歡把自己看成知識分子，但那應說是大器晚成，因爲同班同學沒人記得他是傑出優秀的學生。他們也不記得他特別喜歡什麼科目。米克拉斯·何恩表示：「喬治不是特別好的學生，只能算中等，但他能言善道。」

那個時候波爾·泰騰義（Pal Tetenyi）也上州立學校，和米克拉斯·何恩一樣，記得喬治·梭羅斯只是「普通學生」。有件事在他腦中記憶猶新。那事發生在1942年春，他和喬治都

是 12 歲。

　　喬治和波爾參加童子軍的會議，會中宣布將成立世界語學
會。有興趣加入者，必須把姓名寫在一張紙上，紙放在椅子
上。喬治開玩笑地抓起紙，不讓泰騰義簽名。「喬治很愛惡作
劇，」波爾憶起往事，「而我則擔心被他作弄。我想給他顏色
看，於是兩人打了起來。」兩個男孩在椅子底下打得不可開
交，但馬上覺得很窘，因為老師很生氣，站在他們上頭。由於
打架，兩人收到書面警告。

———————————————

　　1939 年 9 月二次世界大戰爆發時，喬治九歲。但是他的生
活幾無改變，因為那時納粹對匈牙利不構成威脅。布達佩斯居
民的生活一如往昔。開戰第一年內，蘇俄軍隊入侵芬蘭，喬治
看到當地報紙呼籲援助芬蘭。他趕到報館，響應籲求，給編輯
群留下深刻的印象；一個九歲男孩肯援助遠方的國家，的確少
見。於是編輯寫了一篇文章，報導喬治趕到報館的事。

　　但是隨著戰事進行，德國入侵匈牙利的威脅愈來愈大。喬
治・梭羅斯和匈牙利猶太人社區的其他人勢將無法置身事外。
果然，接下來幾年，戰爭打到家門口，令人終生難忘。

第三章
布達佩斯的地窖

　　1943 年布達佩斯居民的生活，平靜得十分詭異。那個時候，聯軍在義大利南部取得立足點，戰鬥機可以飛到布達佩斯。雖然這座城市似乎沒有遭受攻擊之虞，但是歐洲其他每個地方都有猛烈的戰鬥，有蔓延到匈牙利之勢。煤供不應求，學校因為害怕空襲而停課。

　　1944 年春，歐洲各地的猶太社區大半遭納粹掃平。人們擔心匈牙利的100 萬猶太人就要遭殃；匈牙利的猶太人口在東歐國家中最多。有關奧斯威辛（Auschwitz，譯註：納粹德國最大的集中營和滅絕營）大屠殺的慘事傳了開來。俄羅斯軍隊正向西挺進，但能否來得及擊垮納粹在歐洲的大本營，拯救匈牙利的猶太人？

　　對布達佩斯的猶太人來說，噩夢似乎迫在眉睫。

　　1944 年3 月19 日星期日，梭羅斯一家人都在魯巴島。他們相隔太遠，聽不到也看不到逼近布達佩斯南方展開的戰鬥：德國坦克沿著多瑙河兩岸的布達和佩斯前行。納粹已經入侵。那是「和平」的侵略：不發一槍一彈，唯一的聲音是坦克嘎嘎作響的鏈條和馬達的嗡嗡聲。街道馬上不見一人，每個人都躲到屋子裡，等安全時再說。大家急著找電話。

　　喬治和布達佩斯的許多人一樣，相信納粹入侵只是暫時的，很可能不超過六個星期。這種想法似乎言之成理，因為納粹在每個地方都步步撤退。戰爭似乎就要結束。

　　六個星期，不算長。

　　但是沒人真的肯定。他們能做的事，是期待最好的事情出現，還有，先躲起來再說。走上街道可能自尋死路。

　　布達佩斯的猶太人社區分成作夢派和務實派。作夢派抱著幻想。3月19日前的最後一刻，他們還相信希特勒的軍隊絕不會來。就算見到納粹的坦克橫行街道，作夢派還是堅稱猶太人的命運不會太糟，歐洲其他地方猶太人被趕盡殺絕的報導不可能是真的，而且戰爭很快就會結束，只是早晚的問題。

　　務實派也相信戰爭很快就會結束，但是奧斯威辛和其他地方的大屠殺報導是真的，而且他們懷疑戰爭能否及時結束，免得自己同樣慘遭滅絕。

　　提瓦達‧梭羅斯相信那些慘絕人寰的報導。十年前，納粹崛起取得政權時，他就憂心忡忡。他看到納粹猖狂、失去理性的暴行演變成世界大戰，憂慮暴行終會波及匈牙利、布達佩斯和他的家庭。

　　提瓦達度過一次世界大戰的動盪不安，發誓要帶家人走過另一次難關。他沒有什麼財物上的掛慮，因為開戰之初，就賣掉了一些房地產。他散發出無比的自信；平靜的外表令喬治、保羅和伊麗莎白安心。費倫茨‧內格爾（Ferenc Nagel）那時是

13歲的男孩，回憶起自己的父親那個春天裡淚流滿面地猜測，有多少家人和朋友會消失不見。他最糟的預測是至少一半不見；停了一會，他似有所覺地說：「梭羅斯家人不會。梭羅斯家人不會。」

提瓦達經歷過一次浩劫活了下來，他懂得如何照顧家人。

接下來12個月內，布達佩斯的40萬猶太人被殺，費倫茨‧內格爾的父親似有先見之明。活下來的人，包括喬治‧梭羅斯和他的家人，經歷了可怕的白天和黑夜。

納粹當局給了布達佩斯猶太代表會一項任務，向猶太人散發驅逐出境的通知單，代表會把這件可怕的任務交由小孩去執行。

喬治是其中之一。

在代表會的辦公室裡，他拿到幾張小紙條，上面寫有人名。每一張紙都命令某個人在隔天上午九時到希伯來神學院報到，而且要帶24小時內用的毛毯和食物。

喬治向父親詢問此事，把名單拿給他看，只見父親臉上出現痛苦的表情，因為他曉得，納粹準備把匈牙利的猶太人一網打盡！

他指示兒子：「去發通知，但是務必告訴每個人，這是驅逐通知。」

　　喬治遵照父親的意思去做，但發現有些人不準備躲避納粹，就算那是驅逐令也不管。如果納粹下令猶太律師離開，那就是法律，必須遵從。

　　「告訴你父親，」其中有個人說，「我是守法的好公民，而且一直是守法的好公民，現在也不想開始違法。」

────────────────

　　提瓦達・梭羅斯是很會應付這種恐怖時光的父親。布達佩斯的猶太人頭上籠罩著格殺勿論的判決──如果納粹發現小喬治是猶太人，他也被判了死刑。接下來，長途跋涉到集中營的噩夢，突然間會成為可怕的真實。

　　「這是無法無天的占領，」提瓦達告訴兒子，「正常的法則不再適用。你必須忘了在正常社會中應有的行為，因為這是異常情況。」

　　父親解釋，既然是異常情況，則喬治的行為舉止可以看起來虛偽不實，甚至犯罪。納粹橫行於布達佩斯，出現那樣的行為合情合理。

　　提瓦達做了安排，讓喬治在這種「異常情況」中活下去。為確保兒子不被納粹當局逮捕，提瓦達賄賂匈牙利政府一位官員，允許他兒子裝成是匈牙利農業部某非猶太裔官員的教子。提瓦達為兒子買了假身分證件；這些證件是讓他活下去的關鍵。

　　戰爭期間，喬治・梭羅斯成了傑諾斯・吉斯（Janos

Kis）。

提瓦達也提供資金給那位官員的猶太裔太太，讓她躲避納粹。喬治·梭羅斯後來用婉轉的方式，描述父親的行為只是「商業交易」。

提瓦達行賄的匈牙利官員，負責沒收已被送到奧斯威辛的猶太人擁有的財產。

喬治跟隨他到全國各地出差。

對這位少年來說，風險很大。「要是被逮，只有一死，」喬治·梭羅斯不動聲色地說，輕描淡寫地帶過真實的危險狀況。

猶太人一定要設法躲避捉拿。堅固石牆中的地窖，是避難藏身的地方。走進入口，有一排彎曲、狹窄的石階。地窖內另有一個藏身處所，設在一道鎖上的門後，更為隱密。有人蒐查房子，家人就利用第二個更深層的藏身處所。

整個來講，喬治和家人共有11個藏身處所。他們往往好幾個星期，躲在朋友的閣樓或地下室，根本不曉得是否必須倉促逃離原來躲藏的地方。就算14歲的喬治在這段期間嚐到恐懼的滋味，後來從沒承認。

對他而言，那一年似乎是個大冒險年。

有一次，提瓦達和喬治躲在同一個地方，兩人都持有非猶

太人的假身分文件。他們交談時不像親子對話，以免真正的身分被識破。

另一次，梭羅斯家人躲在地窖裡，喬治、保羅、提瓦達玩遊戲打發時間。賭注是一小堆糖果。喬治或保羅贏時，就把贏來的賭注吃掉。提瓦達可能還記得一次世界大戰期間的求生技巧，不吃贏來的糖果。

梭羅斯後來表示，1944年風聲鶴唳的那段期間，戰爭留給他的整個印象，是他一生中最快樂的年頭。他覺得自己就像電影裡面的英雄印第安納瓊斯，無視眼前的危險，對別人感受到的恐懼無動於衷。有提瓦達在身邊，便有很大的差別：喬治深以父親為豪，而且受提瓦達的自信激勵，認為他是真正的英雄。

提瓦達雖然有一些明顯的缺點，但是教會了喬治彌足珍貴的教訓：求生的藝術。

其一是：不必怕冒險。

提瓦達在二次世界大戰末期每天拿生命冒險，進而相信其他大部分的風險也值得一試。

其二是：冒險時，別拿全部家當下注。

千萬不要拿一切去冒險。那是愚蠢、不切實際和不必要的做法。

但是躲避納粹的那段期間，喬治・梭羅斯除了拿一切去冒

險，別無選擇。他接過假身分文件時，便曉得暴露身分唯有一死。

「冒險時，別拿全部家當下注。」

稍後在他的事業生涯中，有了更大的揮灑空間。

他不必做出非生即死的選擇。他在冒險時，可以不必擔憂失敗將喪失一切。他甚至樂在冒險中。只要留給自己東山再起的空間便無所謂。

1992年他的成就如日中天時，告訴電視台記者：「我非常關心求生的必要性，絕不冒可能粉身碎骨的風險。」

戰爭還教給喬治另一個教訓。

我們全有先入為主的觀念，而這些知覺不見得和這個世界實際的運作方式一致。喬治學得的教訓是知覺和現實間有距離。

在他編織人類知識以及稍後的金融市場理論時，最後必須探討的便是這種差距。

1945年秋，喬治‧梭羅斯回到學校。戰爭已經過去，猶太人和非猶太人不再分成兩班。喬治這時15歲，和度過納粹折磨

的其他學生一樣，比實際年齡要成熟。那種創痛依然鮮活地留在許多學生心裡。波爾・泰騰義（Pal Tetenyi）回憶往事說：「班上的風氣很可怕。我們許多人帶著小手槍上學。有槍是好事，因為那顯示我們已經成熟，但畢竟是十分幼稚的行為。」

魯巴島的居民，包括喬治和家人，1945年春，戰後首次回到島上。他們交換戰時的遭遇，細數自己如何活了下來，並談到眼前的計畫；這些計畫和他們心裡所想，戰後匈牙利可能發生的事分不開。

每個人都為一個苦惱的問題而掙扎：

該不該離開這個國家？

匈牙利人經過納粹蹂躪活了下來，不想再受同樣的威脅。如果新政府像納粹一樣對待人民，離開似乎是最好的辦法，而且愈早愈好。

但新政府心懷善意或敵意，一點看不出來。講得明白些，沒人曉得蘇聯在匈牙利政府扮演多大的角色。

梭羅斯家的一些朋友帶著希望，熱切地相信一切都會很美好，而且蘇聯會遠比納粹仁慈。其他人則懷著疑慮和嘲諷的心情。他們準備收拾行李，在他們還能走，以及仍有可能取得護照時，一走了之。

喬治・梭羅斯屬於後者。他覺得離開匈牙利正是時候，於是啟程前往西方國家。

　　1947年秋，17歲的他，獨自一人遠走他鄉。哥哥保羅為了唸完工科學位，多留在匈牙利一年。喬治先落腳在瑞士伯恩，但馬上動身前往倫敦。對這位青年來說，倫敦是個聽起來很有吸引力的地方。由於父親慷慨資助，喬治有足夠的盤纏遠遊異國。但是到了倫敦，便得自食其力。唯一的資金來源，是已在佛羅里達州落地生根的姑媽。

　　雖然英國理應給喬治‧梭羅斯更快樂的生活，但他發現錢太少，朋友不夠多，不足以享受這座城市提供的各種東西。這是他一生中最艱困的時期之一。他形單影隻，幾乎無錢可用。不過他還是設法在黑暗中尋找光明。坐在倫敦一家咖啡廳內，他自我解嘲地想：

　　「到了這步田地，已經窮途末路，那不是很棒的感覺嗎？現在只有一條路可走。」

　　當然了，「窮途末路」的感覺並不好受，而且這位18歲青年能做的事，只是從某樣零工到另一樣零工，希望終有否極泰來的一天。他在倫敦梅菲爾（Mayfair）區一家叫做Quaglino's的餐廳當侍者；這個地方是上流階層人士和電影明星吃飯、跳舞，打發夜晚的場所。有些時候，喬治手邊的錢近乎見底，便靠客人留下的殘羹剩菜裹腹。幾年後，他記得曾嫉妒過一隻貓，因為牠有沙丁魚吃，而他沒有。

　　一份臨時工做完，接著再找另一份臨時工。

1948 年夏，他參加「徒手救土地」（Lend a hand on the Land）計畫，到農場工作。1990 年代初叱咤金融市場的這位年輕人，當年竟發動罷工，為農場工人爭取到按件計酬，而不是按日計酬的待遇。由於梭羅斯的努力，他和其他工人都賺到更多錢。他在薩福克（Suffolk）收割蘋果，也當過房屋油漆匠，後來還向朋友吹噓，說他漆工不賴。

零工、貧困、孤單，一點都不好玩，後來喬治一直無法擺脫那些慘淡歲月的印象。「我心裡對那些往事總懷有某種恐懼──那可不好受。我擔心再次窮途末路。曾有一次這樣的經驗，我不希望再有第二次。」

第四章
像佛洛伊德或愛因斯坦

　　1949 年，喬治・梭羅斯進入倫敦經濟學院（London School of Economics）就讀。倫敦經濟學院是英國最有名的教育機構之一，不管就業或走學術路線，都是很理想的求學場所。這所學校吸引各國學生，而且被一般人認為傾向於社會主義，主要是因為社會主義理論學家哈洛德・拉斯基（Harold Laski）在那裡教書。像喬治・梭羅斯那樣的人，到了倫敦經濟學院，簡直如魚得水；梭羅斯希望一方面得到經濟學的實務訓練，同時渴望研習當前的國際政治趨勢。

　　他聽拉斯基講過幾次課，也上約翰・米德（John Meade）開的課。米德 1977 年榮獲諾貝爾經濟學獎，「不過，」梭羅斯後來坦承，「我沒從那門課得到很多東西。」這所學校也是兩位沒落的政治保守思想家──自由市場經濟學家海耶克（Friedrich von Hayek）和著名的哲學家卡爾・波普爾（Karl Popper）──的家。兩人對梭羅斯發生了影響，吸引他走上知性探索的路，並在 1980 年代和 1990 年代狂熱地追求，因為他想促使「開放」的社會取代「封閉」的社會。

　　海耶克 1944 年的著作《農奴制之路》（The Road to Serfdom），抨擊法西斯主義、社會主義和共產主義，把它們統稱為集體主義，壓抑了孕育自由精神欣欣向榮的機制。

　　卡爾‧波普爾產生的影響較大，但是波普爾最有名的是他的科學方法理論，1951年《開放社會及其敵人》（The Open Society and Its Enemies）一書，奠定了喬治‧梭羅斯知性生活的基石。

　　青年梭羅斯已經成熟，看得懂探討人類社會本質的書。他經歷過極權統治——先是納粹，接著是共產黨，現在，在英國，他初嘗民主的滋味。他急於把個人的經驗放進某種知性架構。波普爾的書正好提供這樣的架構。

　　波普爾在《開放社會及其敵人》中說，人類社會只有兩種可能的命運。其一是成為「封閉」社會，每個人都被迫相信同樣的事。其二是成為「開放社會」，成員能夠免於民族和族群間的戰爭；波普爾認為戰爭令社會動盪不安。在「開放社會」中，相互衝突的信仰，不管對社會帶來多大的壓力，都必須加以接受。波普爾說，開放社會雖然「不確定和不安定」，卻遠優於「封閉」社會。

　　梭羅斯只用兩年的時間就唸完學士學位課程，但決定在倫敦經濟學院多待一年，1953年春才拿學位。他看《開放社會及其敵人》看得滾瓜爛熟，並親自向波普爾求教。他拿了幾篇論文給波普爾，師生兩人一拍即合，波普爾成了梭羅斯的導師。

　　1994年春，卡爾‧波普爾約92高齡，接受我的訪問，回想40多年前，年輕的喬治‧梭羅斯第一次出現在他門口時的情景：「他來我的辦公室說：『我是倫敦經濟學院的學生，能不能向您請教一些事？』他是勤奮好學的學生。我曾以開放社會

爲題寫過書，顯然那本書令他印象深刻。他常來找我，把他的想法告訴我。我不是他正式的指導老師。如果現在他稱我爲恩師，那是他人太好的緣故。」

雖然梭羅斯親聆波普爾的教誨，這位年輕學生並沒有在教授心中留下很深刻的印象。「我聽他講話，但沒問他任何問題。」波普爾回憶道，「我不常聽人說起他。」

波普爾對梭羅斯最大的影響，在於鼓勵這位年輕學生認真思考世界的運作方式，以及如果可能的話，要提出一個偉大的哲學理論，用以解釋它。

波普爾這位哲學大師，想把他的智慧傳授給初露頭角的知識分子。他沒興趣協助梭羅斯活在實際的世界中。卡爾‧波普爾或其他任何人的哲學思想，都不是爲了提供一份地圖，好在真實的世界中賺大錢。

可是對喬治‧梭羅斯來說，哲學恰好可用在那個目的上。他及時從抽象世界走進實際世界；他將發展知識方面的理論，探討人如何以及爲何用某些方式思考，而從這些理論，他會推衍出新的理論，瞭解金融市場的運作方式。

梭羅斯後來經常表示，波普爾教授給了他靈感，啓發他在東歐和前蘇聯地區從事公益慈善工作，以促進這些地區演變成開放社會。波普爾不知不覺中幫助了梭羅斯塑造一些理論，而這些理論本來可以只用在華爾街上賺大錢，但梭羅斯沒有這樣做。

　　但這時的他身無分文。日子捉襟見肘令他困窘、難捱。喬治‧梭羅斯覺得他別無選擇。為了籌措金錢完成學業，他找了猶太監護會，但被拒絕，理由是不援助學生，只幫助有收入的受雇者。年輕的梭羅斯搞不懂其間的差別。

　　接下來，在某個耶誕節假期內，喬治當夜班火車的服務生，跌斷了腿。他又需要用錢。這一次，他在鐵路公司做事，當然夠格取得協助。「我下定決心，這次一定要從那些壞蛋手中弄到錢。」

　　他又去找猶太監護會，決定編個故事。他說，他陷入了困境：跌斷了腿，但因為非法工作，所以沒辦法取得國家救助。事實上，他仍是學生。監護會心不甘情不願地答應提供某些援助。為了拿到錢，他只好柱著拐杖爬三段樓梯。

　　監護會後來還是發現真相，停止對梭羅斯提供資金援助。於是他寫了一封「痛徹心扉」的信給監護會，說明他雖然不會餓死，但是猶太人如此對待同胞，令他心寒。

　　覆函帶來佳音。

　　喬治的信起了他所希望的效果。每個星期的零用金恢復了——最棒的是現在錢是用寄的，不用他千辛萬苦到監護會的辦公室去領。他拿這些錢拿得很高興，可是對早先受到的差辱依然耿耿於懷，所以等到腿上的石膏拿掉後一段時間——那時已在法國南部搭便車旅行——才通知監護會可以停止寄錢。由於監護會對待梭羅斯的方式，以後很長一段期間，他對所有的慈善機構都沒有好感，後來才克服「很大的心理障礙」，1970年

代末成立自己的公益慈善事業。

　　在倫敦經濟學院受到的知識薰陶，有助於梭羅斯排解若干孤單寂寞。他還是很窮，但似乎比較能夠自得其樂。一年暑假，他在倫敦一個較貧窮的社區找到一份室內游泳池的看護工作，但是很少人到那裡游泳，所以有很多時間到隔壁一座很大的公共圖書館看書。因此那年夏天，他有很多時間看書，沉迷在觀念的世界裡。後來他說，那段光陰是這一輩子裡「最好的夏天」。他的事業目標還沒有成形，但是樂在觀念的世界裡，也喜歡寫作。或許他會成為社會哲學家或新聞記者。他不能肯定。

　　他很容易便能想像自己待在倫敦經濟學院當學術工作者的情形，或許像卡爾·波普爾那樣。如果能像波普爾那樣開展心靈，而且最重要的，給這個世界一些重要的真知灼見，「像佛洛依德或愛因斯坦」，那會很棒。有些時候也夢想自己成為另一個凱因斯（John Maynard Keynes），像這位全球知名的英國經濟學家那樣，擁有崇高的經濟思想家地位。

　　喬治·梭羅斯致力於追求知識上的成就，後來並做為生活和事業生涯努力的重點之一，這段期間可說是起點。

　　很遺憾的，梭羅斯的成績不夠好，走學術路線的志願似乎受到挫折。1952年底和1953年初，他苦思一堆哲學上的問題，對認知和現實間的差距尤感興趣。後來某個時候，他提出了自認相當重要的知識發現：「我得出一個結論，也就是我們對這個世界的看法，都有若干瑕疵或遭到扭曲，接著我把注意力集中在這種扭曲對事件的形成有什麼樣的影響。」

他開始寫一本小書，叫做《意識的負擔》（The Burden of Consciousness）。在那裡面，他提出了開放和封閉社會的觀念。可是他對自己寫的東西不滿意，丟棄手稿。接下來十年，他一直想重寫，最後終於放棄，因為他「看不懂我前一天寫的東西」。

這不是好兆頭，梭羅斯十分清楚。他不可能成為教授。寫書的嚐試失敗，於是放棄鑽研哲學，改為追求財富。

———————————

不管梭羅斯多喜歡教書，有一件事很清楚，那就是他必須賺錢維生——而且快一點賺到錢。這時他22歲，雖然渴望對人類的知識有重大的貢獻，每一天還是得吃。可是經濟學學位不能保證什麼。能找到什麼工作，他就做什麼工作，第一件差事是在北英格蘭的海邊度假勝地布雷克普爾（Blackpool）當手提包推銷員。

東西賣得不順利。為了吸引顧客，他必須先讓他們相信他和他們沒有什麼不同——外國人講話要有濃厚的英國腔很難。把整批商品推銷給商店，而後者可能不需要，這事也叫他苦惱。有一次，他到一家小商店去推銷，只見賣不出去的商品到處堆放。梭羅斯心想，這個人除非頭殼壞了，否則根本不需要我的手提包。他壓抑這種想法，硬起頭皮說服自己，不能讓個人的感情浮現出來。他賣出了商品，但罪惡感沒有很快消散。

我們或許可以說，終有一天走上投資生涯的梭羅斯這樣的人，倫敦經濟學院是絕佳的學習場所。可是梭羅斯在學校學不

到金融市場方面的知識，甚至不曉得有它們存在。畢業後，他發現投資可以賺大錢，但必須先踏進倫敦某家投資銀行，於是寫信給金融區的所有投資銀行，期望運氣能夠改變。辛格佛利蘭德（Singer & Friedlander）給了他一份見習生的工作，他很高興地接受了。

這家公司的股市操作業務蒸蒸日上。

他沉迷在工作上，成了專做黃金類股套利的交易員，設法從不同市場間的價格差距套取利潤。雖然說不上做得極出色——證據告訴我們，他的確如此——卻樂在其中，發現在金融市場買進和賣出十分刺激有趣。當社會哲學家、新聞記者或許比較有知識啓發性，可是他終究需要賺錢糊口，而這裡的前景似乎不錯。梭羅斯發現這個世界愈來愈迷人。

大致來說，在倫敦的經歷是失敗的，梭羅斯本人也不否認這點。認識梭羅斯，後來並成爲他在倫敦的合作夥伴的股票營業員艾德格・厄斯泰爾（Edgar Astaire）講了幾句公道話：「他還沒闖出名號，只有25、26歲，沒辦法（在那一行）做什麼事。年輕人不被允許做任何事。」

不管真相到底如何，1956年，這位年輕的投資銀行家相信該動一動了。

到紐約市去。

第五章
盲人引盲人

　　啓程前往紐約時，喬治・梭羅斯下了很大的決心，向自己說，他真的很希望在金融業裡找生計。成為哲學家的夢，還是存在——但只是個夢而已。

　　遷居紐約，相對於那裡的同行，他自然而然擁有競爭優勢。雖然他在倫敦沒有使世界燃起熊熊烈火，卻對歐洲金融市場有所瞭解。那樣的專家，在倫敦多如過江之鯽，但是華爾街人，幾無歐洲市場的經驗，或者根本不瞭解那裡的情形。梭羅斯一到美國，便被視為那個領域的專家。

　　梭羅斯帶著自己的5,000美元啓程前往紐約。有位親戚曾交給他1,000英鎊，請他代為投資。這5,000美元便是梭羅斯那筆投資所得的利潤。

　　同一年，也就是1956年，提瓦達和伊麗莎白・梭羅斯離開匈牙利，和美國的兩個兒子團聚。提瓦達在科尼艾蘭（Coney Island）開了蒸泡咖啡店。對這位偉大的求生專家來說，這樣的事沒什麼樂趣。小本生意失敗了，提瓦達退休。（1960年代初，提瓦達罹患癌症。由於父親窮塗潦倒，梭羅斯只好找一位願意免費看疹的醫師。）

　　抵達美國沒多久，梭羅斯透過倫敦一位同事找到工作。一通電話打到梅爾公司（F.M. Mayer）一位合夥人桌上，梭羅斯便成了套利交易員。1980 年代，套利是最熱門的金融遊戲之一，但卅年前可說無聊透頂。沒人建立很大的投資倉位，期待從企業的併購行動中賺得數百萬美元。繁榮的八〇年代才有那樣的事。單調乏味的 1950 年代，喬治・梭羅斯之流的交易員是在不同的市場買賣相同的證券，希望藉由巨細靡遺的研究，從微小的差價中牟取利潤。

　　梭羅斯很快成了分析師，對美國金融機構提供歐洲證券的諮詢服務。如他所料，華爾街上很少人對歐洲的投資趨勢有興趣，更不要說擁有靈敏的嗅覺。1950 年代距目前的全球操作時代甚遠，過了很久以後，美國投資人才開始察覺「池子」的另一邊有錢可賺。那時候歐洲人只和歐洲人往來，美國人只和美國人談話。這種褊狹心理，有利於梭羅斯。對他有幫助的另一件事，是西歐經濟開始從二次世界大戰戰火蹂躪中緩慢恢復生氣。

　　梭羅斯是開路先鋒，走在時代之前。1988 年後成為梭羅斯左右手的史坦利・朱肯米勒（Stanley Druckenmiller）說：「35 年前喬治所做的事，過去十年才在此地流行起來。」

　　「1960 年代初，沒人懂得（歐洲證券的）任何事情，」梭羅斯帶著微笑回憶前塵往事，「所以我能從自己追蹤注意的歐洲企業身上賺到錢。那真可說是盲人帶瞎子。」

這段時間內，梭羅斯碰到一位具有歐洲背景的女士，並和她結婚，根本不足爲奇。在美國，他新來乍到，對美國女士所知甚少。他在西安普敦（Westhampton）附近的長島寇格（Quogue）遇見未來的妻子、生於德國的安娜麗絲（Annalise），1961年結婚。那時梭羅斯還在梅爾公司工作，和妻子住一棟小公寓。（梭羅斯夫婦1978年分居，三年後離婚，有三個小孩。1983年，梭羅斯再婚，新娘是小他25歲的蘇珊・韋伯〔Susan　Weber〕。他們在南安普敦（Southampton）公證結婚。1985年底，蘇珊生了第一個兒子，叫做葛里哥利〔Gregory〕——喬治四度爲人父。第二個兒子亞歷山大〔Alexander〕生於1987年。）

1959年，梭羅斯跳槽到佛桑公司（Wertheim & Co.），繼續把精力放在歐洲證券上。佛桑是美國少數從事海外交易的公司之一，對他來說是很幸運的一件事。梭羅斯仍是華爾街上少數在倫敦和紐約間套利操作的交易員之一。

早年第一次在外國金融市場成功出擊，是1960年的事。梭羅斯發現德國保險公司聯合（Allianz）的股價遠低於他的資產價值；資產價值高，是因爲它投資的股票和不動產增值。他寫了一篇文章，推薦別人投資聯合。摩根（Morgan Guaranty）和德瑞弗斯基金（Dreyfus Fund）接受他的看法，開始大量買進聯合的股票。聯合的高階主管對這件事不高興，寫信給佛桑的梭羅斯上司。信內要點是：貴公司員工做出了錯誤的結論。事實上，他沒錯。聯合的股價升爲三倍，梭羅斯的名氣響了起來。

1961年1月甘迺迪新政府上任，梭羅斯還希望繼續享有好運道。後來的發展，顯示甘迺迪是年輕的梭羅斯的一大障礙。甘迺迪新實施的利息均等稅，基本上阻止了美國投資人購買海外證券。政策轉變使梭羅斯陰溝裡翻船。

但這還不足以令他金盆洗手。1961年12月18日，他歸化成美國公民。他將待在美國繼續奮鬥。

梭羅斯現在33歲，仍在哲學家和投資家的事業生涯間舉棋不定。甘迺迪的政策給了梭羅斯另一個機會，嚐試做他似乎最喜歡的事——思考和寫作生命中的基本問題。

1961年起，梭羅斯利用夜晚和週末，全心投入重寫《意識的負擔》（The Burden of Consciousness），期望把原稿修得好些，找人出版。這段經驗比當初坐下來寫書還棘手。最後，1963年，他把手稿送交卡爾・波普爾（Karl Popper）。如果贏得這位哲學大師的背書，便能拿來炫示。請知名的波普爾當靠山，似乎是這本書能夠出版的重要一步。

波普爾記不起梭羅斯是誰，仍對手稿有不錯的評價。但是倫敦經濟學院這位哲學家後來曉得梭羅斯出身於東歐共產國家，不掩失望之情。他本來以為梭羅斯是美國人；這位哲學家認為，沒受過極權統治的人，竟能瞭解自己所說的事，很令人興奮。後來曉得梭羅斯是匈牙利人，曾親身經歷納粹恐怖和共產主義，對那份手稿的評價打了折扣。他鼓勵梭羅斯繼續思考自己的理念。

梭羅斯從沒指出，是什麼原因促使他再次擱置寫作計畫，

但波普爾對那份手稿反應冷漠，可能影響了他的決定。

　　以前寫書是梭羅斯的最愛，後來也一直如此。他從沒透露，是不是曾經把手稿拿給任何出版商看，只說那本書「有所不足」，所以未曾付梓。

　　因此梭羅斯重回華爾街賺錢。但是冥想從未完全棄他而去。後來幾年，他從那本未出版的小書裡汲取重要的觀念，寫進稍後果真出版的幾本書裡。

———————————

　　1963 年，梭羅斯開始在安侯公司（ Arnhold & S. Bleichroeder ）做事。安侯是美國交易外國證券的主要號子之一，梭羅斯在這裡工作，如魚得水。安侯公司的根在德勒斯登，創立於十九世紀初葉。聘用梭羅斯的史帝芬・柯倫（ Stephen Kellen ），帶有濃厚的歐洲腔，公司其他人也一樣。雖然街名叫華爾街，梭羅斯一定有些時候覺得彷彿回到歐洲。

　　起初柯倫的位階在梭羅斯之上。「我總期望我用的人會有不錯的表現，但他顯然十分突出。」

　　梭羅斯以分析師的身分進用，剛開始主要研究外國證券。梭羅斯在歐洲有人脈，能講好幾種歐洲語言，包括法語和德語，所以是研究這個領域的不二人選。

　　套利需要知識和勇氣兼具，但大部分美國交易員心態過於褊狹，不願擴大視野，既沒知識，又沒勇氣。美國人喜歡賣美國的股票，至少美國公司的名稱還知道怎麼發音。歐洲公司則

不然。梭羅斯不只知道公司名稱怎麼發音，還曉得誰是老闆。

1967年，他成了公司研究部門的主管。

他知道自己是在美國的舞台上表演，也想要留名，所以與同事相處時，表現了某種程度的不安全感。有個堅持匿名的人說，梭羅斯有爭功諉過的習慣，也就是做得不錯的交易，算自己的功勞，做得差的交易，則推說是別人的錯。

梭羅斯1994年在倫敦的合作夥伴厄斯泰爾（Edgar Astaire），1960年代就認識梭羅斯，在他印象中，梭羅斯很難理解、神秘兮兮。「你可以看出他很聰明、能幹、思慮十分清晰——也很有自信。你可以察覺他的身材似乎不是特別引人注意。你不曉得他到底在想些什麼。他是個很好的心理學家，很有見地。——他很內向害羞，所以總是保持低姿態。他不想讓別人曉得他的個性。他經常講些相互矛盾的事，以求得好效果。他講了很多無意義的話，有時自言自語。他一點不討人喜歡。」

雖然不討人喜歡，投資分析卻做得頂呱呱。1960年代和安侯公司的梭羅斯合作過的亞瑟‧勒納（Arthur Lerner），記得那時梭羅斯的做事方法。勒納畢業於哥倫比亞大學，1964年進入紐約銀行的研究部做事。勒納很注意的一個行業是卡車貨運業。這個行業碰巧是梭羅斯在安侯公司的專長，梭羅斯是紐約銀行的營業員，有時會順道去見勒納和他上司邁克‧丹可（Mike Danko），討論應該買什麼股票。勒納回憶說，梭羅斯總是用某種方式，把談話內容從狹隘的卡車貨運業移轉到「全球的情勢」。喬治談的總是一幅大畫面。

外國證券做得很好，增強了梭羅斯的自信。他開始想到創立自己的投資基金──並嘗試替別人賺錢。

第六章
沉迷於混亂狀態

　　喬治・梭羅斯從1950年代在倫敦唸書起，就對這個世界的運作方式很感興趣。他不只希望思考人生的大問題，也想在知識方面做出重大的貢獻。

　　他的指導老師卡爾・波普爾（Karl Popper）啓發他去思考一些大問題、提出宏偉的哲學架構。這樣的架構可能對人類有好處，也可能對提出這種架構的人有好處。以梭羅斯的老友拜爾倫・伍恩（Byron Wien）的話來說，梭羅斯相信「你愈是能夠利用抽象的方式來定義自己的努力，實務上也會做得愈好」。

　　梭羅斯對抽象世界的興趣，引導他思考更具像的問題，如金融市場是怎麼運作的。但是要瞭解他的金融市場理論，最好的起點，是他對生命和社會所持的一般性理論。他的思想中，有句關鍵詞。

　　認知。

　　許多人問過同樣的問題：生命所爲何事？我爲什麼在這裡？事物——大如宇宙、頭腦、人類——是怎麼運作的？

　　稍微思索這些問題，大部分人馬上轉移注意力到日常生活

上，煩惱養家活口、記得拿垃圾出去倒等切身問題。

但是哲學家終其一身研究這些問題，而喬治‧梭羅斯渴望當哲學家。

並沒有一個單一事件刺激梭羅斯對哲學發生興趣，但就他記憶所及，那樣的興趣早就存在。「從我意識到自己的存在以來，」他在 1987 年所著《金融煉金術》（The Alchemy of Finance）一書的引言中寫道，「我就有強烈的興趣，想要瞭解它，而且認為自己本身的瞭解，是必須被瞭解的中心問題。」

靈光乍現。

但還沒那麼快，年輕的梭羅斯幾乎從一開始就曉得，揭露生命秘密的任務近乎不可能達成。

有個很簡單的理由：連開始研究我們是誰或我們是什麼，都得以客觀的態度看自己。

問題是我們辦不到。

對喬治‧梭羅斯來說，這是很戲劇性的發現：

「一個人所想的，是想到的事情中的一部分；因此，人的思考缺乏獨立的基準點，可做為判斷依據──也就是欠缺客觀性。」

梭羅斯是在《金融煉金術》的引言中這麼寫的；這句話形成了他的理論分析的核心。由於沒辦法達成這個獨立的基準點，人便無法擺脫那身臭皮囊、無法透過未遭扭曲的稜鏡看這

個世界。1950 年代初，梭羅斯得到結論：「我們對這個世界的
所有看法，基本上都有缺陷或扭曲。」於是他的探討重心，放
到這種扭曲如何形塑事件上。

有了這種世界如何運作的基本概念作後盾，於是梭羅斯可
以一窺華爾街的究竟。

問題是，曾經嚐試分析股票市場的大部分人，已經下定結
論，說股價的決定過程合乎邏輯。這裡面一定有某些邏輯存
在。用其他不同的想法來看待市場，未免叫人坐立難安，更不
要說充滿風險。

「我們對這個世界的所有看法，基本上都有缺陷或扭曲。」

理性思考學派的信奉者辯稱，由於投資人可以對一家公司
擁有完美的知識，所以每一支股票的價格都恰到好處地反映了
正確的價值。有了這樣的知識，投資人面對一堆股票時，自然
而然會表現出理性的行為，選擇最好的一種。而且股價仍很理
性地和企業未來的盈餘估計有所關聯。

這就是高效率市場的假設，是有關股市如何運作的理論
中，最受歡迎的一個。它假設了一個完美、理性的世界，也假
設所有的股價都反映唾手可得的資訊。

雖然古典經濟學談到均衡觀念，而且所做的各種假設，認為完美的競爭和完美的知識是可以得到的，但梭羅斯相信他懂得更多。他堅稱，現實世界中，假設完美的知識可以得到的任何理論，都有缺陷。現實世界中，買進或賣出的決定，是依據個人的期望，不是依據古典經濟學的理想。而且現實世界中，人對任何事情都只能有不完美的瞭解。

「我在瞭解一般事物時，所持的重要見解，是不完美的瞭解在塑造事件的過程中扮演的角色。傳統經濟學是依據均衡理論，也就是供給和需求相等。但如果你曉得我們不完美的瞭解所扮演的重要角色，你會知道自己面對的是不均衡的狀態。」

因此，他在別的地方指出，他「沉迷於混亂狀態。我賺錢的真正秘訣是：瞭解金融市場的革命性過程」。

————————————

在魯巴島的那些夏天裡，玩和「大富翁」（Monopoly）類似的「資本家」（Capital）以來，喬治・梭羅斯就深為金錢世界所迷。雖然他有一部分的自我仍神遊於知性領域，務實的一面卻驅策他到倫敦經濟學院唸經濟學。

但令他失望的是，他發現這門課美中不足。

教授灌輸——或者至少試著灌輸——他經濟學是種科學的觀念，也就是人有辦法提出理論和法則，說明經濟學的世界。

但是喬治・梭羅斯看透了所有這些東西。他做了推理，認為如果經濟學是種科學，就必須客觀才行，也就是我們必須能

夠在觀察它的活動時，不要去影響那些活動。梭羅斯卻認定，這樣的事辦不到。

　　在人類——人類畢竟是所有經濟活動的核心——根本欠缺客觀性時，經濟學怎能假裝它很客觀？參與經濟活動的人類，何時會忍不住去影響那些經濟活動？

　　認為經濟活動有理性和合乎邏輯的人，也說金融市場永遠是「對的」。所謂對的，是指市場總會消化——或考量——未來的發展，即使未來的發展不明朗也一樣。

　　梭羅斯說，那不是真實的狀況。

　　他曾經表示，大部分投資人相信他們能夠「消化」市場將來會做什麼事，也就是未來的事件還沒發生，就未卜先知，納入考量。依梭羅斯之見，這是不可能做到的事。在他心裡，「關於未來會像什麼的任何想法，依據定義，都有所偏頗和失之平衡。我不相信事實和信念會各自存在。相反的，我在解釋對射（reflexivity）理論時主張：信念所做的事是改變事實。」

　　這麼一來，市場價格就不會是對的，因為它們總是忽視了可能來自未來事件的影響力，以及將來自未來事件的影響力。

　　市場價格總是「錯的」，因為它們提供的不是未來的理性觀點，而是一種有所偏頗的觀點。

　　「但是扭曲是往兩個方向作用，」梭羅斯表示，「市場參

與者不只帶著偏見操作，他們的偏見也能影響事件的發展軌跡。這可能產生一種印象，讓人覺得市場能夠準確地預期未來的發展，但事實上，不是目前的期望吻合未來的事件，而是未來的事件被目前的期望所塑造。參與者的認知本質上有缺陷，而有缺陷的認知和事件實際的發展過程間，是一種雙向的連動關係，導致兩者間欠缺明確的因果關係，我把這種雙向的連動叫做『對射』。」

「市場參與者不只帶著偏見操作，他們的偏見也能影響事件的發展軌跡。」

認知和現實間的雙向回饋——梭羅斯稱之為對射——形成了他的理論的關鍵。梭羅斯深信，高效率市場假設不能解釋金融市場的行為，投資人的偏見和他稱之為事件實際進展間的對射關係才能解釋；事件的實際進展，是指企業的經濟基本面。

根據梭羅斯的見解，投資人對一支股票的「偏見」，不管是正面還是負面，會導致價格上揚或下跌。那種偏見像「自我強化因素」般運作，然後與「根本趨勢」交互作用，影響投資人的期望。因此而造成的價格波動，可能引起管理階層重新購回股票或採取合併、收購或融資購股的行動，而這又會影響那支股票的基本面。

「投資人對一支股票的偏見，不管是正面還是負面，會導致價格上揚或下跌。」

———————————————————

一支股票的價格，不是由投資人根據唾手可得的資料，作出激烈的反應而決定，而是認知的結果；認知除了受實際資料的影響，也受個人感情因素影響。梭羅斯在《金融煉金術》中寫道：「事件碰到有思考能力的參與者介入時，主體便不再只有事實，也包括參與者的認知在內。因果關係鏈不是從某個事實直接引導到另一個事實，而是從某個事實到認知，再從認知到另一個事實。」

梭羅斯的理論，依據的概念是：投資人支付的價格，不純粹被動消極地反映價值，而是相當積極主動的因子，有助於形成一支股票的價值。

梭羅斯理論的第二個關鍵，是人的誤解在塑造事件時所扮演的角色。誤解，或者如他有時所說的，參與者的想法和實際的事件狀態，兩者間的差距一直存在。

有些時候，差距小得很合理，能夠自行矯正。他把這種狀態叫做近乎均衡。

有些時候，差距很大，不能自行矯正。他把這種狀態叫做遠離均衡。

差距很大時，認知和現實相距十分遙遠。沒有什麼機制能把它們拉近。反之，一些力量在其間運作，把它們分隔得更

遠。

　　這種遠離均衡的狀態有兩種形式。在某個極端，雖然認知和現實相距甚遠，整個狀態卻很穩定。梭羅斯這樣的投資人，對穩定狀態不感興趣。但是在另一極端，整個狀態不穩定，事件發展得很快，參與者的看法根本趕不上。梭羅斯對這樣的狀態興味盎然。

　　認知和現實間的差距很大，是因為事件的發展失控，這種狀況通常可以在金融市場榮枯相生的循環中看到。梭羅斯認為這些榮枯相生的現象是種狂熱，「這種過程剛開始能自我強化，卻無法持久，因此最後必然反轉」。

　　這種榮枯相生的情況，一直可能存在。梭羅斯持有的投資哲學堅信，榮枯相生的狀況很容易發生，因為市場總是處於變動不居和不明確的狀態。想要賺錢，就要找出方法，善用這種不穩定狀態，尋找出乎意料的發展。

　　「榮枯相生的狀況很容易發生，因為市場總是處於變動不居和不明確的狀態。」

　　當然了，最困難的部分，是找出榮枯相生的狀況。投資人想找出這樣一種狀況，必須先瞭解其他投資人對各種經濟基本面有怎樣的認知。能在任何時候，確定市場——指那些投資人的集合體——在想些什麼，十分要緊，這也是喬治‧梭羅斯的

投資技巧本質。

等到某個投資人曉得「市場」在想些什麼，就有可能往反方向跳躍，賭出乎意料的事件將發生、賭某個榮枯相生週期將發生或者已經開始。

榮枯相生的走勢，要怎樣才會生根？

1994 年 4 月 13 日，梭羅斯列席美國眾議院銀行、金融暨都市事務委員會備詢，提出了簡短的解釋，表示他對「普遍存有的智慧」不敢苟同。大部分人相信金融市場傾向於走往均衡狀態，而且會準確地把未來納入考量，梭羅斯卻認為「金融市場不可能正確地把未來納入考量，因為它們不只考量未來，更且以其力量去塑造未來」。

「一旦你曉得市場正在想些什麼，就往反方向跳躍，賭出乎意料的事件將發生。」

他說，有些時候，金融市場本該只「反映」（reflect）基本面，卻有可能反過來「影響」（affect）基本面。「那樣的事發生時，市場就進入波動不停的失衡狀態，它的行為和高效率市場理論認為的正常狀態很不相同」。

這種榮枯相生的狀況不常發生。如果發生，由於它們影響到經濟基本面，所以具有破壞作用。榮枯相生的現象，只會在

追隨趨勢的行為主控市場時發生。「所謂追隨趨勢的行為，我是指人們在價格上漲時買進，價格下跌時賣出，而形成一種自我強化的型態。

「一窩蜂的趨勢追隨行為，是促使市場急劇崩跌的必要條件，但不是充分條件。這時你該問的關鍵問題是：是什麼因素促成了追隨趨勢的行為？」

喬治‧梭羅斯的答案是：

有缺陷的認知導致市場自行坐大。

所謂自行坐大，是說投資人讓自己陷入盲目的狂熱中，或者產生群眾心理。

而且市場靠本身的狂熱壯大，總會反應過度，走上極端。這樣的過度反應──走向極端──產生了榮枯相生的現象。

因此，投資要成功，關鍵在於認清在哪個時點，市場開始靠自己的動能壯大。這樣的時點找出之後，投資人便知道榮枯相生的走勢即將開始，或者已在進行。

「有缺陷的認知導致市場自行坐大。市場靠本身的狂熱壯大，總會反應過度。」

梭羅斯這麼解釋：「對射過程依循某種辨證型態的理由，

可以用一般性的詞彙來解釋：不明確程度愈高，則愈多人受市場趨勢影響；追隨趨勢的投機性行為影響力愈大，則情況變得愈不明確。」

典型的榮枯相生走勢，主要階段如下：

・某個趨勢還沒被確認；

・自我強化的過程開始；

・市場的走向試探成功；

・信念增強；

・真實和認知分歧；

・高潮；

・最後，自我強化的連漲或連跌走勢，有如鏡像般，開始往反方向走。

梭羅斯也表示，隨著趨勢持續進行，投機性交易的重要性日增。此外，偏見會跟著趨勢走，以致於趨勢持續愈久，偏見變得愈強。最後，一旦某個趨勢確立，終有窮途末路的一天。

紐約摩根史坦利公司的美國股票投資策略師拜爾倫・伍恩是梭羅斯的密友，以比較簡單的話解釋梭羅斯的理論：

「他的觀念是凡事總有盛極而衰的時候，大好之後便是大壞。你應該曉得，在它們表現不錯之時，就將有壞表現出現，而且，把他的理論化繁為簡後，重要的是認清趨勢轉變不可避

免。要點在於找出轉折點。」

　　對射的例子不勝枚舉。梭羅斯1988年在華爾街日報的一篇文章中寫道：「人們對某種貨幣失去信心時，它的跌勢往往會使國內的通貨膨脹加劇，因此使跌勢顯得合理。投資人對一家公司的管理階層有信心時，股價上漲使得管理階層較容易滿足投資人的期望。……我稱此為初期的自我強化，但最後是自取其敗的『對射』出現。」

　　梭羅斯最可觀的利潤，來自他察覺到個股和類股出現「自我強化」的走勢。投資人會突然間改變他們對某種行業的看法而大量買進。隨著股票買盤激增，強化了該行業的財富，自我強化的現象便會出現，因為那個行業的公司會透過更多的借貸、出售股票和以股票進行收購，而使盈餘增加。

　　「察覺到股票市場出現自我強化走勢，你將獲厚利。」

　　這是榮枯相生走勢裡的上漲部分。

　　當市場飽和，以及競爭加劇，傷害到該行業的前景，以及個股價格過高之後，遊戲便告結束。這個過程展開之後，便換空頭上陣。1960年代有個例子，和企業集團有關。當時企業集團的股價居高不下，鼓舞它們買進更多公司。這個政策使得股價漲得更多，直到價格崩跌為止。

依梭羅斯之見，信用貸款也有很明顯的對射關係：

「放款人評估借款人的償債能力後，決定是不是要放款。擔保品的估價，理論上應與借貸行為無關；但實際上，借貸行為可能影響擔保品的價值。不管是個別案例，還是整體經濟，都是這個樣子。」

對射的另一個例子，發生在1980年代中期到末期，當時企業收購人開出的價格，導致一家公司的資產價值被重估。重估之後，銀行業者願意借更多錢給其他出價收購的人，如此一來，出價收購的人又願出更高的價格。最後價格漲得太高：市場雖然不穩，價格過高，還是一直上漲。依據梭羅斯的對射理論，崩跌便在所難免。

———————————

這就是喬治・梭羅斯這位不按常理出牌的投資家抱持的看法。

他不照傳統規則在金融市場操作。

其他人則按傳統規則行事。他們認為這個世界以及這個世界包含的所有東西，都有理性。

股票市場也是一樣。

梭羅斯對遊戲規則很感興趣，但僅止於試著瞭解那些規則何時即將改變。當它們即將改變時，可能引起對射關係開始出現，而對射可能促使榮枯相生的走勢發動。

　　喬治‧梭羅斯一直密切注意各個金融市場，掃視榮枯相生的走勢。梭羅斯曉得，金融市場有時具有這種對射關係特徵，因此發現，相對於其他投資人，他擁有見微知著的優勢。

　　但是擁有這種投資秘密，不保證梭羅斯每次都能賺到錢。有些時候出現的問題，和他的投資才華無關。有時則和那些才華關係密切。

　　比方說，有時對射過程根本不存在。或者對射過程存在，但梭羅斯沒辦法即時發現它們。最糟的是，梭羅斯好不容易找到某個對射過程，認爲已發現一個時，其實根本找錯了。

　　有時梭羅斯建立了某個投資倉位，卻沒想清楚有關的金融市場是怎麼運作的——也就是對射過有沒有在進行。不過他一直都在尋找對射過程。當他找到一個，而且能夠善加利用，小數點左邊就會加上一排數字（譯註：意即賺進很多錢）。

　　梭羅斯雖然承認，他的對射理論不是真的很完整，卻表示那個理論能夠解釋的東西，不只是在金融市場如何賺錢。更爲宏觀地說，他辯稱自己的對射理論能夠更清楚地說明這個世界怎麼運作。

　　這是哲學家喬治‧梭羅斯的說法，不是投資家喬治‧梭羅斯的說法。

　　「我相信參與者的偏見是個重要的關鍵，能夠瞭解有思考能力的參與者介入其中的所有歷史進程，正如基因突變是生物演化的關鍵。」

不過梭羅斯曉得，把這麼高的期望加在他的理論上，是種幻想。不管他多希望那個理論與眾不同，還是深感失望，因為沒能給這個世界一個不朽的發現。

他的理論還是有瑕疵。所謂參與者不完美的瞭解，他一直沒辦法給它下個定義。此外，想做出很好的預測，他的理論沒有幫助。

最後，梭羅斯很洩氣地承認，參與者偏見的因果關係雖然「有效和有趣」，但還不足以成為真正的理論。它是個泛泛之論。這個「理論」要有用，就必須清楚明白地指出榮枯相生的走勢何時將出現。但它沒有。

自己的理論有其極限，梭羅斯十分誠實。他對這個理論有很高的期望，而當這些期望沒辦法實現時，大可沉默不語。但他沒有這麼做。雖然他沒提出泛用性的理論，但相信自己所設計的東西，還是部分管用。「我擁有的，是一種方法，有助於照亮我們的金融體系目前的危險狀況。」

關於梭羅斯的對射理論，人們的反應褒貶不一──有人覺得太複雜，不容易瞭解；有人瞭解，而且讚譽有加。有些大惑不解的人，曾與梭羅斯密切工作多年。安侯公司（Arnhold & S. Bleichroeder）的資深副總裁羅伯・米勒（Robert Miller）便是其一，1960年代以後他便與梭羅斯共事。

作者想瞭解米勒對梭羅斯的理論懂得多少，結果相當令人

失望。

　　作者：「你和他談過那理論嗎？」

　　米勒：「不多。」

　　作者：「你有沒有看過《金融煉金術》？」

　　米勒：「看過一部分。」

　　作者：「能不能談談那個理論？」

　　米勒（大笑）：「恐怕沒辦法。」

　　談到那個理論時，其他人顯得比較有信心。

　　紐約的丁威特雷諾茲公司（Dean Witter Reynolds）股票研究部門資深副總裁兼首席投資策略師威廉‧道奇（William Dodge），承認他沒看過《金融煉金術》，但相信梭羅斯的對射理論很有意義。

　　「喬治所說，是指股票價格距真正的價值很遠。這就創造了賺錢良機。」

　　1994年5月，距《金融煉金術》出版七年，梭羅斯在企業界的知名度，遠非昔日可比。因此，這本書的平裝版首次問世，加了一篇新序文。梭羅斯在新序中寫道，關於對射理論，他想提出新的一點，清楚地說明原意。

他說：「《金融煉金術》一書中，我提出的對射理論，好像它隨時都派得上用場。在對射的正字標記，也就是雙向的回饋機制，任何時候都能運作的時候，那麼說是正確的，但不能說它時時都在運作。事實上，大部分情況中，它相當軟弱無力，略而不顧，十分安全。」

梭羅斯也釐清了第二點：

「我的著作所給的訊息，通常被人總結成：參與者的價值判斷總有偏頗，而且盛行一時的偏見會影響市場價格。」他表示，如果他要說的，全部就是這些，那根本不夠格成為一本完整的書。「我的意思是說，有些時候偏見不只影響市場價格，也影響所謂的基本面。對射變得重要，便在這個時候。這樣的事不是每次都發生，但一旦發生，市場價格便會依循不同的型態前行。它們也扮演不同的角色；它們不只反映所謂的基本面；它們本身甚至成為基本面的一部分，塑造了價格的演變過程。」

不管只讀過那本書一部分或者全部的人，梭羅斯認為他們不該只注意第一點——盛行一時的偏見影響到市場價格——而忽視第二點——盛行一時的偏見在某些情況下也可能影響所謂的基本面，而使得市場價格的變動導致市場價格再變動。

他怪自己沒把話講清楚。

他承認，應該做的事，不是提出一般性的理論，在那裡面，把欠缺對射過程看做特例，而是指出對射過程是特例，因為對射的關鍵特色，在於它只在某些時候發生。

　　梭羅斯的主要辯詞是，他不是在金融市場先觀察到對射過程，早在投入金融市場之前，已有這樣一個哲學性觀念。梭羅斯承認，宣稱自己有了一般性的對射理論，可能做得太過火。他繼續寫道，指經濟理論有錯，他也犯了錯。如果對射能夠運作的狀況只是時有時無地出現，那就表示經濟理論只是偶爾出錯。

　　喬治・梭羅斯的對射理論，有什麼價值？這個問題本來很容易回答，但梭羅斯自承有時他沒有恪守自己的理論，在金融市場中對事件的反應，就像叢林裡的野獸對週遭環境的反應，而使得問題的解答蒙上陰影。他沒有詳細說明自己的意思到底為何。但有些時候，他明指金融市場中壞事就要發生，因為……背痛發作了！不過這種背痛的功用有限，只能做為早期警報系統，無助於找出什麼事情即將把金融市場搞得天翻地覆。可是一旦梭羅斯找出迫在眉睫的麻煩，就像服用了阿司匹靈。

　　突然之間，他的背痛豁然而癒。

第七章
先投資再調查

　　喬治・梭羅斯的理論只能透露部分的投資秘密。所謂投資秘密，指解釋他相信金融市場怎麼運作的架構。梭羅斯也同意這個說法。

　　但是理論沒有透露喬治・梭羅斯是怎麼運作的。

　　梭羅斯把那些秘密留藏心中深處。

　　知性上的分析只能做到那麼多，在這之後，就得靠直覺本能。

　　「我們假裝（自己能夠分析），」梭羅斯觀察到，「我甚至相信做得到。但是那裡面也存在其他某些東西。做為交易操作員，我有相當不錯的紀錄，但我也有理論。因此這中間有某種關聯。但我不認為自己操作成功，便表示所提理論有效。那不是科學性的證明。我想，一定還有其他一些東西存在。」

　　由於梭羅斯的理論不能提供所有的線索，用以說明他的成就，有人可能會說，他只是運氣特別好罷了。但是嚴謹的分析師不認為此說允當。我曾不經意間，和與梭羅斯共事很久的羅伯・米勒（Robert Miller）談及，梭羅斯賺錢的能力可能和他願意賭大錢有關。米勒是安侯公司（Arnhold & S. Bleichroeder

）的資深副總裁，聽了我的話，不高興地說：

「不對。不是他能夠下那麼大的賭注。要是他認為某個狀況合乎所想，就會去投資。他根本不認為那是賭博，而視之為一種經濟情境。」

那比光擲骰子，等著一翻兩瞪眼要複雜。

梭羅斯的運作方式和他的能力有關，而他的能力內涵可能十分獨特。

首先，他有顆靈活的頭腦。

市場上其他人試著追逐某支個股、某種類股和商品時，梭羅斯任何時候都沉浸在與全球操作有關的複雜情境中。

他和其他大部分人不同，會從全球金融領袖所做的公開聲明，以及這些領袖所做的決定，找出趨勢、走勢和韻律節奏。梭羅斯懂得比大部分人多的地方，在於全球經濟的因果關係。如果 A 發生，B 必然跟而來，接著就是 C。這樣的思考沒什麼了不起，卻是梭羅斯成功的關鍵秘密之一。

其次，這個人有膽量。

他怎能不動聲色，買賣金額之大，超乎想像？除了膽量，還有什麼理由？他本人會否認自己很有勇氣，因為他堅信投資成功的關鍵，在於懂得如何死裡求生。由於曉得如何死裡求生，所以有些時候必須很保守地玩遊戲，必要時認賠出場，而且一直留有很大一部分資產不投入。他喜歡說：「如果你做得

不好，第一個動作就是收手，不要想翻本。重新開始時，則從小做起。」

不過梭羅斯的所做所為，還是需要內心有股堅忍不屈的毅力。

公共事務評論員和耶路撒冷的以色列社會經濟進步中心（Israel Center for Social and Economic Progress）主任丹尼爾·杜隆（Daniel Doron）說：「我坐在他的辦公室，看他做涉及數億美元的決策。我的雙腳發抖，夜不成眠。他拿那麼高的賭注去玩。必須有鋼鐵般的意志才能做那樣的事。或許他已習於那麼做了。」

常有人拿梭羅斯和華倫·包菲特（Warren Buffett）相提並論，但比較之後，往往發現兩人有很大的差異。包菲特是華爾街另一位超級投資巨星。

包菲特專研一件事情，而且只鑽研那件事──以低價買進股實的企業──梭羅斯則比較有彈性，根據金融風向的變化進出金融市場，設法在正確的時機抓住市場的波動。包菲特買進和賣出股票；梭羅斯則買賣貨幣和利率。包菲特集中注意力在個別公司上；梭羅斯則注意全球金融市場的大趨勢。

梭羅斯最管用的特質之一，是有能力在進出金融市場時不動感情。

也就是說，他有點像斯多噶學派的禁慾主義者。

別人放任本身的自大阻礙聰明的市場決策形成，梭羅斯卻

瞭解聰明的投資人是不動感情的投資人。宣稱自己絕不犯錯，沒意義。自己喜歡的股票突然大跌，可能叫人自怨自艾，但不如承認自己犯了錯，就像梭羅斯常做的那樣。

1974年某日，梭羅斯和一位朋友打網球時，電話鈴聲響起。

東京一位營業員打來，告訴梭羅斯一個秘密。那年水門案炒得火熱，尼克森總統身陷醜聞，難以自拔，終於黯然下台。營業員這通電話的目的，是讓梭羅斯曉得日本人對尼克森的困境，反應很不好。

梭羅斯在日本股票市場建立了很大的倉位，現在必須決定怎麼做——繼續留在那兒，或者撤出。

和他一起打網球的朋友注意到，剛剛打球時，梭羅斯前額還沒出汗，現在已是汗水涔涔。

梭羅斯馬上做成賣出的決定，沒有猶疑，或者覺得有必要找人一談，再採取這麼重大的行動。

他花了不到一秒鐘便做出決定。

就這麼簡單。

1980年代和梭羅斯共事的艾倫・拉法葉（Allan Raphael），相信梭羅斯的沉著冷靜，對他有很大的幫助，而其他投資人很少具有這種特質。他說：「一方面，你可以依靠它們。喬治做錯時，會脫身而出。他不會說：『我是對的，錯的是他

們。』他很乾脆地說：『我錯了。』然後出場，因為留著壞倉位，它會吃掉你。你會時時刻刻惦記著它——晚上想，回到家裡也想。它會消耗你的精力。你的雙眼根本無法集中注意力。這樣的處境很糟。如果這事容易做的話，連停車場管理員也會做。那需要不同於常人的自制、自信，而且基本上必須不動感情。」

接下來便是梭羅斯極其高昂的自信。

梭羅斯一旦相信某樣投資是對的，什麼事情都阻止不了他。投資倉位絕不嫌大。畏縮不前，是懦者的行為。梭羅斯在書中，提及最糟的錯誤，不是太過大膽，而是太過保守。他喜歡問一個問題：「為什麼做那麼小？」

最後是他的直覺本能。

這是一種高深莫測的能力，有了它，才曉得何時應大手筆投機，何時應軋平某個投資倉位——也就是何時你已準備就緒，占好位置，何時不是。

梭羅斯說：「基本上，我操作的方式，是先有個命題，然後拿到市場中去測試。當我放空，而市場走不同的方向時，我便很緊張。於是我感到背痛，等到回補空頭倉，背痛突然間消失不見。我覺得好多了。這時就是靠直覺本能的時候。」

「提出命題，然後拿到市場中去測試。」

摩根史坦利公司的拜爾倫・伍恩（Byron Wien）總結喬治
・梭羅斯的投資技巧時表示：「喬治的才華在於他有某種自制
能力。他以非常務實的態度看市場，而且瞭解哪些力量影響股
價。他瞭解市場有理性的一面，也有非理性的一面。他曉得自
己不是每次都對。對的時候，他願意採取激烈的行動，善用大
好機會，錯的時候能夠認賠出場。……肯定自己是對的之後，
他便有很強的自信，一如1992年英鎊危機期間他的所做所
為。」

梭羅斯一部分的直覺本能，在於能夠察覺股票市場的走
勢，不管往上還是往下。在學校學不到這樣的東西；倫敦經濟
學院的課程，沒教這種事。這種天賦很少人擁有，梭羅斯卻
有。他在倫敦的合作夥伴艾德格・厄斯泰爾（Edgar Astair-
e），一眼便看出梭羅斯成功的根源：

「他最大的成功關鍵，在於心理層面。他瞭解群眾本能，
曉得何時許多人會爭著搶某樣東西，就像一位優秀的行銷人
員。」

梭羅斯最與眾不同的特色，也就是最能夠解釋他的投資才
華的特質，或許在他有能力在極其排外的「俱樂部」裡取得會
員資格。這個俱樂部中，國際金融圈領導人物多如過江之鯽。

沒人能申請成為這個俱樂部的會員。大部分參與者是富有
國家的政治和經濟領袖：總理、財政部長、中央銀行總裁。粗
估之後，會員總數不超過2,000，而且散布全球各地。

　　梭羅斯不是民選領袖，身分地位不能和其他會員相提並論。但是隨著政治家的經濟力量減弱，以及像梭羅斯之流的投資人在金融市場取得愈來愈大的影響力，梭羅斯在這些領袖心目中的份量愈來愈重。他們想要認識他，聽他對全球經濟有什麼樣的看法。最重要的，他們想瞭解他可能做些什麼事。當然了，他有同樣的興趣，瞭解各個國家的領袖將做出什麼決定。

　　很少投資人能像梭羅斯那樣打進這個俱樂部。別人只能從新聞媒體上看到這些領袖講了什麼話，梭羅斯卻能輕而易舉接觸他們而享有優勢；他可以和某個財政部長共進早餐，和某位中央銀行家吃午餐，或者禮貌性拜會某位總理。

　　舉例來說，1980 年代初某一天，梭羅斯受邀出現在英格蘭銀行，把他認為應如何透過貨幣抑制措施重振金融市場的看法，和與會人士分享。1980 年他買了價值 10 億美元的英國債券之後，便吸引銀行家對他產生興趣。1980 年一戰成名，對他來說是偉大的一刻，因為他的投資賺取了可觀的利潤。

　　梭羅斯打進全球金融領袖網脈，靠的不只他的金融洞察力。1980 年代中期，他開始積極在東歐以及稍後的前蘇聯地區設立基金會，以促進這些地方的社會走向開放，此後便有更多的理由和政治、經濟領袖摩肩擦掌，特別是在歐洲。

　　某位內閣部長出席他的基金會會議，或者他趁參加基金會董事會議之便，順道拜訪某位政治領袖，可說家常便飯。1993年 11 月，他請作家邁可·劉易士（Michael Lewis）以兩週的時間參觀他的各個基金會。某日早上見了摩達維亞總統，晚上見

了保加利亞總統之後，梭羅斯誇耀地說：「你瞧，我和一位總統共進早餐，晚餐又和另一位總統在一起。」

這樣的接觸顯然讓梭羅斯相對於其他投資人占有優勢。當然了，和政府官員吃早餐，無法讓梭羅斯曉得某個國家貶值貨幣或者提高利率的正確日期。金融領袖不會在享用煎蛋和土司的時候，透露這樣的事情，就算對方是喬治・梭羅斯也是一樣──講得明白些，尤其不能向喬治・梭羅斯說。

不過和這些領袖過從甚密，梭羅斯能藉以察覺什麼事情就要發生，而別人無法獲得這種能力。他可能必須等上好幾個月，才能從某次晤面得到某些有用的東西；也許那是某位財政部長三個月前吃午飯時不經意間講的一句話。其中的關鍵處，在於他已和那位財政部長見過面，談話內容印在腦子裡，可以進一步利用，而別人只能從報紙上看得到。

正如倫敦華寶證券公司（S.G. Warburg Securities）首席國際經濟學家喬治・梅格勒斯（George Magnus）指出的：「梭羅斯的確瞭解全球的事件和全球的運作程序。他的歐洲背景，使他在同僚間鶴立雞群。那樣的背景給了他不一樣的觀點，去看這個世界怎麼拼湊在一起，特別是德國的統一以及其他各式各樣的歐洲概念。……他有德國人所說的世界觀，不受某一國家或另一國家國內問題錯綜複雜關係太大的汙染。（他所做的事是）建構一幅大圖象，並將之轉化成機會。」

「梭羅斯的一個關鍵秘密，是能接觸全球領袖。」

這樣的世界觀給了梭羅斯很大的自信。

1980 年代以來當梭羅斯助手的詹姆士・馬凱斯（James Marquez）表示：「他不是個滿足於既有成就的人，但是會說：『乖乖，這事應該照這種方式發生。』

「你可以聽到他用這樣的詞彙，如『這很明顯』，或者『顯然可以看出什麼事將發生』，或者『產生這件事的因素，非常簡單、直接』。他很會觀察整座森林；其他人只看到樹木。」

其他投資人不只欠缺一張名片，好進入世界領袖專屬的俱樂部。就算他們擁有一張，也很少投資人像梭羅斯那樣，願意花那麼多時間和全球領袖接觸。

其他投資人比較習慣待在步調緊湊的交易室裡。大部分人覺得，週旋於那些人物之間，會讓人分心，甚至可說浪費時間。但梭羅斯的想法和別人不一樣：他能夠瞭解待在交易室的重要性，但也看出踏出辦公室的價值；踏出辦公室不只爲了見重要的決策人士，也爲了有時間思考。正如梭羅斯說過的：「想成功，你需要休閒娛樂。你必須留很多時間給自己。」

「想成功，就留很多時間給自己。」

梭羅斯的朋友拜爾倫・伍恩發現他不管私人生活或在金融

市場，都採取這樣一種「從容不迫」的做法。

伍恩說：「他覺得，不應該依賴別人。有些人一天到晚找營業員交談。他不認爲那是花時間的正確方式。相反的，他寧可找一些真正有幫助的人來談，也花時間去思考、閱讀和自省。他希望所找的人，擁有哲學上的敏感度。一個賺到大錢——卻沒靈魂的人，他不感興趣。他不覺得，必須在辦公室做那樣的事。

「他曾對我說了一句很有用的話：『拜爾倫，你的毛病在於每天工作，而且你覺得，由於每天工作，所以必須做些什麼事情。我不是每天工作。我只在工作有意義的日子裡工作。……而在那樣的日子裡，我真的做了某些事。可是你每天工作，而且做了某些事情，所以不覺得那是個特別的日子。」

喬治・梭羅斯的一天是怎麼過的？

典型的一天從上午8時或8時30分開始。整天他進進出出地開會，但是底下的基金經理人可以隨時進來和他談某個倉位的問題。

梭羅斯是以一對一的方式處理事情。他和基金經理人個別面談。他厭惡委員會的會議。1984年到1988年間與梭羅斯共事的艾倫・拉法葉指出，有些時候，聽了某位經理人的想法後，梭羅斯可能建議他或她打電話給某人，這個人或許能從相反的角度來看事情。「如果你喜歡某樣東西，他會要你跟不喜歡那樣東西的人談談。他總是希望在那裡見到知性上的過招。他總

會重新思考某個倉位。你必須不斷重新思考、再思考、又思考，因為事情會變，價格會變、情況會變。身為經理人的你，有責任不斷重新思考所建的倉位。」

接下來便是兩人的對話。

拉法葉可能告訴他：「這個倉位表現得不錯。」

梭羅斯：「你不覺得應在這裡賣出一些？」

拉法葉：「不。」

梭羅斯：「你想多買些嗎？」

他們一再反覆，檢討所建的倉位。

拉法葉說：「梭羅斯有種不可思議的能力，能夠問正確的問題。接著他會看看走勢圖，沒問題就說好。」

做決定的時機成熟時，他絕不花15分鐘以上的時間做研究。

像拉法葉那樣的基金經理人，做法上總有些彈性——不是樣樣事情都得經過梭羅斯。小倉位，比方說，500萬美元，不必梭羅斯點頭就可以建立。

「但是，」拉法葉指出，「找他一談，對你真的有幫助，因為他實在太聰明了。」

　　對梭羅斯來說，投資成功之鑰，在於他的絕處求生技巧。
我們很難想像絕處求生是種實務上的技巧，但是就梭羅斯而
言，這有助於解釋他的成就。舉例來說，在《金融煉金術》一
書中，他寫道：「青少年時期，二次世界大戰給了我一個終身
難忘的教訓。我很幸運，家父十分擅長於絕處求生的藝術，以
戰俘的身分脫逃後，度過了蘇聯革命。」

　　同一本書稍後，他提到經營避險基金，對他接受的求生訓
練，是一大考驗：「一切情況良好時，運用信用槓桿（lever-
age）可以產生絕佳的成果，但事情未如所期時，則可以把你掃
地出門。最難判斷的一件事，是何種程度的風險可保安全無
虞。我們找不到放諸四海皆準的尺度：每一種情況都有它獨特
的一面需要判斷。做最後的分析時，你必須依賴自己的求生本
能。」

　　這種求生本能發揮功用的一個例子，是1987年10月股市崩
盤時。事後來看，梭羅斯似乎太早軋平某些投資倉位，但是詹
姆士・馬凱斯認為，那正是喬治・梭羅斯典型的行為──放棄
戰鬥，活下來，好在另一天再上戰場。梭羅斯平倉出場，承受
龐大的虧損，如此才能避免倉位賠得更慘。「許多人很難接受
那樣的結果，」馬凱斯說，「可是梭羅斯做得到，因為他有足
夠的信心，相信能夠東山再起。當然了，他確實如此，最大的
成就在1987年以後出現。我想，對我們所有人來說，這裡面有
重要的訊息。」

　　梭羅斯擁有各種特質——智慧、勇氣、冷靜、直覺——的組合，使得他極其與眾不同。對射理論是他的蓋氏計數管（Geiger counter）。對射理論沒有精確地告訴他，眼光要放在什麼東西上，或者最重要的，何時去看，但這個理論告訴他槍口要指向哪裡，並給了他一個方法，集注全力善用潛在的機會。

　　接下來由他的個人特質掌控一切，用更精準的方式給他指示、引導他到現場。

　　接著梭羅斯動手出擊。他不是以驚天動地的方式去做，而是一步步測試、偵伺，用以確定他腦子想的對不對。他會提出某種假設，根據這個假設，建立某個投資倉位。然後等著看這個假設正不正確。如果正確，他會建立更大的倉位，並根據個人的自信程度，決定做多大的倉位。萬一原先的假設不對，他不會遲疑拖延，馬上軋平倉位出場。他一直在尋找某種狀況形成，好讓他提出某個假設。

　　馬凱斯回憶往事說：「喬治總是說：『先投資再調查』。這表示先形成一個假設，建立試探性的倉位去測試這個假設，然後等市場證明你對或錯。」

　　本質上，梭羅斯愛用的這個策略，可以叫做在市場中「取得感覺」。梭羅斯只偶爾用到這個技巧，1980 年代，他和馬凱斯共事時，有時甚至沒告訴馬凱斯何時他有採用。

　　經過充分討論後，兩人最後會決定一頭栽進。

馬凱斯接著設計一種逐步漸進的做法，撥出基金中的一部分資金建立倉位。

「好吧，」梭羅斯會說，「我想買3億美元的債券，所以先賣出5,000萬美元。」

「我是想『買』3億美元，」馬凱斯提醒梭羅斯。

「沒錯，」梭羅斯回答，「但是我想先感受一下市場是什麼樣子。我想先感受一下當賣方的感覺。如果賣出很容易，如果我很容易就失掉這些債券，那我會更想當買方。但是如果這些債券很難賣出，我就無法肯定是不是該買進。」

梭羅斯所有的理論和策略，並非絕無錯誤。有些人卻相信它們百無一失。他們看了他的投資紀錄之後會想，如果有人做得那麼好，那一定不會犯錯。

梭羅斯喜歡這麼想：「基本上，別人認為我不會犯錯，這樣的看法被誤導了，因為——我一點不介意（強調）這點——其實我和旁邊那個傢伙犯同樣多的錯誤。但是我覺得自己有個拿手的地方，你知道，那就是勇於承認自己的錯誤。這就是我的成功秘密。我學得了一個重要的洞察力，就是認清人的思想有與生俱來的謬誤。」

第八章
我口所指，錢必隨之而至

1960年代末，喬治・梭羅斯加入金融業大賽。

梭羅斯希望在公司內部扮演更重要的主導角色，說服了安侯公司（Arnhold & S. Bleichroeder）各級主管，設立兩個境外基金，並由他負責督導。

第一個基金叫做第一老鷹基金（First Eagle Fund），創立於1967年。依華爾街的術語，它是種多頭基金：客戶建立多頭倉，期待市場上揚。

第二個是避險基金，叫做雙老鷹基金（Double Eagle Fund），創立於1969年。這個基金的架構方式，讓梭羅斯可以拿股票和債券當擔保品，好買進任何數量的金融工具，包括股票、債券和貨幣。他用自己的錢創立這個基金，金額只有25萬美元；不久便有600萬美元擁進，金主是梭羅斯認識的許多歐洲有錢人。

25萬美元。

這就是梭羅斯億萬財富的起點。

拜爾倫・伍恩（Byron Wien）1968年和梭羅斯第一次見面，當時伍恩是華爾街一家公司的基金經理人，而這家公司是安侯的客戶。伍恩的公司對日本很感興趣；日本的股票市場似乎低估，可是沒人真正懂得日本經濟。伍恩聽說有個叫喬治・梭羅斯的人，很懂日本。於是伍恩請他過來聊聊，聽得肅然起敬。

早年時，梭羅斯便是靠口碑打開知名度。他對遙遠國家經濟的瞭解，似乎比美國各大公司裡的其他人深入許多。

最叫伍恩吃驚的是，梭羅斯以開創性的勇氣，設立了一個不收美國客戶──梭羅斯當然除外──的境外避險基金。梭羅斯雖然是美國公民，但是依基金的經營規定，允許他當會員。梭羅斯可說走在同行的前端，後來也經常如此，因為1960年代末，美國的避險基金把境外基金當做投資組合的一部分，仍相當新潮。別人不敢涉足的地方，梭羅斯絕不害怕闖入。

雖然許多美國有錢人十分樂意加入雙老鷹基金，梭羅斯卻不需要他們。他曉得自己有能力吸收野心勃勃的歐洲客戶，即使他們好惡無常，以該基金享有的顯著節稅效果，有助於增進他們的忠誠。他的看法是對的：他吸引到的國際客戶，包括有錢的歐洲人、阿拉伯人、南美洲人。他在紐約的總公司經營基金。不過和其他許多境外基金一樣，雙老鷹基金設籍在荷屬安地列斯群島的庫拉索島，既可逃避證券管理委員會監查，又可免繳資本利得稅。

1960年代，避險基金可說沒沒無聞，很少人曉得那是什

麼。1957年，華倫‧包菲特（Warren Buffett）已創立高瞻遠矚的避險基金。但是1969年梭羅斯啓航時，幾乎沒人曉得這種基金到底要做什麼。1990年代的情況當然已經改變。

喬治‧梭羅斯後來成了規模最大的避險基金的主持人。

梭羅斯是避險基金的元老之一；這個領域的獲利潛力高得驚人。他也率先使用備受爭議，和避險基金關係密切，叫做衍生性金融商品的金融工具。

避險基金是亞歷山大‧溫斯洛‧鍾斯（Alexander Winslow Jones）1949年創造出來的。鍾斯曾任新聞記者和學者，他注意到，整體經濟的某些部分表現很好時，其他部分表現卻很差，於是設計了一種投資比例。非常看好後市的投資人，可能有80％的倉位做多，另外20％放空。非常看壞後市的投資人，可能有75％的倉位放空，另外25％做多。其中最重要的事情，是調整一個人所冒的風險。

最早的避險基金只投資股票，買進和賣出類似的證券，希望整體獲有利潤。倖存下來的避險基金把眼光放到別的地方，四處蒐尋投資機會。

1960年代中期，若干避險基金吸引了新聞媒體注意，但是1970年以後，熱度減退。1971年匯率獲准浮動的決定，使得避險基金再度活躍，但是1973年到1974年碰到空頭市場，許多避險基金結束經營。下一個年代，避險基金沉寂下來。

刺激1980年代末和1990年代初避險基金成長——以及喬治‧梭羅斯竄起，成爲世界一流投資家——的是歐洲各國央行19

85年決定貶低美元的匯價，好讓美國的出口增加（美元匯價降低，可以使美國的出口貨變得便宜）。美元貶值後，交易貨幣有了新的誘因。梭羅斯和其他避險基金經理人馬上把握大好良機。

　　既然梭羅斯嫻熟歐洲，大可仍當個觀察敏銳、身手靈巧的理財高手，不要太突出，不必變成專家，只要和其他許多人一樣，努力在金融市場賺些錢即可。但是在美國，梭羅斯是難得一見的人才，對歐洲金融舞台的瞭解，給他帶來不少好處。他最大的優勢，是在歐洲和其他地方有各式各樣、遍布廣泛的消息來源。他利用這些管道去看一幅大圖像，或者金融和政治事件如何衝擊全球各地不同的金融市場。

　　1960年代末和梭羅斯共事的亞瑟・勒納（Arthur Lerner）說：「喬治很早就看出，你的思想必須全球化，不能侷限一隅。……你必須瞭解此地一個事件會如何影響另一地的事件。以前貨幣匯率的變動不重要。他從各個消息來源取得基本資訊，並且放在心中呵護。接下來他會提出一個命題，而這些命題大部分時候都準確。」

　　勒納是紐約銀行（Bank of New York）的分析師，1967年和1968年安侯公司本想挖角，但兩次都遭婉拒。1969年初，他終於點頭同意，到安侯的第一件工作是當梭羅斯的助理，幫助他經營兩個基金。接下來兩年，兩人並肩共事。

　　在梭羅斯底下做事既忙且累，但很有趣。那兩年內，市場波動很厲害，工作更為緊張和具戲劇性。「喬治是個嚴厲的主管，」勒納回憶往事說，「他要你全神投入。他精通全球事務

的能力，令我驚訝。A點一發生某個事件，他幾乎能夠馬上理解個中涵義，並帶你到B點的結果上。我沒有這種推理能力，因為還不到他那個層次。他可能是我見過最為宏觀的投資人。至於微觀的小事情，他就沒有那麼專注，或者沒盡全力去表現得那麼好。」

梭羅斯還有其他值得一提之事。他看起來和公司其他大部分人不一樣，其實，可說是和華爾街其他大部分人不同。不同之處在於他的心靈。他一直在思考，想大的事情，隨便講一句話，辦公室其他大部分同事都要趕緊查字典才曉得什麼意思。連勒納都要稍微想一下才懂。其中之一是他的寫作風格。「我不曉得喬治寫的東西那麼難以理解。他的風格和我的風格不一樣。我已經習慣寫報告給一般人看，喬治的寫作風格卻很文謅謅。」

喬治‧梭羅斯因此顯得突出。他是辦公室裡的文人。到處都有人注意，但誰能瞭解他？

大概在這個時候，梭羅斯開始撰寫《金融煉金術》。1969年，他請勒納讀了書內五章文字。「我連一個字都看不懂，」勒納解釋說，問題和他的智商沒有關係，而在於梭羅斯無法表達內心想說的事。勒納想從書內找到梭羅斯理論的精要之處，在那幾章卻看不到，於是打了退堂鼓。

「對射」（reflexivity）這個名詞叫他想不透，只好翻字典去查。25年後，也就是1994年春，勒納承認：「到今天我還是不瞭解那個名詞，根本搞不懂他到底想說些什麼。」

　　勒納覺得他和梭羅斯很親近，於是給了梭羅斯一些善意的忠告。「喬治，別想當老師，因為如果你想教底下的人——大部分人都會……。」

　　他沒有就此打住，進而坦率地說：「你很不會表達自己真正的意思。」

　　在梭羅斯的一生中，聽聽類似勒納那樣的人對他說的話，應該有利而無弊。他們不像他那麼聰明，但這些人不可避免地，是他想引起注意的人。而想引起他們的注意，就必須把訴諸文字的想法講得更清楚明白。這就是勒納想要告訴他的話。這話雖說得露骨，但可是一番好意。喬治，你最好找個編輯，也就是找人幫你把那些想法寫成簡單易懂的英文。

　　但那不是喬治・梭羅斯想聽到的話。由於這個理由，請人評論梭羅斯的作品時，大部分人都不會試著說出那樣的話。他們心知肚明：既然他不想聽他們的話，何必自討沒趣？何必讓那個人不高興？

　　喬治・梭羅斯不管亞瑟・勒納那樣的人，能不能理解何謂對射理論，還是決定到市場上測試他的理論。他深信對射理論能給他競爭優勢。

　　「我把錢投到嘴裡所講的地方，而且本身不能與個人的投資決策脫離。我必須運用所有的智慧，而且發覺我的抽象性觀念呼之即來，令人十分訝異和愉快。說我的成功應歸功於它

們，是有點誇張；但毫無疑問的，它們給了我優勢。」

　　梭羅斯經營雙老鷹基金，密切監視的第一種行業，是不動產投資信託（real estate investment trust ；REIT ）。

　　1969 年，梭羅斯在一份流傳甚廣的備忘錄中指出，投資一種叫做不動產投資信託的新工具有好處，因而建立了紮實的聲譽。他察覺出榮枯相生的現象，拿REIT的景氣循環週期和三幕劇相比擬，準確地預測到REIT會欣欣向榮，接著走得太過頭，最後崩跌。他展現了出色的先見之明，做成結論說：「由於第三幕至少三年後才會出現，現在我可以很安全地買進受益憑證。」他講對了，賺到可觀的利潤。1974 年，如他所料，REIT漲得太高，梭羅斯開始放空，又賺了100 萬美元。早年測試自己的市場理論的這段經驗，給了梭羅斯很大的鼓舞。

　　他也把理論用到1960 年代末的企業集團榮景上，賺了錢，而且如他所說，「上漲時賺，下跌也賺」。起初，他見到高科技公司大肆收購其他公司，使得盈餘膨脹，讓機構投資人留下深刻的印象。梭羅斯相信這些「無所罣礙的基金經理人」的「偏見」，會把企業集團的股價餵養得更高，於是大量買進。稍後，他放空，並從隨後的跌勢獲利良多。

　　1970 年，梭羅斯和詹姆士・羅傑斯（Jimmy Rogers ）攜手合作。羅傑斯畢業於耶魯大學1964 級，家鄉在阿拉巴馬州的戴瑪波利斯。

　　梭羅斯和羅傑斯，多棒的投資團隊；它是華爾街上最好的

團隊之一。

羅傑斯在英國牛津大學念PPE（政治學、哲學、經濟學），想當哲學家的「親英派」梭羅斯，注意到這件事。羅傑斯在軍隊的兩年內，以擅長於發掘好股票著稱，甚至替指揮官經管股票投資事務。

羅傑斯在華爾街的第一份工作，是到貝奇公司（Bache & Co.）做事。1968年，羅傑斯以區區600美元，開始在股市操作。兩年後，他到安侯公司，在梭羅斯底下做事。但是那時候，新的經紀商管理法規正好實施，不允許梭羅斯或羅傑斯從公司的股票操作利潤分得一杯羹。安侯不希望兩人離職。但是梭羅斯和羅傑斯渴望當獨立的基金經理人。他們終於遞出辭呈，自創公司。

1973年，他們創立了梭羅斯基金管理公司（Soros Fund Management），辦公室相當克難，只有三個房間，俯視紐約的中央公園。

離華爾街很遠。

這在那時是很怪誕的做法。對投資有興趣的人，怎會把自己放在距權力中樞那麼遠的地方？

詹姆士・羅傑斯喜歡這麼說：他、喬治・梭羅斯和典型的華爾街思想不合，因此似乎找不到好理由，置身於華爾街上。對梭羅斯來說，更重要的是，辦公室離他中央公園西區的時髦公寓只有一街之隔。梭羅斯基金管理公司的工作風格，和華爾街其他公司的的緊張忙碌步調比起來，閒散輕鬆許多。夏天，

職員穿網球鞋上班，包括羅傑斯在內，有幾個人是騎腳踏車上班。梭羅斯和羅傑斯喜歡辦公室這種非正式的氣氛。他們期望繼續保持下去，不管賺了多少錢。不過，每個人每個星期還是投入80個小時在工作上。

剛開始的時候，公司只有兩個人，梭羅斯管操作，羅傑斯管研究。喔，還有第三個人，那是秘書。

辦公室看起來很小，但是兩人能做的事很多。後來他們發現，規模小反有好處。他們可以專注於手頭上的工作，不必擔心撞到別人、做很多文書工作，也不必煩惱辦公室變大時，必須處理無數雜事。

可是在操作上，他們是一等一的好手。他們把基金的資金投入股票。如果要賭商品和貨幣，梭羅斯和羅傑斯會利用期貨或借來的錢。梭羅斯基金在各式各樣的市場中都操作，包括貨幣、商品、債券和股票，在同業中是前所未見之舉。從1970年創業，到1980年終於分道揚鑣，梭羅斯和羅傑斯從來沒有一年賠錢。華爾街人談到他們，愈來愈肅然起敬。他們似乎比其他任何人，更懂得經濟將往哪裡走。

1971年，梭羅斯基金的資產淨值是1,250萬美元，一年後，值2,010萬美元。從1969年12月31日起到1980年12月31日止，梭羅斯基金賺了3,365％。同期內，史坦普綜合股價指數只漲了47％。

1980年底，該基金值3億8,100萬美元。

這個基金是私人持股的合夥組織，和較為傳統的其他基金

比起來，占有一些優勢。最重要的是它可以放空，而對某些投資人來說，這麼做的風險太高。

放空！

聽起來像是沒有什麼害處的技巧。但在某些人耳裡，卻是不夠愛國的行為。

他們振振有詞地說：你怎能賭一家公司的表現會不好？你到底是什麼樣的美國人？你對自己國家的經濟沒信心嗎？你是什麼樣的人，試圖從別人的不幸中牟利？

梭羅斯不管這些。對他來說，放空的技巧有如魔咒，可以在美國和海外市場獲取龐大的利益。他的基金也融資買進股票。梭羅斯基金的好處之一，是它的規模小；沒有繁瑣的官僚作業程序，建立和軋平股票倉位遠比大公司容易。

梭羅斯和羅傑斯配合得天衣無縫。「如果我們的看法不同，」羅傑斯說明，「通常我們什麼事都不做。」但是不見得永遠如此。如果其中一人對某筆操作有強烈的信心，他會照自己的看法去做。「等我們做完事情，」羅傑斯說，「那筆操作是對或錯，就十分清楚。我們徹底思考過某件事情後，共識便會形成。我討厭用這個字眼，因為取得共識的投資是個災難，但是我們似乎總有相同的看法。」

他們以能各自獨立思考為傲。

這也種下日後兩人終於分手的原因。他們都能獨立思考，結果發現兩人之間有太多不同的看法。

　　但是兩人暫時合作得有如機油加足的機器。兩人都認爲，他們不可能從其他華爾街分析師身上學到太多東西。依羅傑斯之見，其他華爾街分析師只是跟隨群眾起舞。因此他們只選擇自己要的股票。

　　兩人都看很多東西。他們訂了卅種業界刊物，包括《肥料溶液》（Fertilizer Solutions）和《紡織週刊》（Textile Week）。他們也研讀一般性的雜誌，到處尋找可能有價值的社會或文化趨勢。數百家公司把梭羅斯基金管理公司的名字列在郵寄名單上。該基金的檔案包括1,500多家美國和外國公司的紀錄。每一天，羅傑斯都要深入閱讀廿或卅份公司年報，希望找出若干有趣的企業發展情勢或若隱若現的長期趨勢——也就是別人看不太出來的某些東西。

　　他們孜孜不倦尋找的「某些東西」，是突然間的轉變。

　　梭羅斯時時提高警覺，注意某類股票突然間的轉變，也就是別人還沒看出來的轉變，好用以測試他的理論。正如羅傑斯所說：「我們對一家公司下一季會賺多少錢，或者1975年鋁的出貨量會是多少，不如對廣泛的社會、經濟和政治因素會如何影響一段時間內某一行業或類股的命運感到興趣。如果我們看到的和某支股票的市場價格間有很大的差距，那再好不過了，因爲我們就有機會賺錢。」

「注意股票市場突然間的轉變，也就是別人還沒看出來的轉變。」

1970年代初，梭羅斯發現銀行業有「突然間的轉變」，便是一例。

1972年，梭羅斯察覺到這個行業即將有所轉變。那時的銀行業聲名狼藉，在一般人眼裡，銀行業從業員工腦滿腸肥、笨拙遲鈍，幾乎沒人相信銀行業能從深睡中自己甦醒過來。投資人理所當然對銀行類股不感興趣。

但是梭羅斯做了家庭功課，發現一群新生代的銀行從業人員，剛從一流的商學院畢業，準備積極行動，為雇主效勞，而且靜默無聲但果決地接掌大權。這些新一代銀行經理人念茲在茲的是財務報表——而這將有助於銀行類股的前景。這些經理人利用了新型態的財務工具，因此銀行業的盈餘看漲。不過銀行類股價格幾乎沒漲。許多銀行業者已達財務槓桿運用的極限，為了繼續成長，需要更多的股本。

1972年，第一國民市銀行（First National City Bank）請證券分析師吃晚飯，展現了前所未見的積極進取態度。喬治・梭羅斯沒有接到邀請，顯然覺得很遺憾。但是這次晚宴促使他採取行動。他寫了一份由經紀商發表的報告，題為「成長型銀行真相探討」，主旨是：雖然銀行類股價格文風不動，但即將起飛——這個看法和別人所想不同。這份報告發表的日期恰在第一國民市銀行的晚宴舉行之日，梭羅斯把他的立論依據放在這家銀行股票背後。他推薦了一些經營管理比較好的銀行。銀行類股價格終於開始上漲，梭羅斯賺得50％的利潤。

　　銀行業否極泰來，開啓了1970年代的借款風潮，這股風潮又推動了1980年代美國企業的擴張和合併熱。梭羅斯根據自己的對射理論，找到了一個榮枯週期中榮面的開端。

　　梭羅斯也尋找即將大躍進的外國經濟，好掌握外國股市的投資良機。哪個國家正要對外資開放市場？哪個國家就要提出經濟穩定的新政策？哪個國家致力於市場改革？

　　梭羅斯希望從宏觀的層次上，取得致勝優勢。以前一位助理說：「他就像其他任何優秀的投資人，總是設法拿5分錢賺25分。對於未臻成熟的市場，如法國、義大利和日本，梭羅斯會放長線釣大魚。他希望搶在其他投資人之前六到18個月，先進場投資。

　　因此，他買了日本、加拿大、荷蘭和法國的證券。1971年某段期間，梭羅斯基金有四分之一的資產投資日本股票，結果賺得一倍。

　　梭羅斯和羅傑斯選股很精明。1972年某日，梭羅斯熟識的一位朋友告訴他，商務部一份不對外公開的報告說，美國愈來愈仰賴外國的能源。因此，梭羅斯基金買了大量的石油鑽探、油田設備和煤礦公司股票。一年後，也就是1973年，阿拉伯國家實施石油禁運，導致能源類股價格激漲。

　　1972年，梭羅斯和羅傑斯也預見糧食危機，買了肥料、農業設備和穀物加工公司股票，賺得可觀的利潤。

　　他們沒有稍見鬆懈。大約這個時候，梭羅斯和羅傑斯巧妙

地發現美國國防工業有潛在投資獲利良機。

1973年10月，埃及和敍利亞軍隊對以色列發動大規模襲擊，事出突然，以色列措手不及。開戰頭幾天，以色列處於挨打局面，死傷數千人，損失許多飛機和坦克。由此可見，以色列的軍事科技已經落伍。梭羅斯得到結論：美國的科技必然也過時。美國國防部曉得自己的武器不如人後，一定會花很多錢力求改良。

大部分投資人聽不進這個命題。越戰結束後，國防公司賠了很多錢，金融分析師不想再聽有關他們的事情。

但是1974年初，羅傑斯開始特別注意這個行業。國防工業的潛力，激勵羅傑斯啓程上路，前往華盛頓，找國防部官員一談，也風塵僕僕造訪美國各地的國防承包商。梭羅斯和羅傑斯愈來愈相信他們是對的──而且別人將錯失大好良機。

1974年年中，喬治·梭羅斯開始大量購買國防類股。

他買了諾斯洛普（Northrop）、聯合飛機（United Aircraft）和葛魯曼（Gruman）。洛克希德（Lockheed）似有消失之虞，梭羅斯還是下賭在它身上，1974年底投資了這家公司。

他和羅傑斯得到了關於這些公司的一項重要資訊。它們全有重大的合約，如果續約，未來幾年將有新的盈餘流入。

1975年初，梭羅斯基金開始投資電子戰設備供應商的股票。1973年的贖罪日戰爭，以色列空軍損失慘重，主要是欠缺

精密電子反制能力，無法抵敵阿拉伯交戰國擁有的蘇聯製武器。

梭羅斯和羅傑斯注意到這個事實。

他們也注意到現代戰場已從根本上起了轉變。現在需要一套全新的現代裝備武器：感測器、雷射導引的砲彈以及「聰慧型炸彈」。

所有這些東西，要花很多錢。梭羅斯和羅傑斯想得沒錯，因此爲基金賺了很多錢。

談到這裡，梭羅斯的秘密到底何在？

首先是無限的耐性。

接下來，他有十分靈敏的嗅覺，曉得股票市場中何處可以找到「黃金」。每個人都在找「黃金」，每個人都有一套理論，指引他們何處去找。不過梭羅斯已調好頭上的天線，對準金融市場的波動，一直尋找某些神秘的訊號，指示某些事情就要發生。

接收到訊號後，他便全神貫注投入，絕不讓別人知道爲什麼他往某個方向走，而不往另一個方向去，並且拿自己的直覺本能在市場的現實環境中測試。

他曉得自己很棒。

他只要年復一年，數著手上的鈔票多了多少就可以了。

第九章
量子躍進

　　1975 年，華爾街圈內人開始注意到喬治・梭羅斯這個人。講得準確些，他賺錢的才華吸引了注意的眼光。沒人懷疑他註定名利雙收。

　　1980 年代和梭羅斯共事的艾倫・拉法葉（Allan Raphael）指出：「他工作得很賣力，時時張大眼睛看事情，作風積極進取。在那一行，他真的十分拿手。這個行業不見得需要靠合乎邏輯的理性思考，需要的是直覺本能。這個行業裡，過去所有的經驗彙集起來，可以產生很大的不同，而我認為喬治擁有這些才能。」

　　雖然華爾街上一些人開始認識他，華爾街以外的世界中，梭羅斯幾乎沒沒無聞。

　　那是有原因的。

　　那時候，投資高手幾乎不被人注意，這和 1980 年代、1990 年代不一樣。那時候商業新聞媒體不怎麼喜歡報導華爾街上每件大小事情，因此對金融市場上的大人物，興趣遠不如今天——今天，金融市場上的大人物，不管事業生涯，還是私人生活，都被盯得很緊。

就算新聞媒體的作風始終如一，梭羅斯和華爾街上大部分同行仍對新聞媒體有所顧忌。他們希望盡可能不上報。投資本來就是很私密性的行為。

此外，華爾街上普遍認為，吸引新聞媒體報導，徒然惹禍上身，就像死神之吻，起初誘人，最後將跌入地獄深淵。一般人認為，華爾街投資人最糟的惡運，是玉照上了發行量廣大的雜誌封面。一舉成名天下知，不只要付出代價，還可能致命。

因此喬治‧梭羅斯躲在聚光燈圈之外。這樣的姿態，他似乎非常放心。老友拜爾倫‧伍恩（Byron Wien）說：「依我和他共事的經驗，喬治從不自我吹噓，即使出風頭有好處也不幹。」

但是1975年5月28日，華爾街日報頭版刊了一篇推崇有加的報導，強光照在喬治‧梭羅斯身上。文章的標題讓梭羅斯很早就嚐到新聞媒體寵譽的滋味：

逆勢表現：證券基金

迴避華爾街的流行，

艱苦年頭反而賺錢

梭羅斯基金找出各行各業的基本變遷，

為外國人賺取厚利：

以色列的武器給了賺錢線索

華爾街日報的這篇報導，將給梭羅斯帶來不幸？他會發現

好運改了？他本人曾有預感，也就是新聞媒體的注意將有傷害
──但事實上，華爾街日報的這篇文章，從每一個角度看，應
能讓梭羅斯高興才對。這篇文章的要旨，在於誇讚梭羅斯不人
云亦云的投資理財思想，並且斷言自有定見是梭羅斯基金賺得
龐大利潤的原因。

　　刊出這樣一篇文章的籌備過程中，梭羅斯心情很糟。華爾
街日報記者坐下來訪問時，這位投資家抱怨背部長期疼痛，而
且每當梭羅斯基金經營艱困，背痛得更厲害。他像吐苦水般堅
稱：「基金管理是最殘酷無情的一種行業。你不能造假，連喘
口氣也不行，因為分數每天紀錄。」

　　接下來是一段有趣的說法，梭羅斯的語氣中，對未來相當
悲觀，卻和他的基金後來令人難以置信，持續賺個不停的表現
有關。

　　「誰曉得這個基金能在多長的時間內一直表現很好？歷史
告訴我們，基金經理人最後都會燃燒殆盡，我敢說，總有一
天，我們也會如此，只希望不要今天下午就出現。」

　　這篇報導以梭羅斯微笑面對股票報價機為引子。當時他正
大量放空某知名建材公司的股票。他預期這支股票的價格會下
跌。幾家大型機構投資人試著把他賣出的股票全吃下來。

　　「你瞧，銀行的信託部門急著買進，」梭羅斯笑著說，
「為什麼？我剛賣出的一些股票，賣價比前一筆價格高半點，
卻有人搶著跳下去承接。」

　　接下來幾個星期，這支股票的價格下跌不停，梭羅斯的帳

面獲利不少。那些死多頭，則在這次交易上賠了錢。

這個故事的要點何在？喬治‧梭羅斯倜儻不群的行事風格，正是他標準的操作程序。

華爾街日報如此讚譽梭羅斯和羅傑斯：

「這麼多年來，兩人的拿手好戲，是在某些股票未受青睞前就買進，等到如日中天之際再賣出。他們通常忽略大型共同基金、銀行信託部門和其他機構投資人普遍持有的股票──除非有放空良機。」

接下來便換梭羅斯上場吹號：

「我們一開始便假設股票市場總是錯的，因此如果你模仿華爾街上其他每個人的行為，註定會有很差的表現。華爾街上大部分證券分析師只是企業管理人員的傳聲筒，抄襲公司的年報，做成自己的投資報告，或者彼此抄襲，而且很少發掘出有價值的東西。」

「股票市場總是錯的，因此如果你模仿華爾街上其他每個人的行為，註定會有很差的表現。」

這麼一來，喬治‧梭羅斯在哪裡可以一展身手？

他可以我行我素，獨立思考，不受別人左右，而且做得十

分成功！

　　1973年和1974年，大型機構投資人眼見自己的持股價值減半，難免灰心沮喪。梭羅斯卻有輝煌的成績，1973年賺了8.4％，1974年賺了17.5％。

　　那時和梭羅斯共事甚密的羅伯・米勒（Robert Miller）回憶說，梭羅斯「有個本領，能在人盡皆知之前，便找到某些概念，而且能夠撥開雲層，看到灰雲邊緣閃耀的光芒。……他十分清楚爲什麼應該買進和爲什麼不應該買進。喬治另一個突出的能力，是發現自己身陷錯誤的處境時，會毅然決然脫身而出」。

　　梭羅斯基金最喜歡玩的遊戲之一是放空。梭羅斯承認，放空機構投資人喜歡的股票，從中賺錢，使他得到「邪惡的樂趣」。他的基金和幾個大型機構對作，大量放空他們喜歡的股票。最後這些股票價格急轉直下，梭羅斯基金賺了很多錢。

　　梭羅斯玩雅芳公司（Avon）股票，便是放空牟利的典型例子。爲了放空股票，梭羅斯基金以120美元的市價，借了一萬股雅芳股票賣出。接下來這支股票價格大跌。兩年後，梭羅斯以每股20美元的價格……買回股票。就像用5分錢賺25分那句老話，結算下來，每股股票賺100美元，整個基金總共賺了100萬美元。他是從文化演變的趨勢看到獲利良機：早在雅芳的盈餘開始急降之前，便洞悉人口逐漸老化，化妝品業者的營業收入將大不如前。

　　梭羅斯興高采烈地說：「在雅芳的例子中，銀行業沒能瞭

解二次世界大戰後化妝品業的榮景已經結束，因爲市場終於飽和，而且小孩子不再用那種東西。這是他們錯失交臂的另一個基本變遷。」

梭羅斯能夠預判美國鐵路業者將掀起合併風。此外，在別人預測紐約市會破產之際，梭羅斯從和紐約市有關的債券中賺得利潤。但是當然也有失敗的時候。有時，他在參觀廠房後，給公司的經理人過高的評價，而下了太大的賭注。他買歐利維帝公司（Olivetti）股票的唯一理由，是他和公司人員見過面。後來他對這次會晤很感遺憾，因爲這支股票的表現不很好。

投機交易外國貨幣，也賠了錢；買進股票選擇權也一樣。梭羅斯和羅傑斯的兩人小組，在史培雷格電機公司（Sprague Electric）股票上賠了75萬美元，因爲他們誤以爲半導體類股後市看漲。羅傑斯解釋說：「這個例子顯示我們分析做得不好，而且買的是半導體業內一家周邊公司，不是大公司。」

不過他們的方法還是管用。1970年代初，華爾街上很多人慘遭浩劫，喬治·梭羅斯卻與眾不同，惹人注目。1969年1月到1974年12月，梭羅斯基金的受益憑證價值漲爲約三倍，從610萬美元上升到1,800萬美元。這段期間內每一年都有賺錢。

但同期內史坦普500種股價指數下跌3.4％。

1976年，梭羅斯基金賺了61.9％。1977年，道瓊30種工業股價指數下跌13％，梭羅斯基金卻賺31.2％。

1977年底和1978年初，梭羅斯和羅傑斯又決定建立科技和國防類股的倉位，看法和其他人南轅北轍，因爲大多數華爾街

交易員不碰這些股票。摩根史坦利公司的巴頓・畢格斯
（Barton Biggs）說：「不要忘了，吉米・卡特當總統，談的都
是人權。喬治卻早在華爾街人士之前18個月，大談這些股
票。」梭羅斯怪自己太晚才注意到這些股票，可是仍領先其他
幾乎所有的人。

　　1978年，梭羅斯基金的投資報酬率是55.1％，資產成長到
1億300萬美元；接下來一年，也就是1979年，賺了59.1％，資
產為1億7,800萬美元。梭羅斯的高科技股投資策略仍很賺錢—
—而且沒有燃燒殆盡的跡象。

　　1979年，梭羅斯把基金改名，叫做量子基金（Quantum
Fund），以紀念海森伯（Heisenberg，譯註：德國物理學家）
所提量子力學的不確定原理。這個原理說，人不可能預測量子
力學中次原子粒子的行為。這個觀念和梭羅斯的理念契合，因
為他認為金融市場一直處於不確定和變動不居的狀態，如果把
顯而易見的事件預先納入考量，下賭在出乎意料的事情上，便
有可能賺錢。量子基金的表現非常之好，因此根據受益憑證的
供需狀況，收取溢價。

――――――――――

　　喬治・梭羅斯賺那麼多錢，難免有人要問：他所有的金融
活動是不是都光明正大。這麼多年來，他不時和美國證券管理
委員會（SEC）槓上，但沒有遭遇重大挫敗。

　　不過1970年代末，有件事似乎相當嚴重。

　　證管會向紐約的美國地方法院提控梭羅斯，指他炒作股

票，罪名是民事詐欺和違反聯邦證券法的炒作防制條款。

根據證管會的控詞，1977年10月電腦科學公司（Computer Sciences）股票公開上市前一天，梭羅斯把每股價格壓低50美分。證管會說，他涉嫌促請某位營業員積極賣出電腦科學公司的股票。依控詞，這位營業員賣出該基金所持4萬100股中的2萬2,400股，占1977年10月11日電腦科學成交量的70％。

證管會又說，早先宣布的上市價格，是根據當天結束時「人為壓低」的交易價格每股8.375美元。銷售股票的是加州非營利公司瓊斯基金會（Jones Foundation），1977年6月同意出售150萬股股票給投資大眾，並以公開上市相同的價格另賣150萬股給電腦科學公司。

因此，這次涉嫌炒作，可能使該基金會損失約750萬美元。

證管會說，梭羅斯基金向承辦上市案的管理人買了15萬5,000股，並以較低的價格向其他營業員買得1萬股。證管會指控，在上市當天以及那個月稍後，梭羅斯下令再買7萬5,000股電腦科學股票，以便把價格維持在每股8.375美元或更高的價位，同時勸誘「他人買進」這支股票。

梭羅斯簽了一紙同意令，既不承認也不否認陳述的指控，就此結案。他辯稱，和證管會對簿公堂，太浪費他的時間和金錢。1981年一篇雜誌的文章引用梭羅斯的話說，「證管會不相信像我表現那麼好的人能不做壞事，所以想探索些東西，好瞭解何以致此」。

加州的瓊斯基金會也控訴梭羅斯，聲稱由於股價下滑而發

生重大損失。梭羅斯和該基金會最後以100萬美元和解。

　　這件案子沒有使梭羅斯成爲縮頭烏龜，看不出對他的收入有什麼影響。

　　梭羅斯在英國外匯市場的表現很好。他在高點放空英鎊。他大舉買進英國公債，因爲價格和價值有一大段差距。據說梭羅斯買了10億美元。這次操作最後賺進1億美元。

　　梭羅斯基金創立十年後的1980年，是個大豐收年，賺了102.6％；這個時候，基金成長爲3億8,100萬美元。1980年底，梭羅斯的個人財富估計有1億美元。

　　說來好笑，梭羅斯傑出投資本領的主要受益者，不是梭羅斯本人，而是歐洲一些有錢人。這些人在梭羅斯基金創立之初，便提供了資金。「這些人不需要靠我們變得有錢，」詹姆士‧羅傑斯表示，「但我們把他們變得非常有錢。」

第十章
認同危機

　　1970年代末，梭羅斯基金的操作十分出色，喬治·梭羅斯似乎高高在上。不管從哪個角度看，他都可以鬆懈下來，在生活中取得某種平衡。但他不能。雖然父母親溺愛他和哥哥，他對自己的妻兒做不到同樣的事。他整個人耽溺在工作中，沒有時間給妻子，能給孩子的時間更少。

　　1977年，婚姻開始出現裂痕。梭羅斯指出：「我和基金融為一體；它因我而生，我和它生活在一起，睡在一起……它是我的情婦。我怕賠錢，也煩惱著做錯事，所以要極力避免。那樣的生活方式很糟。」

　　一年後，也就是1978年，他和妻子分居。

　　就在分居的那一天，他巧遇22歲的蘇珊·韋伯（Susan Weber）。這位女士，他在以前一次晚宴上見過面。她父親在紐約做手提袋、鞋子和鞋飾。蘇珊在巴納德學院（Barnard College）唸藝術史，後來協助整理廿世紀畫家羅思科（Mark Rothko）和古寧（Willem de Kooning）的紀錄。「今天我剛和內人分居，」梭羅斯說，「可以共進午餐嗎？」五年後他和蘇珊·韋伯在長島的南安普敦公證結婚。

　　1979年，梭羅斯才49歲，便擁有一生不愁吃穿的錢財，但第一次感受到因工作而起的緊張。他的基金成長得太大，需要更多的員工。原來只要三個人，現在變成12個人。他經營的不再是一家小店，只要和一兩個人講話就可以。現在他必須煩心一些新的事情：把責任下授給別人；一些助理說，他這方面的能力不強。

　　隨著錢愈滾愈多，如何投資的決策也愈來愈多。要挑出前景看好的一堆股票，可沒那麼容易。

　　此外，羅傑斯令他坐立難安。他們一直能夠化解兩人不同的看法，但現在，新的緊張關係出現了。羅傑斯不覺得經營這麼一家大公司讓人興奮。梭羅斯想找另一位合夥人進來，把他訓練成自己的接班人，攤牌時刻來臨。羅傑斯反對這個想法。「他不贊同我考慮的任何人，也不能容忍身旁其他任何人，」梭羅斯說，「他弄得別人的日子十分難過。」

　　兩人失和很諷刺，因為1980年是梭羅斯和羅傑斯合作最成功的一年。但是那一年5月，羅傑斯離開了公司，帶走20％的股份，價值1,400萬美元；梭羅斯80％的股份值5,600萬美元。

　　根據紀錄，羅傑斯解釋他離職的理由，是基金成長得太大，員工太多，他必須花很多時間決定何時給他們休假和加薪。梭羅斯和羅傑斯都沒有公開詳細談論到底什麼原因使兩人分道揚鑣。羅傑斯和我簡短一談時，無意再提往事。從他的語氣，可以明顯看出記憶猶新且難受。

梭羅斯質疑：繼續做下去是否值得。

他賺進的錢已經來不及花掉。日常事務的忙累襲上心頭；拿別人的錢下賭，以及管理的員工數超過理想，令他承受很大的壓力。而這一切是為了什麼？獎賞在何處？樂趣在哪裡？梭羅斯承認，「事實上，是有點筋疲力盡」。經過12個不可思議的年頭，一路奮鬥而出人頭地之後，他體認到投資人的生活，難以獲得滿足。

「最後，1980年，不再能夠否定自己的成就之後，我有了某種認同危機。如果不能享受成功果實，忍受所有這些痛苦和緊張，是為了什麼？我問自己這樣的問題。我必須開始享受努力的成果，就算毀了生金蛋的鵝也在所不惜。」

梭羅斯的認同危機影響到他的事業。某個投資看來似要變差時，他改變心意的速度加快了。有時，持有倉位的的時間過長。長久以來，他和高層人士接觸而受益無窮，但現在似乎找錯對象，至少批評他的人這麼說。事實上他花了很多時間和政府官員在一起，特別是美國聯邦準備理事會（Fed）主席伏克爾（Paul Volcker）。基金經理人蓋里‧曼諾洛維奇（Gerry Manolovici）指出：「如果你的投資建議來自政府人士，只會讓自己淪落到貧民救濟院裡。」曼諾洛維奇後來加入梭羅斯基金。

1981年夏，沒人認為梭羅斯基金會被送進貧民救濟院。不過有些人真的很擔心一切事情不會再那麼美好。不久，投資美

國債券市場搞得灰頭土臉。

梭羅斯投資美國債券市場出問題，始於1979年底，當時伏克爾決定抑制通貨膨脹率。利率從9％上升到21％，梭羅斯肯定經濟將因此受到傷害。這樣的推斷十分合理。那年夏初，債券價格激升，梭羅斯開始買進。6月間，2011年到期的長期公債價格漲到109。不過夏季結束時，價格跌為93。

梭羅斯本來以為短期利率會漲到長期利率之上；這會傷害到經濟，迫使Fed降低利率，因此他的債券倉位會獲利。但是經濟維持強勢的期間遠比他預期的要長，結果利率漲得更高。

梭羅斯以信用槓桿建立的債券倉位，如能維持「正殖利率差」（positive yield carry），一切就沒問題。只要債券的殖利率高於向經紀商融資的成本，殖利率差就是正數，也就有利可圖。梭羅斯顯然是在利率為12％時建立倉位。但在他的債券殖利率上升為14％，而且一度升抵15％時，融資利率攀升到20％，產生了「負殖利率差」，利潤消失不見。那一年，梭羅斯持有的債券，損失三到五個百分點。據估計，他使客戶虧損8,000萬美元。

他運用很高的信用槓桿，客戶聽了開始覺得兩腳發冷；幾位重要的歐洲客戶決定退出基金。梭羅斯的一位助理回憶說：「他有挫敗感，覺得被迫在錯誤的時點做出錯誤的決定。他老是說，除非你願意忍受痛苦，否則不應待在市場裡面。他在感情上和心理上，都願接受痛苦，但他的投資人不然。他發覺，致命處在於這群不穩定的投資人。遭市場痛擊，令他心煩意亂，賠錢總是叫人焦躁，但這種困擾比不上別人捨他而去帶來

的幻滅感。他舉棋不定，不曉得該留在這一行，或者退出。」

　　說來好笑，梭羅斯預測經濟會轉壞，後來證明是對的——但差上六到九個月。他預測高利率會導致經濟衰退，後來果然成真，但經濟衰退到1982年才出現，距他的債券倉位慘遭痛擊已經很久。

　　1981年驚懼之夏，梭羅斯感受到的痛苦和難堪，因為一件事而益形擴大，那就是某大商業雜誌以極盡頌揚之能事的文筆談他，發表一篇恭維奉承有加的封面故事，而這篇文章正巧出現在夏季大挫敗前夕，與後來的事實相對照，未免顯得諷刺。

　　1981年6月，梭羅斯出現在《機構投資人》（Institutional Investor）雜誌的封面，笑臉旁是一段文字：「全球最傑出的基金經理人」。

　　次標題是：「喬治・梭羅斯從沒賠過一年，賺錢的年頭則賺得十分驚人。我們要探討過去十年他如何與基金管理趨勢背道而馳，並在這個過程中累積1億美元的個人財富。」

　　這篇文章的引言，指梭羅斯是顆商業超級巨星：「正如網球場上的柏格（Borg）、高爾夫球場上的尼可拉斯（Jack Nicklaus）、跳踢躂舞的阿斯泰爾（Fred　Astaire），喬治・梭羅斯是基金管理業中一等一的高手。」

　　文章裡頭說明了梭羅斯如何為自己賺到那麼多錢。梭羅斯基金從1974年區區1,500萬美元的資產做起，1980年底已成長到

3億8,100萬美元。「替阿姆斯特丹的赫爾津皮爾森（Heldring & Pierson）、巴黎的羅斯柴爾德銀行（Banque Rothschild）等客戶管理資金的12年裡，梭羅斯從沒賠過一年；1980年，他的基金賺了102％，十分驚人。梭羅斯靠代客操作的費用收入，建立起1億美元的個人財富」。

看過這篇文章的人，應該會認為梭羅斯是個謎樣人物，或者是從不透露秘密的魔術師，耍了一些把戲，但沒有不誠實的行為，很聰明，甚至才華洋溢。作者指出：「沒人相當肯定梭羅斯在哪個地方有所動作，或者投資倉位保持多長的時間，而使（梭羅斯的）操作紀錄周邊的神秘色彩增濃一分。身為境外基金經理人，他不需要向證券管理委員會（SEC）登記。他避開華爾街的專業人士。而這一行中與他有個人接觸的人，都說從來不覺得與他特別親近。那麼他是為名而奮鬥？這一行裡的人普遍同意，沒出名，他一樣做得很快活。」梭羅斯拒絕接受《機構投資人》採訪並做成封面故事，拒絕了很久。雖然後來總算同意，但表示：「你面對的是市場，必須埋名隱姓才對。」

那一年夏天，梭羅斯多希望他仍沒沒無聞。可是他已成新的公眾人物。全球最傑出的基金經理人，管理資金竟然碰上大麻煩。

梭羅斯那年夏天的虧損，傷害很深。1981年10月12日的《富比世》（Forbes）雜誌說：「全世界如果不曉得他的勝利，對於他的挫敗也不會在意。」由於《機構投資人》的那篇

報導，全世界曉得喬治・梭羅斯所有勝利的往事。因此那年夏天，整個世界似乎都在注意他。

某位大客戶叛逃的危險，似乎與日俱增。雖然梭羅斯到歐洲去了很多趟，企圖說服這位重要的瑞士投資人不要退出，他還是掉頭而去，其他人也跟進退出基金。那時候的一位助理說：「這是他第一次經驗，碰到原本忠誠的客戶、合夥人離他而去。那年夏天，對於以前10或15年內他曾爲他們賺過很多錢的那些人，他十分氣惱。贖回資金的過程，令他覺得十分脆弱，因此有一段很長很長的時間，他一直沒積極攬取新資金加入。」

1981年是基金經營最糟的一年。量子的受益憑證價格跌了22.9％，是第一次和唯一的一次，沒有比前一年賺錢。某位人士說，梭羅斯的投資人中，有許多是「心緒不定、唯績效是問的歐洲人」。他們擔心梭羅斯失去了駕控能力，因此高達三分之一的投資人撤回資金。梭羅斯後來坦承，不能怪他們。他們退出基金，使得基金的價值近乎減半——成爲1億9,330萬美元。

說喬治・梭羅斯會金盆洗手，似乎是很自然的想法。他花了很長的時間苦思要怎麼辦。他有捨棄所有客戶的衝動。這麼做，至少以後不必面對有人叛離的窘境。

時機似乎成熟了，可以開始著手他很久以前就想寫書的心願。他甚至想到一個臨時書名：《大循環》（The Imperial Circle）

第十一章
大　循　環

　　1981年1月雷根總統上任後，這位有保守傾向的新總統著手整飭國防──但不提高稅負──重新努力對蘇聯擺出強硬姿態，梭羅斯看了之後覺得很有意思。新的雷根政策會對美國經濟產生什麼樣的影響？這是不是榮枯相生走勢的另一個起點？

　　是的，梭羅斯相信，肯定會是如此。

　　電視評論員亞當・史密斯（Adam Smith）請梭羅斯解釋，他在什麼時候曉得某個榮枯相生走勢就要開始。「在你看早報時，鈴聲是不是就響起？」史密斯問這位投資人，「那是怎麼辦到的？」

　　梭羅斯說，首先，這種走勢不是每天都有。但是他把雷根的新政策叫做「雷根大循環」，可望啟動一個榮枯相生走勢。他寫道，大循環是「中間一個善意的圓圈，全球體系的周邊則是一個邪惡的圓圈，基礎在於強勢美元、強大的美國經濟、日漸增加的預算赤字、日漸增加的貿易逆差以及居高不下的不動產利率」。梭羅斯指出：「你有了一個自我強化的過程──但它不可能持久，最後必將反轉。所以那是一個榮枯相生的走勢。」

　　或許在某些事情上，梭羅斯很狂熱，但還不足以繼續全心全力投注在基金的經營管理上。在降低曝光度之前，他曉得必須把基金交付能手。

　　1982年大部分的時間，他都在尋找合適的人選。他終於在遙遠的明尼蘇達州找到這樣一個人。當時33歲的詹姆士‧馬凱斯（Jim Marquez）是個少年得志的奇才，經營明尼亞波利斯一個叫做IDS進步基金（IDS Progressive Fund）的大型共同基金。馬凱斯不是懶蟲，那一年，他的基金成長為1億5,000萬美元，增加69％，成了1982年首屈一指的共同基金。梭羅斯和馬凱斯那年年初第一次見面，1982年整年斷斷續續又見了15次面。

　　每次見面，梭羅斯都給這位年輕的基金經理人做「心理體操」，馬凱斯發覺，他一次比一次快要聽到梭羅斯打算請他過去效力。但是馬凱斯先坐下來參加了梭羅斯一整套的研討會，因為那位投資大師一直在觀察探索，不斷問自己，來自中西部的這位春風得意少年兄是不是合適的人選。

　　1994年春，馬凱斯在曼哈頓公園大道的辦公室工作了一整天，終於可以休息時，告訴我：「喬治是很會動腦筋思考的人。他常喜歡觀察你能不能趕上他要去的地方和要做的事。接下來，有些時候，他會──想看看你的思路，以及你跳鐵圈跳得多好」他會找一個目前發生的經濟情境，先描述一番，然後說：『有了這些刺激和投入因素，你對這件事有什麼樣的對應之道？你會怎麼做？』」馬凱斯這時還在經營自己的投資基金。

　　找接班人之際，梭羅斯還不斷煩惱著自己該不該退居半職工作。在馬凱斯眼裡，梭羅斯似乎毫無疑問想要減輕個人的負擔。梭羅斯不只一次告訴他：「要玩這場遊戲，你必須願意忍受痛苦。」馬凱斯發現梭羅斯不想再玩這種遊戲，而想找個代理人。馬凱斯說：「因此我猜，我是第一位代理人。」

　　「要玩這場遊戲，你必須願意忍受痛苦。」

　　說來諷刺，雖然梭羅斯面對那麼多麻煩，他的基金在1982年卻有非凡的表現。正如梭羅斯的預測，雷根的政策提振了美國的經濟，那年夏天利率下跌，股價上漲，金融市場後市轉為看漲。榮枯相生走勢中的上漲部分十分明顯。那年年底，量子基金漲了56.9％，資產淨值從1億9,330萬美元上升到3億280萬美元。梭羅斯幾乎回到1980年的水準（3億8120萬美元）。不過，他還是想退出──至少暫時休息一陣子。

　　馬凱斯於1983年1月1日報到。梭羅斯把基金一半的投資組合交給他；另一半則交給外面十位經理人。除了處理國內所有的交易，馬凱斯也支援梭羅斯的國際投資行動。因此，梭羅斯退居幕後，在廚房看顧火爐，馬凱斯全力衝刺，把整個人燃燒起來，操作室還有其他三個人維持熱力不減。

　　雖然梭羅斯不再管那麼多事，還是經常到辦公室。不過，

他長期待在國外——春末六個星期在倫敦，秋天有一個月在遠東或歐洲，夏天則留在長島的南安普敦。

梭羅斯和馬凱斯似乎搭配得很好。梭羅斯做宏觀分析，掃視大圖像：國際政治、全球各地的貨幣政策、通貨膨脹、利率和匯率的變化；馬凱斯這邊，則尋找能從這些預期中的新變遷獲利最多的行業和企業。

比方說，如果預期利率上升，梭羅斯會要馬凱斯找出受到傷害的行業，好放空那個行業的股票。梭羅斯使用的技巧，是選擇某一行業的兩家公司去投資，但不是隨便選兩家。

其中一家必須是那個行業中最好的公司。由於是業界翹楚，這家公司的股票最常被人優先購買，價格因而揚升。另一家必須是業內最差的公司，也就是負債最高、資產負債表最糟的企業。投資這樣一家公司，一旦其他投資人終於搶進，獲取厚利的機會最佳。

「選購某一行業的股票時，要選兩家，但不是隨便找兩家，應該選一家最好的和一家最差的。」

1983年頭四個月，對馬凱斯「有點像是文化震撼」。這位新人終於瞭解「那位尊貴的傢伙真的讓我完全獨立自主和充分行使職權——包括金錢在內——還給了我一條上吊用的繩索」。

　　每天早上上班前，馬凱斯總要舉行某種儀式，有時在淋浴時做，有時搭車上班時做：思索當天金融市場可能發生的幾種情境。他稱此爲「預期架構」，然後根據這個架構，做出應買什麼的結論。

　　等到紐約一天的交易結束，梭羅斯和馬凱斯會積極檢討當天的所做所爲，而且經常一談就到晚上。「那事很快活，」馬凱斯指出，「但十分緊張。喬治・梭羅斯有件事做得很好，那就是當你解釋某樣東西時，他能夠看著你，而且指出何時你強詞奪理。」

　　梭羅斯從未鬆懈下來，盯著這位最得力助手，就像給博士班學生口試。「你現在是不是有和今天早上不一樣的想法？」他經常如此開門見山地問，接著拋出似無止盡的問題——目的在探討、尋找馬凱斯可能猜錯的地方。在馬凱斯記憶中，那些檢討是很可怕的經驗：「因爲他一直在找你的要害，不斷試著找出你的說詞中有什麼不對的地方。

　　「喬治會試著尋找市場的走勢是不是和你的預期不同。比方說，如果我預期銀行類股價格會上漲，但銀行類股在某段時間內走平後下挫，他會說：『暫且不要管我們的假設，也不要管你爲什麼這麼做的理由、爲什麼認知上這事會發生，然後試著（拿它）去與市場所說的相互諧調。』」

　　如果剛開始梭羅斯看似想在辦公室展現後台老闆的身分，目的應是按部就班地刺激馬凱斯的神經，「因爲你覺得好像不斷被事後批評，必須不斷面對知識上吹毛求疵的狀況。我不應

該說是吹毛求疵，只是抽絲剝繭、一直探索，而經過一段時間，便感到極其疲累，非常地疲累。

「好多好多次，依你之見，認為他希望事情那樣做而照做之後，他回來看你，然後像老師對學生那樣講話：『你沒搞懂，我的意思不是那樣。』這一來，你會慌了手腳，因為你本來以為自己十分清楚他的意思。

「他很容易發脾氣。他有一雙銳利的眼睛，看人就像要看透內心，感覺上有如面對雷射槍。他可以直接看穿你。他總覺得他需要你在身邊，但從不認為你會做對事情，所以只好容忍你，就好像你是次點人類。

「他問你某些事情，你把自己檢討過和一再檢討過的告訴了他，但那不過是你自個兒的想法。他會試著直撲咽喉說：『昨天你告訴我的事，你還相信那是對的嗎？』」

梭羅斯不善於立即褒獎別人，或在投資有獲利時，把功勞與別人分享。

「與他分享（功勞），是場永不間歇的爭戰，」馬凱斯斬釘截鐵地說，「他認為這是個球隊大聯盟組織，畢竟和經濟學有關，不是學術性的練習。你的成功是以美元和美分決定的，你拿了錢，就該去贏。」

和梭羅斯共事，也叫人欣喜。

對詹姆士・馬凱斯那種30來歲的人而言，喬治・梭羅斯過的生活——和自己不同。

他興高采烈地談起有一次，梭羅斯請他到愛爾蘭參加梭羅斯基金的董事會議。會議地點在一座城堡，也就是雷根總統任內後來造訪的那一座。「氣氛十分難得一見。」和董事諸公共進晚餐時，馬凱斯凝神傾聽。梭羅斯不費吹灰之力，視某位董事用的是哪種語言，便從一種語言轉爲另一種語言，英語、法語、德語，無所不能，看得馬凱斯驚異不置。

但是和這樣一位天才共事也有危險，因爲可能被迷惑。馬凱斯指出：「他有很高的智慧，如果你被他震懾住了，如果你變得曲意承歡，顯然對他沒有任何好處，也對你沒有任何好處。」

「如果你說，我想做小梭羅斯，我想成爲全球一流的思考家，想一些偉大的事情、做個偉大的投資組合經理人，而且我會像他所做所爲那樣做事時，很明顯的，在辦公室裡，他不需要那樣的人。現在（1994年）他或許有需要，但那時候不需要。想要像這位傢伙，就如海上女妖的呼喚，因爲如果你真的認爲他是這一行裡的典範，你馬上會發覺，你根本沒有那樣的天賦，就是沒那樣的天賦。」

1983年梭羅斯和馬凱斯過了一個好年。他們的基金現在是385,532,688美元，淨增75,410,714美元，比1982年成長24.9％。

同一年，喬治・梭羅斯再婚。新娘是28歲的蘇珊・韋伯（Susan Weber）。據報紙報導，梭羅斯因爲打網球而遲到，沒有準時抵達婚禮會場。

　　有些新聞媒體的文章，提到婚禮會場一件尷尬的事——要是梭羅斯有時間事先演練一番，或許能夠避免。根據報導，牧師問梭羅斯，是否願意把塵世的一切給新的妻子時，梭羅斯臉色轉白。梭羅斯的兒子，或許出於半開玩笑，假裝割他的喉嚨，似乎試著提醒父親：「財富跟著飛了。」梭羅斯馬上轉頭回望私人律師威廉・杰波（William Zabel），好像要問：「如果我照傳統的誓言『不管好壞，塵世一切，我都給你』，那我是不是就得把每樣東西都給蘇珊？」杰波出面解圍，向梭羅斯示意：他的回答不會有害處。為了保險起見，梭羅斯用匈牙利語含糊斯詞地說：「那要看我和繼承人以前有過的協議。」有了這句話，婚禮繼續進行。

　　1983 年是個好年，1984 年不是。這一年，梭羅斯的基金增值，但只上升 9.4％，成為 448,998,187 美元。

　　利潤減少，量子基金的董事向梭羅斯施壓，要他再全心全力放在投資上。他答應了。1984 年夏末，梭羅斯向馬凱斯透露這個訊息。

　　「不管喜不喜歡，我都是這艘船的船長，而我見到百年難得一見的風暴將來襲。在百年難得一見的風暴中，你需要一雙最能幹、最好、最有經驗的手去掌舵。我們必須面對它，在我們兩人之中，那個人是我。」

　　百年難得一見的風暴，到底是什麼？

　　基本上，那是美國經濟在雷根1980年代初高支出、不加稅的政策後，終於崩垮。梭羅斯相信，美國經濟將走向蕭條。

　　馬凱斯回憶往事說：「那時候，所有的壓力都在全球的體系中蓄積起來。美元愈來愈強。雷根一直說：『這很好，一國真正的力量，正好顯示在它的貨幣上。』喬治・梭羅斯認為這只會在某個時點爆裂開來。」

　　梭羅斯宣布，計劃另雇兩人。在梭羅斯心裡，理想的組織應有四、五個專家，才能提供一兩人的小店所沒有的深度和紀律。馬凱斯如果願意的話，可以待在較低層次的位置上，領導一個小組。馬凱斯決定離開，因為他認為將靠邊站，職權也會減少。但他承認，「喬治真的沒錯。晚上有時候我想破了頭，就是想不出該怎麼做。有那麼多的事情──以及壓力──存在。」

　　在此同時，梭羅斯為了尋找新血，徵詢十位外部基金經理人的意見。艾倫・拉法葉（Allan Raphael）的名字在這時候出現。

　　拉法葉說：「我是受他徵召的第一人選。」

　　1980年到1984年，拉法葉是安侯公司（Arnhold & S. Bleichroeder）研究部門的兩位主管之一。1960年代和1970年代初，梭羅斯也在安侯公司做過事。1992年12月拉法葉回到布雷克羅德（Bleichroeder）當資深副總裁、全球策略部門主任、資

深投資組合經理。

1984年8月初，梭羅斯決定把拉法葉找來。兩人不曾見過面，但拉法葉聽過梭羅斯的大名。梭羅斯的幾位外部經理人打電話通知拉法葉，說他們已向梭羅斯推薦他接第二高位。他在全球經濟研究方面的背景，使他成為不二人選。

一位經理人問拉法葉：「你有沒有興趣和喬治談一談？」

拉法葉只花了「一個塵秒」（譯註：十億分之一秒，意指不假思索）便答道：「當然樂於一談。」

拉法葉相信梭羅斯是華爾街上最優秀的投資人。「他的成功十分驚人。」有可能到梭羅斯那裡做事，對拉法葉來說，似乎是不可能成真的美夢。

接下來是梭羅斯本人打了電話過來。下個星期四，拉法葉能不能到中央公園西區他的公寓共進早餐？

另一個塵秒過去了，拉法葉說好。

拉法葉去吃早餐時，深信他得到工作的機率是百萬分之一。他認為，既然有其他75位候選人排隊等著見面，選人的工作將花上一年的時間，到時候，他早被擠到一邊去了。

90分鐘過去了，拉法葉不曉得早餐吃這麼久的意義何在。兩人從餐桌上起身。拉法葉覺得這是很適當的時候，可以向梭羅斯彙總報告一下自己的背景。

「對你來說，曉得我正在做些什麼，以及沒做什麼，是很

重要的，」他說，希望講得不會太激烈、太露骨。他不確定梭羅斯是不是把話聽進去了。

「太好了，」那樣的彙總得到這樣的回應，「我做的是其他所有事情，我們會成爲很好的工作團隊。」

拉法葉嚇了一大跳，只能聲若蚊蠅地說：「我想大概是吧。」

梭羅斯綻開大大的笑容，像是作結般，說：「這個週末你好好想一想。週一或週二我們見個面。打電話給我，我會請你再過來吃早餐。」

走出公寓大門，踏上街道時，拉法葉開始回想早餐最後幾分鐘的情形。他揮手叫了輛計程車，坐進去，心花怒放。或許他是在做夢。趁計程車司機沒在看時，拉法葉捏了自己一把，確定不是在做夢。真的，他可能到喬治·梭羅斯那裡，當第二號人物。

接下來那個星期二，拉法葉又和喬治·梭羅斯共進早餐。梭羅斯正式邀請拉法葉去工作。

拉法葉回憶說：「基本上，那就像我們先訂婚再結婚，我會照顧你的下半輩子，但先看看怎麼做再說。」

同樣的，又只花了一個塵秒。但基於某種原因，拉法葉沒有當場接受。幾年後，他還是百思不解，何以如此。

「我們再想想，」他答道。1994 年春，回憶當時見面的情

景，拉法葉只能說：「那似乎是合適的說法。」

拉法葉想起別人對他的警告（「那傢伙很難纏。」「他會炒人魷魚。」），決定不予理會：「那有什麼關係？這是我的機會。所以我願意稍受虐待；那真的是大好良機。」拉法葉走向電話，接受梭羅斯給的工作。1984年9月初，拉法葉和梭羅斯簽了約。

第十二章
一生難得一見的大滿貫

　　1984年底，喬治・梭羅斯加強在他的基金中扮演的角色。或許他可能很想把棒子交給量子基金的其他人，但還沒準備完全下台。他仍然相信一場風暴即將危及全球經濟。他沒辦法猜測它的性質或何時開始，但希望它發生時，他就在現場，度過那驚濤駭浪，如有可能，則趁機大展身手。在此同時，他非常仔細地注意基金的運作情形，待在辦公室的時間增加了，設法確保1984年和1985年都是豐收年。

　　1984年12月，他的眼光移到英國。那時英國剛推動大規模的民營化工作。準備民營化的公司中，有英國電信、英國天然氣、積架汽車三家公司。梭羅斯曉得，英國首相柴契爾夫人希望每位英國公民都擁有這些英國公司的股票。如何達成這個目標？釋出的官股價格必須很便宜。

　　梭羅斯要艾倫・拉法葉（Allan Raphael）注意積架和英國電信。拉法葉研究了積架後，相信該公司董事長伊根（John Egan）爵士做得十分出色，把積架變成美國的熱門新進口車。積架當時的股價是160便士，量子基金拿了約4億4,900萬美元資金中的5％，也就是2,000萬美元左右，建立了倉位。在別人眼裡，這可是個大倉位，梭羅斯則不以為然。

拉法葉見了梭羅斯。

「我已研究過積架。」

「你覺得如何？」

「我真的很喜歡這家公司的表現。我想，關於我們建立的倉位，我們會沒問題。」

讓拉法葉大吃一驚的是，梭羅斯拿起電話，命令他的交易員：「再買25萬股積架。」

拉法葉不想破壞梭羅斯的好心情，但覺得有責任講些有所保留的話。「對不起，或許我沒把話講清楚。剛才我是說：『我們會沒問題。』」

對拉法葉和梭羅斯而言，「沒問題」一詞顯然意義不同。在艾倫‧拉法葉心裡，這句話的意思是「到目前為止我們所做的事沒問題。但在看清前面的路之前，不要投入更多」。對梭羅斯來說，它的意思是：如果你喜歡目前的情況，為什麼不帶著已經得到的所有東西，跟著直覺本能走下去？梭羅斯對他的助手詳細說明他的想法：

「如果你的投資表現很好，那就帶著已經得到的所有東西，跟著直覺本能走下去。」

「哪，艾倫，你告訴我，這家公司做得很好，才能否極泰來。這就是他們的現金流量和每股盈餘會增加的理由。你認為這支股票會受人重新評估，價格往上漲。國際投資人都會擁向它。美國投資人將擁向它。而且，你說，這支股票的價格會漲。」

對梭羅斯而言，這是另一個量身訂做的情況，能夠測試他的對射理論。他察覺到這支股票的價格會上漲，投資人的狂熱馬上會生根茁壯，把股價推得更高。

梭羅斯講的話，拉法葉認為沒有反駁的餘地。

「是啊，」他表同意，「這支股票的價格絕對會上漲。」

「那就多買些，」梭羅斯語氣堅定。

拉法葉說了「是啊」，但還是很好奇，不曉得梭羅斯是不是真的知道他到底在做什麼。

「如果股價會上揚，」梭羅斯繼續說，「買更多就是，不必在意所建倉位占整個投資組合多大的比率。如果你是對的，去建倉就是。」

梭羅斯笑了起來，接著說「下一件事」，表示他沒興趣再爭辯下去。

梭羅斯有信心，積架和英國電信是必贏的賭注。他曉得背後運作的力量，已經遠遠超過兩家公司的財務報表。真正重要的力量只有一個，而且是很重要的事實，也就是柴契爾夫人要

使英國國營事業釋出的官股十分便宜。

拉法葉有點震驚，擔心梭羅斯拿整個家當下賭。其實他不必操心，量子基金投資積架得到的利潤是2,500萬美元。

———————————

梭羅斯的避險觀念中，放空是後來為人樂道的一種。1980年代中期，梭羅斯建立的最大空頭倉，是針對西方聯盟公司（Western Union）。

那一年，1985年，傳真機在美國普遍起來。西方聯盟的股價雖從早些年的高價跌為20美元上下，梭羅斯和他的同事卻特別注意到，它的資產負債表仍有大量提列折舊後的電傳打字機。這些設備屬於電子機械式，不再是最先進的器材，因此在市場上幾無價值。西方聯盟也背有債務。

梭羅斯懷疑這家公司能夠清償債務或重新安排發行優先服。

艾倫‧拉法葉回憶往事說：「我們想出了一句話：『西方聯盟對小馬快遞郵政所做的事，傳真機也將施加在西方聯盟身上。』」

許多知名機構分析師建議買進西方盟這支資產股，而沒有考慮到它的資產價值遠低於西方聯盟所表示者。但是梭羅斯看到這件事。他建立了100萬股的空頭倉。艾倫‧拉法葉說，利潤以「百萬美元計」。

　　進入1985年下半年，梭羅斯仍擔心美國的經濟將崩潰。8月間，他相信「大循環」爲了刺激美國經濟和支付軍力擴增的費用，已進入最後一回合的信用擴張期。變局即將來到，而對梭羅斯來說，很幸運的，他能夠及時察覺到它，並掌握利用機會。變局所以將來，是因爲美國和其他經濟強國體認到外匯市場已成一隻怪獸，與它們的利益爲敵。

　　安東尼・桑普森（Anthony Sampson）在《點石成金》（The Midas Touch）一書中，提到這點時指出：「回想六〇年代的情景，熱切見到全球管制解除的人，總希望全球各國的貨幣緩步和理性地調整它們彼此之間的價值，出口和經濟不振的國家，貨幣貶值到自己變得有競爭力爲止：美元、日圓或英鎊會準確地反映每個國家的工業效率。

　　「1971年，尼克森把美元和黃金的關係脫離，以及當各國貨幣開始獨立浮動之後，沒人預期到七〇和八〇年代匯率會激烈波動。」貨幣匯價隨著每一個新謠言而波動。匯率似乎不再與出口有關。到了1980年代末，美元兌日圓一天之內可以波動4％。

　　梭羅斯剛開始操作貨幣時，運氣不是很好。1980年代初，他其實賠了錢。但是1980年代中期，他研讀市場狀況之後，信心重燃。他曉得美元——以及對日圓和德國馬克的關係——會成金融世界的主戲，而他正在注意這一點。

　　1980年代初，美元經歷各種浮沉變化，使得有賴於美元穩

定的全世界厭煩和喘不過氣來。

1980年代的頭幾年，雷根政府致力於維持美元強勢，冀望藉此平抑通貨膨脹，因為進口貨會因此變得便宜，也會吸引外國投資人前來投資，挹注美國的貿易逆差。

最後，雷根訴諸減稅，加上國防擴張，觸發了美元和股票市場欣欣向榮。外國資金被吸引到美國，自然能夠提升美元和資本市場。經濟日益擴張，吸引更多的資金，所有這些因素推高美元匯價──梭羅斯同樣稱之為「雷根大循環」。

但是梭羅斯相信，「大循環」本質上植有不穩定的因子，所以註定敗亡，「因為美元強勢和實質利率居高，勢必凌駕預算赤字的刺激效果，並削弱美國的經濟」。正如梭羅斯所想，到了1985年，美國貿易逆差的增加速度拉起警報，出口因為美元匯率很高而受阻。除了匯率因素，廉價的日本進口貨也威脅到美國國內工業。一切都看在梭羅斯眼裡，並察覺到典型的榮枯相生循環進入第一階段。

這個時候，其他分析師還在推薦景氣循環類股。梭羅斯卻非如此。依他的本性，看法常與人不同，因此傾向於看好併購和金融服務類股──而且兩者都飛漲。比方說，在都會城市（Capital Cities）收購ABC電視網時，量子基金買進了60萬股ABC股票。那年3月一天下午，都會城市宣布每股出價118美元購買ABC股票。量子基金這次行動，賺了1,800萬美元。

這之後不久，梭羅斯打電話給負責操作的艾倫・拉法葉。「做得非常好，」梭羅斯說，「但我們現在要做什麼事？」

幾年後拉法葉談起這段往事時，模仿梭羅斯的匈牙利腔。拉法葉十分清楚，梭羅斯根本不是在問他問題，而是在試探他。梭羅斯要講的其實是：「我很高興，但別樂昏頭。」

「事情很明顯，」拉法葉說，「所以我們買了更多的都會城市股票。」

拉法葉能從梭羅斯沒講出口的話，察覺他意在試探。

————————————

梭羅斯相信雷根的美元政策，最後會導致整個榮枯相生循環週期中的「枯面」出現。總統或許有很好的理由維持美元的強勢，但有更好的理由去降低美元匯價。1980年代初，短期利率已漲到19％，黃金價格漲到每英兩900美元，通貨膨脹率竄升——高達20％，美元匯價升抵240美元和3.25德國馬克。

梭羅斯似乎終於看得很清楚，在石油輸出國組織（OPEC）即將分崩離析之際，油價將下跌。這會給美國政府另一個壓力，去降低美元匯價。油價最近漲到每桶40美元，有人預測可能再漲到每桶80美元。OPEC解體會使全球的通貨膨脹率下降。通貨膨脹率下降，利率會跟著下跌。由於這些變化，美元將急劇下挫。

拉法葉說明梭羅斯的策略：「很明顯的，應該建立的倉位，是放空原油，做多美國短期債券，以及做多日本長期債券，因為日本倚賴進口石油。此外，應該放空美元，做多馬克和日圓。由於商品、固定收益和外匯市場的規模和數量高於股

票市場，所以投資人或投機客能在相當短的時間內累積很大的倉位。而且由於這些證券的保證金要求相當低，因此能夠運用很高的信用槓桿。所以，雖然當時我們的基金只有4億美元，運用槓桿的能力很大。

「喬治・梭羅斯在所有這些東西上都有很大的倉位。一輩子當中，你只能做那樣的事一次。」

1985年8月，梭羅斯開始寫投資日記，紀錄各個投資決策背後的思慮。他把這些投資決策稱做「即時實驗」，因為他要找「大循環」能夠維繫多久的答案。他利用這本日記測試自己預測金融市場走向的能力———也當做一種機會，好將自己的理論付諸檢測。由於有這本日記，1985年8月到1986年11月，梭羅斯的看法和投資策略，才有詳細的紀錄可查。這本日記出現在梭羅斯1987年的《金融煉金術》中。

梭羅斯的第一個大考驗在1985年9月。那年9月6日，梭羅斯賭馬克和日圓會上漲，實際走勢卻往下。他開始懷疑「大循環」的想法是不是有錯。兩種貨幣的多頭倉加起來有7億美元———比量子基金的整個資產淨值還高。雖然他賠了些錢，還是深信事件的發展，將證明他是對的，因此他提高兩種貨幣的倉位到接近8億美元———比基金的資產淨值高2億美元。

1985年9月22日，梭羅斯預期中的情境開始實現。新上台的美國財政部長貝克（James Baker），決定美元匯價應該下跌，因為美國人開始要求保護自己的工業。貝克和法國、西

德、日本、英國──所謂的五大工業國（Group of Five）──的財政部長齊聚紐約市的廣場飯店。梭羅斯獲悉有這樣的會議召開，馬上曉得這些財政部長要做什麼事。他從早工作到晚，買進數百萬美元的日圓。

這些部長確實決定設法把美元匯價拉低，因此提出所謂的「廣場協定」，希望透過「更密切地合作」，使「非美元貨幣有秩序地升值」。這表示各國中央銀行現在覺得有義務把美元匯價貶低。

協定發表後次日，美元從239日圓掉到222.5日圓，跌幅高達4.3％，是有史以來跌幅最大的一天。梭羅斯大樂，一天之內賺了4,000萬美元。那天早上，拉法葉見到他，說：「喬治，漂亮的一擊，令我印象深刻。」梭羅斯繼續買進日圓。

1985年9月28日的日記中，梭羅斯稱廣場協定獲得的利潤為「一生難得一見的大滿貫──上個星期的利潤，比過去四年操作貨幣累積下來的虧損還多──」。

和廣場協定有關的投資，奠立了量子基金的傳奇地位。1988年開始為梭羅斯效力的史坦利・朱肯米勒（Stanley Druckenmiller）回憶1985年秋的往事說，其他交易員也為梭羅斯抬轎，在廣場會議前不久做多日圓。那個星期一上午日圓開高800點，這些交易員開始賺錢，而且因為能夠在那麼短的時間內賺那麼多錢而震顫不已。但是梭羅斯看的是一幅更大的圖像。「可以想像得到，喬治走出門外，指引其他交易員停止拋售日圓，告訴他們，他們不要的倉位，他將建立起來。政府剛告訴他，未來一年美元將下跌，因此為什麼他不能做個應聲

蟲，買進更多（日圓）？」

接下來六個星期，各國中央銀行一直壓低美元。到了10月底，美元已經下跌13％，成為205美元。1986年9月，美元跌到153美元。外國貨幣對美元平均上升24％到28％。

整個加起來，梭羅斯下了15億美元的賭注。他利用信用交易，把大部分錢拿去買馬克和日圓。後來證明這是很聰明的做法。整段期間內，他賺的錢估計有1億5,000萬美元。

很明顯的，趨勢已經確立，梭羅斯沒什麼好擔心的。他已經停不下來，只好繼續賺錢。

11月第一個星期，他的基金成長到8億5,000萬美元，而梭羅斯持有15億美元的日圓和馬克，幾乎是整個基金資產淨值的兩倍。他在日記中寫道：「我還是願意增加倉位的理由，是我相信反轉的空間已經縮小。我對自由浮動匯率建立的一個一般性概念，是轉折點處短期的波動最大，但隨著趨勢確立，波動會減小。」他放空8,700萬美元的英鎊，以及2億美元以上的石油，做多10億美元的股票和期貨，以及約15億美元的債券。整個加起來，他在各個市場做多和放空約40億美元。

他展現了無與倫比的信心，相信自己是對的。1985年12月8日，他在日記中寫道：「對於將來事情會怎麼演變，我懷有前所未見的信心，這可以從我願意建立的倉位規模看得出來。」

8月間，梭羅斯擔心經濟即將崩潰，現在更加確信。政府正試著拉低美元——而且見效。股票和債券市場節節上漲。他

相信，股市似乎可能有大榮面。12月間，梭羅斯更爲樂觀。他稱這段期間爲「資本主義的黃金年代」，並宣布它爲「一生難得一見的多頭市場」。

1985年是梭羅斯表現非凡的一年。

和1984年相比，量子基金成長122.2％，高得驚人。它的資產從1984年底的4億4,890萬美元，增爲1985年底的10億300萬美元。這樣的漲幅爲道瓊30種工業股價指數1985年約34％漲幅（包括股利）的四倍左右。

梭羅斯的整體紀錄十分傑出。

1969年他推出基金時，投資一美元在他那裡，扣除所有的費用和支出後，1985年底的價值高達164美元。梭羅斯很自豪地向新聞記者丹・杜夫曼（Dan Dorfman）解釋，同樣的錢投資史坦普500種股價指數的採樣股票，同期內只增爲4.57美元。

梭羅斯不願告訴杜夫曼，他的基金有多少錢屬於他，只承認他個人大部分的資產都在那裡面。不過杜夫曼的消息來源指出，梭羅斯持有基金的15％到30％。以量子基金1985年5億4800萬美元的利潤來算，梭羅斯個人賺進的錢應有8,300萬美元到1億6,600萬美元。《紐約雜誌》（New York Magazine）請梭羅斯就這些數字發表意見時，他說：「錯了──差太多了。」

梭羅斯在俯瞰中央公園的第五街公寓裡，邊吃早餐，邊接受杜夫曼訪問時，說明1985年他會有那麼好的表現，是因爲：

‧投資德國馬克和日圓大豐收。

‧債券表現強勁，如長期公債。

‧外國股票大賺。

梭羅斯投資美國股票則沒有那麼好的表現。「我不是很擅長於玩併購的遊戲，」他承認。1980 年代中期，他時進時出投資迪士尼公司股票，似乎說明了這一點。最後他賺了錢，但是過程不是很順利。

1984 年，量子基金是迪士尼家族以外，最大的迪士尼股票持有人之一。由於對這家大娛樂公司發動的幾次收購行動都失敗，迪士尼的股票看起來日益吸引人。收購高手索爾‧史坦柏格（Saul Steinberg）把眼光放在迪士尼上面時，幾乎沒人相信迪士尼會同意被收購。

也很少人相信迪士尼會同意向史坦柏格大量高價購股以保住經營權。可是實際發生的事正是這個樣子，因此在迪士尼股價每股重挫20美元時，梭羅斯和一些投資人都損失不貲。迪士尼由於大量高價購回股票，財務變弱，但後來還是重新振作起來，梭羅斯也再投資這家公司。馬凱斯（Marquez）認為功在拉法葉，因為他看出了迪士尼的趨勢：「艾倫很快就瞭解到底發生了什麼事。我們一直視迪士尼為價值低下的資產，而且基於各種理由，將以金錢數字表達出來。他則視它為富有的資產，可能成長而且流出乳汁，不會一箭被射下，跌落悲慘境地。」因此，量子基金賺了五倍的利潤。

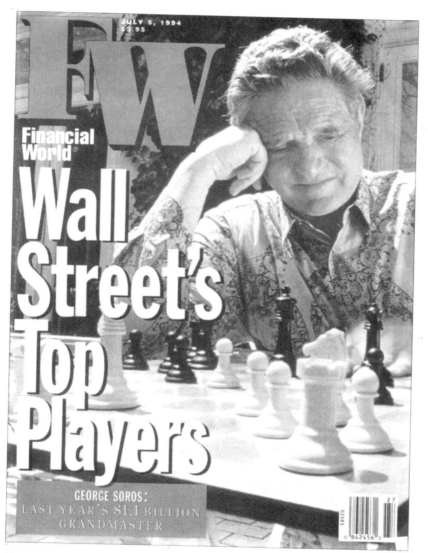

梭羅斯的專長其實並非西洋相棋,但《金融世界》雜誌似乎想暗示,他解讀金融市場的方式和下棋高手解讀棋局一樣。

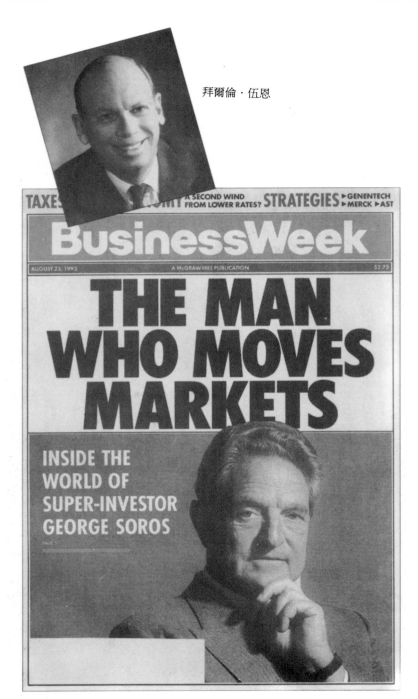

拜爾倫・伍恩

類似這樣的報導，使得梭羅斯得到在金融市場呼風喚雨的名聲。

艾倫・拉法葉

班尼・藍達

梭羅斯基金會積極援助各地，包括捐贈電腦給東歐國家的中學。

梭羅斯雖然擔心俄羅斯的未來，還是提供很多援助給這個前蘇聯共和國。圖
為他攝於莫斯科。

梭羅斯多年來保持低調，1992年一舉成名，因為他對英鎊發動「政變」，賺了約20億美元。

由於梭羅斯在東歐和前蘇聯共和國各地大灑銀子，被稱為「萊茵河到烏拉山間最具影響力的公民」。

梭羅斯被稱為全球最傑出的投資人，1990年代中期起改從遠地關注他的投資，寧可把時間用在援助計畫上。

梭羅斯起初想當哲學家,
但後來轉為從事投資──
而且成了超級巨星!

梭羅斯喜歡說,他發現賺錢比花錢容易。

梭羅斯急於展現「世界政治家」的形象，和南非領袖曼德拉會談後合影。

梭羅斯長久以來是高深莫測的神秘人物，1990年代初卻樂於出現在新聞記者會上，推廣他的公益慈善活動。

梭羅斯和妻子蘇珊小憩片刻。

1985 年是梭羅斯如日中天的一年，因爲《金融世界》（Financial World）列出華爾街收入最豐的100人中，梭羅斯排名第二。該雜誌指出，梭羅斯從他在量子基金的個人持股中獲利6,600萬美元，另有1,750萬美元的費用收入，以及客戶給的1,000萬美元紅利，總共賺到9,350萬美元。

1986年1月初，梭羅斯大幅度調整他的投資組合。他對美國股市後市較感樂觀，因此增加投資美國股票和股價指數期貨，並且提高外國股票的倉位，結果美國和外國股票的價值總計高達20億美元。放空美元的倉位從5億美元降爲零。

2月間，他把股票倉位減少到12億美元。3月26日，他覺得自己看漲後市的想法很好；油價下跌告訴他，他是對的。因此，他把美國和外國股票的投資金額重新提高到18億美元。1月初以後，基金的資產淨值從9億4,200萬美元增爲13億美元。

4月4日，梭羅斯把股票倉位減低8億3,100萬美元。十天後，他又買回7億900萬美元。5月20日，他賣出6億8,700萬美元，主要是賣掉指數期貨。

他有40％的股票倉位和三分之二的外國股票倉位，和芬蘭市場、日本鐵路及不動產類股、香港不動產類股有關。

1986年7月有兩種叫人迷惑、相互矛盾的趨勢出現：多頭市場持續不輟以及油價下跌。油價下跌可能引發通貨緊縮，進而導致經濟崩潰。

最後，到了9月間，梭羅斯大致做成結論，寫道：「最好是宣稱，我所說的『資本主義黃金年代』階段已經完成，並試著去找下一個階段。」

梭羅斯的即時實驗做得非常之好。他把量子基金從4億4,900萬美元——1985年初的價值——變為1986年底的15億美元。但是隨著時間的行進，他發現這個實驗出現的問題愈來愈多。他在日記中寫得愈多，愈是覺得有必要向自己提出理由，說明為什麼要做某個投資動作。最後，他把實驗看成是一種負擔。

第十三章
帶有哲學味的投機客

是什麼東西激勵喬治・梭羅斯？

錢？他的朋友和同事很少認為如此。「如果他再賺10億美元，」他的好友拜爾倫・伍恩（Byron Wien）指出，「那不會讓他快樂。賺到第一個10億美元，並沒有使他十分快樂。」

不過，那應該給了他某些愉悅。

但也不多。喬治・梭羅斯這個人實在複雜得可以。光從這個層面，不能說清楚他這個人。不管有多少錢流進他的銀行戶頭，他永遠無法滿足於只當個閒散的人。從這個角度來說，他和1990年代的許多有錢人一樣。

好幾個世代以前，有錢人很珍視自己的休閒時間。他們儘可能少做事，多玩樂。但是正如英國作家安東尼・桑普森（Anthony Sampson）指出的：「富人不再渴望悠閒的生活，工作成了他們身分地位不可或缺的一部分……。」

他們喜愛的身分地位象徵，豪華高級的飯店套房、遊艇和自用噴射飛機，已經取代漂亮的房子、花園和庭院。不過這些新富和以前的有錢人最大的不同，在於行動上講求便捷。梭羅斯覺得，坐噴射飛機遠比坐遊艇叫人舒適自在，住飯店套房遠

比住豪門巨宅方便，奔波全球各地遠比坐在游泳池旁邊有生產力。

但是梭羅斯和當代的許多富人有一點很不同：投入知性生活的程度。除了卡爾・波普爾（Karl Popper）的著作，影響梭羅斯最深的兩本著作，可以預料得到，正是道格拉斯・霍夫斯塔特（Douglas Hofstadter）的《哥德爾，埃歇爾，巴赫》（Godel，Escher，Bach）和葛利哥里・貝特森（Gregory Bateson）的《走向心靈生態學》（Step to an Ecology of Mind），這兩本深奧、必須絞盡腦汁閱讀的書。他不只視自己為投機客，也是哲學家。或者，更準確地說，他是個失敗的哲學家，碰巧當上投機客。1992年秋，他獲准進入英格蘭的牛津大學Chancellor's Court of Benefactors就讀時，要求登記為「金融和哲學投機客」。「我真的很希望被視為務實的哲學家，」梭羅斯曾經這麼說，「但也相當樂於被視為失敗的哲學家。」

但是到了1990年代，他成了億萬富翁──而且不管在金融世界以外的地方做了什麼，他常被稱為「匈牙利的企業家」、「資金管理大師」、「億萬投機客」，甚至有一次被叫做「全球金融界的壞孩子」（華爾街日報，1994年6月1日）。他試著擺脫這些標誌。紐約的梭羅斯基金會發表的新聞稿，稱他是「國際公益慈善家」。他自己的說法是：如果不能被稱為哲學家，至少不要說我是金融理財專家。

但是不管怎樣，他希冀得到別人的尊敬──尊敬他的心靈、他的觀念和想法、他透過公益慈善活動對社會的貢獻。要是他稱自己為哲學家，其他什麼事也沒做，可能沒人正眼看

他。他不只一次說過，在華爾街上得到成功，至少給了他機會，吸引別人聽他講話，而這是被人正視的起點。

他視自己為歐洲傳統上的知識分子。華爾街是賺錢的好地方，但除此之外，它的核心地帶，以及住在其間辦公室的人，梭羅斯不感興趣。「我不會花很多時間和股票市場裡的人來往，」他向新聞記者丹‧杜夫曼（Dan Dorfman）坦承，「我發現他們乏味無趣。」他說，和知識分子相處，比和商人在一起，感覺較為愉快。

他或許渴望著結束投資活動，改為當專職哲學家。但這事從未發生，因為他在華爾街上的表現實在太好了。如果賺錢本身不是目的，卻提供不少機會，而這些機會，很少哲學家坐在象牙塔內體驗得到。

雖然賺錢對梭羅斯來說易如反掌，卻死不承認自己選擇了學術或知性以外的行業。不過他慢慢習於接受現實。「多年來，我拒絕認可自己的表現。那不過是達成目的的手段。現在我遠比以往願意接受它——也就是：它是我這一生的工作。」1980年代初，有人問他，當全世界最成功的基金經理人有什麼感想，他坦承：「感覺相當好。」

不管梭羅斯對自己在華爾街上的表現有多滿意，伴隨日常投資決策而來的苦惱，一直叫他不悅：「我的自我其實擺盪不停，這是非常痛苦的經驗。一方面，每次在市場做了錯誤的行動，自我便慘遭痛擊。另一方面，我真的不希望自己和賺錢連結在一起的程度，到了非成功不可的地步。我必須否定自己的成功，才能保住和那種成功有關的紀律。」

他在另一個場合中，解釋投資帶來的苦惱，在於賠錢令人痛苦。但就像他喜歡說的：沒有賠錢的威脅，就不可能賺錢。1980年代他的認同危機，源於他覺得這一輩子賺那麼多錢還不夠。

就像喜歡思考的人常常煩惱的那樣，他擔心累聚那麼多錢，可能使他墮落，而且人們所以注意他，只是因爲他賺了那麼多錢。「我必須接受自己的成功帶來的威勢和影響力。……我最大的風險，在於承認由於自己擁有很多錢，所以變得很有威勢和影響力。」這次認同危機，反倒有解脫作用。

———————————

他的日子過得很好，住所有四處：曼哈頓、長島的南安普敦、紐約州的貝德福德（Bedford）、倫敦。不過和其他大富比起來，他儉僕許多，不抽菸不喝酒，而且似乎不暴飲暴食。他在倫敦的工作夥伴艾德格・厄斯泰爾（Edgar Astaire），常常在辦公室以外的地方看到梭羅斯。梭羅斯的嗜好絕不矯飾，他斬釘截鐵地說：「他喜歡戲劇、音樂，不蒐集東西和畫作。他有一些匈牙利藝品。他喜歡自己的衣服。外出時總是穿戴得整整齊齊。」

1993年，梭羅斯向一位記者表示：「以前我蒐集東西，但其實沒有很大的物慾。我喜歡過得舒適，不過，說實在的，我很抽象。」

旅行海外視察自己的公益慈善基金會時，特別是1980年代和1990年代初，梭羅斯不喜私家司機或貼身保鑣隨行。造訪大

學校園，有時會待在學生群中。有時他會自己叫計程車，或者從城鎮的某個角落走到另一個地方，甚至搭乘公共交通工具。

許多朋友津津樂道喬治・梭羅斯不喜歡過億萬富翁生活的故事。匈牙利知識分子，替梭羅斯的布達佩斯公益慈善基金會服務的提波・華莫斯（Tibor Vamos），回憶當年他和梭羅斯在匈牙利科學院大樓裡的情景。

「我要怎麼去那所大學？」梭羅斯問。

「你可以叫計程車。」華莫斯告訴他。

「為什麼不坐市區電車？」梭羅斯一臉正經地問。

華莫斯說，梭羅斯念茲在茲的不是省錢，原因很簡單，因為他十分務實。如果搭電車是那時從某地到另一地最快的方式，為什麼不搭電車？

南安普敦的別墅採用西班牙式的白色屋瓦，裡面有一座游泳池和一座網球場。1990年，梭羅斯在那裡開60歲生日宴會。草坪上有一頂很大的白色帳幕，可供狂舞之用。與會的500貴賓，不乏企業名流，以及如一位貴賓所說的，還有「數以百萬計的匈牙利人」。

雖然他希望給人生活儉僕的印象，有時卻讓人摸不清頭腦。比方說，他會搭乘水上飛機從南安普敦到曼哈頓和往返四棟房子之間。不過，他確實沒有遊艇，沒有勞斯萊斯轎車。梭羅斯出外時，比較常搭民航公司的飛機（商務艙），而不搭私人噴射飛機。梭羅斯曾經很想買架飛機，搭載他往返於紐約和

歐洲間。他問拜爾倫・伍恩的意見。伍恩告訴他，這個想法很不好：「如果你有架飛機，你會發現自己只是在駕駛員想用它時才去用它。」伍恩建議必要時可以包租飛機。梭羅斯接受了他的意見。

在某些人眼裡，梭羅斯看起來似乎特別害羞。事實上，他很喜歡身旁圍繞一堆人。伍恩指出，「他喜歡自由舒適地待在一個好地方。喬治不會帶你參觀他的房子，說：『看這個時鐘，看這個彫像，看這幅畫。』他欣賞身外之物，喜歡住得很好，喜歡有人到他家裡，請他們吃豐盛的晚餐，提供充份的幫忙，好讓事情順利進行。」

他常辦宴會。有時最後一刻才打電話給妻子蘇珊說，他請了幾位朋友過來吃晚餐。蘇珊會問，一共幾位？梭羅斯答道，可能有50或75個。於是蘇珊開始忙著為70位俄羅斯異議份子和他們帶來的同伴準備飲食。

每年新年除夕，他都在紐約市的寓所辦宴會。夏天在南安普敦，每個週六晚上，梭羅斯夫婦都招待客人，而對喬治來說，這些夜晚除了社交功能，也是談生意的場合。參加過幾次宴會的伍恩表示，梭羅斯「擅長週旋於人群之中。他向每個人打招呼，記得他們的名字。參加宴會的，有藝術界人士，也有和他打網球的球友，以及商場人士、政府官員。赴宴人數之多，使他無法一一聊上幾句。他從這些經驗中得到某些東西，但更重要的是，他們彼此能夠寒喧應酬」。

梭羅斯喜愛社交的個性，自然而然對久坐不動的生活不感興趣。他希望動個不停、去看世界其他地方、保持心靈活潑、

和做重要事情的人接觸。簡而言之，他希望生活可以冒險犯難；真的，他積極尋求這樣的機會。因此難怪他覺得企業人士和操盤室枯燥乏味。

他維持著快節奏的忙碌生活步調，因為他深信自己與眾不同，是這一輩子帶有特別使命的人物。我們不要忘了，這個人小時候相信自己是上帝。

長大成人後，他似乎瞭解這樣的想法會給自己惹來麻煩；比方說，這種想法可能使他變成自大狂。「唯一可能傷害我的事，」他在1987年寫道，「是我的成功激勵我重拾兒時無所不能的幻想──但是只要我還待在金融市場，那樣的事就不可能發生，因為它們一直提醒我，我的能力終有極限。」

金融市場也提醒他：他似乎擁有點石成金的本領──也就是說，雖然不是永不犯錯，已成投資理財大家。1985年是他投資成果最豐碩的一年，記者丹‧杜夫曼問他，他打算怎麼做，才能繼續保持那麼漂亮的演出。「基本上，這事不會一再發生，」他說，「但以我而言，就是會再發生。」言下之意是，對喬治‧梭羅斯來說，連不可能一再發生的事，也會再度發生。

如果他能使不會一再發生的事再度發生，有什麼東西能阻止他不以同樣的方式運用才智？有什麼東西能阻止他不對人類的知識做出偉大的貢獻？在他生命中，1950年代，曾經碰到阻礙，而放棄走學術路線、過哲學家生活的計畫。可是他賺的錢

愈多，愈相信自己或許能夠重返知識界。

由於這樣的想法，所以他提出各種理論——關於知識的理論、關於歷史的理論、關於金融市場的理論——並且相信他的觀念有價值。他宣稱，他「發現到」，在探求人類知識的過程中，參與者的偏見扮演的角色，是瞭解有思考能力的參與者介入其中的所有歷史進程的關鍵，「正如基因突變是生物演化的關鍵」。

梭羅斯自認與眾不同，因此不太能夠容忍那些他認為天資較差的人。他相信自己能見及別人不能見之事。舉例來說，談到他瞭解金融市場的能力時，他指出：「我想，我真的比大部分人瞭解正在發生的過程、革命性的進程，因為我有理論，也就是一種知性的架構，在這個架構裡面，我去處理它。這真的是我的專長，因為我在金融市場裡也處理類似的過程。」

至於那些想要探索市場的人：「對於專業投資人的才智，我很不能寄以敬重之心，而且他們所建倉位的影響力愈大，我愈不相信他們能夠做出正確的決定。」

關於這一點，詹姆士·馬凱斯（Jim Marquez）1980年代中期和梭羅斯共事時看得很清楚：「他有十分強烈的感覺，認為他比你更瞭解事情，而這個過程總是一場掙扎搏鬥，原因不是他必須把想法從匈牙利語轉為英語，而是他得試著把你拉拔上來。

「他知道得很清楚，他沒辦法把你很快帶上來。他有種感覺，每當瞭解某件事情，就好像在和上帝講話。他十分肯定什

麼事情將要發生，萬一沒照那樣的方式發生，他是世界上最驚訝的一人。要是果然發生了，則本來就該如此。」

第十四章
追求自由的代價低廉

　　在喬治・梭羅斯事業生涯的早期，壓根兒沒想到從事公益慈善事業。他很不喜歡公益慈善活動這個觀念。1993年，他向一位記者表示，公益慈善活動「不合常理，因為我們的文明建築在自利的追逐上，而非念茲在茲照顧別人的利益」。因此梭羅斯身邊的人，不記得他提過給窮人食物和住所是很重要的事。他願意捐出大量的金錢，但不是針對個人。他希望產生更大的衝擊。不過要這麼做，必須針對整個群體，甚至整個社會。他想到的是宏偉的計畫。

　　倫敦的猶太監護會（Jewish Board of Guardians）對待他的方式，想起來就叫人心痛；這樣的記憶也塑造了他對所有一般性捐助活動的態度。「你應該瞭解，我真的很反對公益慈善基金會，」他向這位記者說，「受到基金捐助者的影響，可能出現一些敗德的行為。我認為，成立基金會唯一正當的理由，是我們想要達成的某些東西，比基金會本身還重要。」他相信任何組織，包括他的組織在內，都會因為處身其內的人追逐財富、權勢和好逸惡勞而「腐蝕和敗壞」。

　　他不厭其煩地告訴別人，他曾經創建一個規模很小的「基金會」，叫做中央公園社區基金（Central Park Community Fund），目標是整建紐約市的中央公園。另一個叫做中央公園

維護組織（Central Park Conservancy）的團體，碰巧也有相同的目標，但是做得遠爲有聲有色。梭羅斯的「基金會」開始攻擊另一個組織時，令他看得寒心。他不只制止這樣的行爲，還「宰掉」（他自己的用法）中央公園社區基金。他說，毀掉它比創立它，更令他感到驕傲。

不過他曉得，想做點善事，別無選擇。他必須創立一些基金會，但得確保它們的執行成果。

接下來的問題是：他應該怎麼布施錢財？梭羅斯是猶太人，不是理該幫助猶太同胞嗎？

梭羅斯從沒否認或掩飾自己的猶太血統；只是不去提它。1986年以前，他刻意避免把財富捐贈給以色列。1986年，他認識了以色列的公共事務評論員丹尼爾・杜隆（Daniel Doron），捐了爲數不多的資金給杜隆的耶路撒冷智庫。後來耶路撒冷的希伯來大學經濟學教授古爾・歐佛（Gur Ofer）找上梭羅斯，希望這位投資家成立一個基金會，幫助前兩年從蘇聯擁入以色列的50萬猶太人。但是梭羅斯不以爲然，草草結束兩人的談話。

梭羅斯爲什麼那麼反對協助以色列？歐佛回憶往事說：「這事摻雜著兩個因素，一是他認爲以色列太過社會主義，另一是他覺得在以色列自行改革前，沒有支持以色列的理由。他的思想中，沒有反對猶太復國運動的成分。他相信，猶太人應該在他們居住的社會中採取行動。」

在梭羅斯尋找成爲「救難英雄」的過程中，他體認到，這

一生的分水嶺，是逃離母國匈牙利生根壯大的「封閉社會」。離開匈牙利後，他嚐到自由的滋味，首先是在英國，接著在美國。為什麼不試著給東歐和蘇聯人民相同的機會？

梭羅斯決定運用他的財力，推廣開放式的社會，在那裡，人們當家作主、可以把心裡的話講出來、追求自己的目標。

喬治‧梭羅斯動用財富去蠶食共產主義，無異在整個東歐和蘇聯資助叛變。這場革命不是在街頭、路障前進行，而是從老百姓的內心深處做起。它將是和平、緩慢、漸進的，但絕不停止。最後，它會導致這些國家的民主政治誕生。

梭羅斯打算做的事不容易，到處充滿巨大的障礙險阻。共產政府不會自動投懷送抱。他也瞭解，沒辦法開著堆土機，照自己的方式闖進每個國家。有些努力可能奏效，有些可能徒勞無功。他曉得自己的力量有限；因此，最好選擇一些重點下手，好讓他和他的公益慈善活動發揮最大的衝擊。和羅斯柴爾德家族一樣，他將運用自己的財富，重繪歐洲的政治地圖。

首先，共產黨仍統治這些國家時，要產生衝擊，比共產政府垮台以後容易。梭羅斯指出：「把共產主義教條拿到其他的選擇前面，它將崩垮，因為一旦有東西相互比較，人們就會發現它是錯的。」

不過梭羅斯曉得，光是送錢出去，不能使東歐和前蘇聯地區脫胎換骨。除了錢財，他需要灌輸東歐國家人民瞭解西方國家的理念。畢竟，開放社會的觀念是在西方國家茁壯向榮。

　　有些人不習慣見到別人如此揮霍錢財，梭羅斯對此一笑置之。哈佛大學的國際貿易教授，以及波蘭、俄羅斯、愛沙尼亞政府的經濟顧問傑佛瑞・謝克斯（Jeffrey Sachs）說：「喬治・梭羅斯受到各式各樣的透鏡檢視，有些地方很難叫人苟同。各國政府領袖對他的反應，遠比反猶太團體、極端民族主義份子以及其他的仇外團體爲正面。後者都持負面態度。」不少人也有同樣的看法。

　　的確如此，梭羅斯在這些東歐國家建立灘頭堡並不容易。羅馬尼亞人不喜歡他，因爲他是匈牙利人。匈牙利人不喜歡他，因爲他是猶太人。在斯洛伐克，有個匈牙利猶太人打了他兩拳。

　　在西方國家，他也不是沒遭批評。有些西方人指他爲現代的羅賓漢，也就是「奪取」富裕西方國家的錢，贈予貧窮的東方國家。這一點，他必須淡然處之。1992年9月，他孤注一擲賭英鎊會貶值──而且贏了──有人不屑地說，梭羅斯等於從每位英國國民身上「偷竊」了12.5英鎊。梭羅斯以幽默的口氣應付這種抨擊：「我真的認爲西方應該已經而且必須爲東方做更多事，所以我很高興自己替他們做了。」

　　梭羅斯好善樂施的行爲，不是每位英國公民都感不悅。關於梭羅斯「奪取」每位英國公民12.5英鎊，拿給東歐一事，倫敦花旗銀行首席經濟學家尼爾・麥金隆（Neil MacKonnon）說：「爲了追求自由，這樣的代價很便宜。」

　　梭羅斯其實早於1979年就在南非從事公益慈善活動。他選上開普敦大學，因爲這裡似乎致力於研究開放式社會。因此，他提供獎學金給黑人學生。這樣的努力招致反效果：梭羅斯發現他的錢主要被用於資助已入學的學生，只有一小部分提供給新學生。於是他不再支持那所學校。「南非叫人掉淚，」他後來解釋說，「如果不在某種程度內成爲整個制度中的一部分，做任何事情都很困難。」但在共產東歐，他覺得自己有較大的籌碼去對抗制度：「那事很雄壯、帶激情、有報償──而且樂趣無窮。我們做的是破壞制度的工作。我們支持任何事情，捐助很多小錢，因爲任何獨立自主的行爲，都會破壞極權主義的教條。」

　　梭羅斯一決定把精力全放在東歐，便發現他需要一個樣板。他選了母國匈牙利。雅諾斯・卡達（Janos Kadar）的鷹派政府中，有些改革心切的官員，同樣也看上梭羅斯的錢。他們需要他手上的強勢外匯，資助岌岌可危的政府。

　　其中一位叫費倫茨・巴達（Ferenc Bartha），當時負責政府的經濟關係事務。巴達和梭羅斯1984年見面，梭羅斯說明他有意成立一個公益慈善基金會。雙方的磋商於是展開，匈牙利政府的代表叫喬治・艾克傑爾（George Aczel），是政治局中唯一一位猶太裔官員，也是匈牙利非正式的文化導師、總理卡達的親信。

　　至於梭羅斯在匈牙利的個人代表，則選了強硬的匈牙利異議份子米可洛斯・華薩赫爾利（Miklos Vasarhelyi）。梭羅斯和華薩赫爾利1983年首次見面，當時華薩赫爾利在紐約的哥倫

比亞大學國際交流研究所工作。華薩赫爾利是1956年叛變時匈牙利總理伊姆里・諾奇（Imre Nagy）的發言人和圈內人。蘇聯粉碎叛變行動後，諾奇問吊，華薩赫爾利被逐出共產黨，判刑五年。

華薩赫爾利認為，成立那樣的基金會，成功的機率不超過50％。對梭羅斯有利的一點，是匈牙利政府希望改善海外的形象，好取得西方國家的信用貸款和外匯。但是不利的一面，梭羅斯面對的是一個共產國家，沒有和經營公益慈善基金會的外部人士打過交道，更不要提希望鼓勵「開放社會」的外部人士。

就算匈牙利政府同意梭羅斯設立基金會的計畫，也不會准許他想做什麼就做什麼。梭羅斯這方面則堅持獨立運作，不受外力影響。他桀驁不馴地說：「我想到匈牙利，把錢送給值得給的人。」政治家的反應是：「梭羅斯先生，把你的錢帶來，我們會幫你分配。」

雙方的談判拖了一年。梭羅斯只願意拿出200萬或300萬美元，但是政治家嫌少。政府主張用於資助科學研究，梭羅斯卻希望基金會幫助從事藝術旅行、寫作或演出的個人。政府希望基金會提供資金協助購買設備，梭羅斯卻希望資助個人。

最後，梭羅斯和巴達似乎克服了雙方的歧見。匈牙利人簽署相關文件後，其中一人說：「太好了！你的秘書處可以告訴我們的外國文化關係部門，它希望做些什麼事，我們就會去做。」

　　換句話說，匈牙利政府現在堅持新的梭羅斯基金會受文化部管轄。叫匈牙利談判代表大吃一驚的是，梭羅斯從椅子上站起來，走向門口。他拒簽文件。

　　一向是談判高手的梭羅斯說：「浪費那麼多時間和精力，卻一事無成，多可惜。」梭羅斯的手已經摸到門把，匈牙利官員的態度才軟化下來。他們願意給梭羅斯基金會很大的獨立運作權。

　　對方讓步後，梭羅斯簽了文件，並保證在可預見的將來，每年提出100萬美元經營基金會。到了1993年，這個數字增加到每年900萬美元。

　　說來很有趣，卡達政府顯然希望梭羅斯的基金會可以改善科學研究，從而安撫科學研究人員的不滿。但是事情並沒有照那樣的期望發展。領取梭羅斯基金會獎學金而派赴海外研習的學界人士，都帶著嶄新的西方市場經濟和民主政治觀念回國。

────────────

　　和影印機有關的一件事情，成了匈牙利的梭羅斯基金會一大突破的契機，建立起積極改革的聲譽。在那之前，匈牙利主管當局擔心地下新聞媒體興起，一向嚴格管制可能用於顛覆活動的機器。匈牙利很少人看過影印機。梭羅斯決定提供400台影印機給匈牙利各圖書館、大學和科學研究機構，前提是政府同意不監視用來印什麼，才要捐贈這批影印機。他總算獲得政府批可，同意他的條件；可能因為政府急需外匯。

梭羅斯和他的基金會一直得不到政府的信任。基金會開始
經營的前四年──1984到1988年──不准在匈牙利大多數的新
聞媒體做廣告，公布它的經營計畫。大部分新聞媒體也不可以
印出喬治‧梭羅斯的姓名或「梭羅斯基金會」的字眼。對政府
來說，梭羅斯和他的基金會稍有知名度，都很難容忍。1987年
是麻煩透頂的一年。

基金會給一位年輕的新聞記者獎學金，資助他撰寫1950年
代初匈牙利總理馬提亞斯‧雷可齊（Matyas Racozi）的傳記。
和即將出版的傳記有關的一篇文章，出現在《世界經濟》
（World Economy）雜誌上。這是匈牙利境內可以刊登基金會
廣告的唯一一本期刊。當時的總理雅諾斯‧卡達看了這篇文
章，心想：「這是不可能的事。明天梭羅斯會給某個人獎學
金，寫我的傳記。」卡達把相關的新聞禁令延用到《世界經
濟》。

梭羅斯對於自己和他的基金會受到的待遇大為冒火，似乎
準備關閉梭羅斯基金會。「接下來兩三個星期，雙方劍拔弩
張，」米可洛斯‧華薩赫爾利指出，「最後事情冷卻下來。」
梭羅斯和他的基金會又可以出現在《世界經濟》雜誌上。雷可
齊的傳記最後還是出版了，但出版時，風暴已經過去。

1988年，卡達和幾乎全部黨領袖被掃地出門，失去權力。
新的領導人上台後不久，梭羅斯便受邀會見新任黨總書記卡洛
里‧葛羅斯（Karoly Gros），這表示政府再度肯定基金會的貢

獻，因爲梭羅斯從沒被安排會晤以前的領導人。

　　關係改善爲時短暫，只到1989年。這一年，政府的反猶太情緒高漲到肉眼可見的地步，基金會在匈牙利的地位變得較脆弱。東歐各地，右翼人士對梭羅斯的批評，以匈牙利最烈。1992年9月3日發表的一篇文章，長達八頁，標題是：「白蟻正吞食我國，關於梭羅斯體制和梭羅斯帝國的省思」。文內提到「共產黨人和猶太人在匈牙利的權力鬥爭中扮演的共同角色……」。梭羅斯明白表示，他不受民族主義份子脅迫。「這些人其實想根據種族的認同，建立一個封閉社會。因此我十分反對他們，也樂於與他們爲敵。」

　　1994年，布達佩斯的梭羅斯基金會成立了十年，有40個獎助計畫，資助不少圖書館和保健教育，並且提供獎學金。赴海外研習爲優先，和年青人有關的計畫也排在前頭。梭羅斯基金會甚至有個計畫，贊助校園內的辯論比賽。「此地不熟悉辯論的觀念，」基金會裡留著一把黑鬍子的主管拉斯齊洛‧卡度斯（Laszlo Kados）說，「這裡的風氣是聽命行事，不要與人爭辯。」

　　雖然經營相當成功，基金會的主管還是覺得有很多事情尚待推展。「匈牙利還不是開放社會，」卡度斯說，「這裡有很多結構、很多心態上的問題，等著我們去改變。你可以成立政黨、進入議會問政、舉辦自由選舉。這些事情已存在於匈牙利，但不代表已經是開放社會。現在只能說是起步。」

　　透過基金會的捐助，想要達成什麼樣的目標？梭羅斯直言無隱地表達了他的希望：「我們不透過政治行動直接走向目

標，反之，我們要間接毀損教條式的思想體系。不同理念間的
競爭，正是民主的本質。」

1984年在匈牙利創立基金會後，梭羅斯決定擴大公益慈善
活動的範圍。1986年他進入中國大陸，因爲這裡是全球最大的
共產國家，在這樣的地方設立基金會的想法令他著迷。他的投
資規模很小，只有幾百萬美元，而且前後三年的時間內，梭羅
斯試著打進這個「不可測度」的東方國家。他失敗得很慘，理
由不一而足。他指責中共的秘密警察挾持他的組織。他也沒辦
法適應中國文化。「這裡奉行的是孔夫子的倫理，不是猶太—
—基督教的倫理。如果你給了某人某種資助，他會很感激你，
指望你繼續照顧他的餘生，而且對你忠誠不渝。這和開放社會
的觀念完全背道而馳。」雖然在中國大陸遭到挫敗，梭羅斯仍
不畏艱難，在東歐和前蘇聯繼續奮鬥。

1987年，他開始進入蘇聯；接著1988年打進波蘭，1989年
進入捷克。不過羅馬尼亞是最大的挑戰之一。

羅馬尼亞由共產黨統治，最遭的後果之一是人民赤貧如
洗。羅馬尼亞人平均每月工資50美元。1994年3月我造訪該地
時，見到羅馬尼亞人大排長龍，在外觀乏善可陳的商店前等著
買政府補貼的便宜牛奶。店裡陳售極少數西方國家買得到的商
品。幾年前，通貨膨脹率高達400％，侵蝕了羅馬尼亞人的購
買力；許多年輕人想要遠離國門。

1989年，羅馬尼亞發生革命，羅馬尼亞人稱12月六天內發生的事情為「事件」（events）。梭羅斯告訴紐約人權觀察組織辦公室的職員，堅稱：「我們必須做些事情。我們必須做些事情。那些人會殺了自己。」

戰鬥還沒有爆發，但梭羅斯察覺山雨欲來風滿樓。他的看法是對的。1989年12月16日，羅馬尼亞的安全部隊對提米索拉（Timisoara）的示威群眾開槍，數百人被葬在大坑中。隨著抗議浪潮蔓延到其他城市，總統齊奧塞斯古宣布進入緊急狀態。

五天後，也就是12月21日，首都布加勒斯特開始出現抗議人群，安全部隊對示威群眾開火。隔天陸軍單位加入反叛行列。自稱「救國政務會」（Council of National Salvation）的一個組織，宣布它已推翻政府。

齊奧塞斯古逃亡，新的戰鬥又爆發，在新政府支持下的軍隊，試著弭平效忠齊奧塞斯古的軍隊。逃亡中的獨裁者12月23日被捕，兩天後，速審速決，他和妻子被控集體大屠殺而遭處決。

這似乎是梭羅斯介入的好時機。

赫爾辛基觀察組織組成了一個事實調查團，1月1日派赴羅馬尼亞。羅馬尼亞出生的珊卓·布拉隆（Sandra Pralong）加入當嚮導兼翻譯。1974年，布拉隆15歲，到達瑞士，後來到波士頓的杜夫茨大學（Tufts University）弗萊徹外交學院念書，並參與紐約人權觀察組織的活動。即將啟程離開美國的時候，接到喬治·梭羅斯打來的電話。梭羅斯說，他將協助費城的「四

海之內皆兄弟」組織（Brothers' Brother），而這個組織正要送藥品和其他用品到羅馬尼亞。「我樂意為他們支付運送藥品的費用，但不希望送到不對的人手中。」梭羅斯請她設法確保那些藥品不經官方管道，直接送到需要的人手裡。布拉隆保證盡力而為。

梭羅斯接著決定在1月間造訪羅馬尼亞，希望在那裡設立基金會。至於主持基金會的人選，他想到羅馬尼亞著名的異議份子，39歲的艾林・提歐德瑞斯古（Alin Teodoresco），是以前異議份子組成的「社會對話團體」（Group for Social Dialogue）的領導人。1989年12月22日，也就是革命如火如荼展開的那一天，提歐德瑞斯古發現五輛車子載滿秘密警察，停在他家外面。他的電話已被切斷，暫時在家動彈不得，形同軟禁。

提歐德瑞斯古從沒聽過喬治・梭羅斯的大名——也不知道基金會是什麼東西或者想要做什麼事。1990年1月6日他和梭羅斯首次見面，過程不順利，自然不足為奇。梭羅斯沒有先約好，就出現在提歐德瑞斯古的門前。隨行的有他在匈牙利的梭羅斯基金會的個人代表米可洛斯・華薩赫爾利。

提歐德瑞斯古忙著開一個又一個會議時，有位同僚說，「兩個美國人在外面等你，其中一個說他是億萬富翁」，提歐德瑞斯古聽了不為所動。「喔，少來了，去他的」，是他不怎麼禮貌的答覆。革命之後，美國人搭著一輛輛巴士前來，告訴提歐德瑞斯古和其他異議份子，說他們有錢，願意伸出援手。因此他讓梭羅斯等了兩個小時。最後有位秘書闖進提歐德瑞斯古的辦公室，告訴他那兩人還在等候。

「請他們進來。」

走進來的正是那位億萬富翁以及他的助理。

「嗨，我是喬治‧梭羅斯。」

「嗯，」提歐德瑞斯古說，臉上毫無表情。

接著介紹到華薩赫爾利。

華薩赫爾利也是知名異議份子，吃過牢飯，許多東歐人視他如英雄，提歐德瑞斯古聽過他的名字。華薩赫爾利在場，使得提歐德瑞斯古願意給梭羅斯一些時間。億萬富翁並沒有使這位羅馬尼亞異議份子肅然起敬。其他異議份子也一樣。

三個人隔天在布加勒斯特的國際飯店共進早餐。羅馬尼亞人和匈牙利人先閒聊了半個小時。

最後，喬治‧梭羅斯插進話局。

「我是億萬富翁，」他開門見山地說。

「嗯」是提歐德瑞斯古能想到的回答方式。

「我想在羅馬尼亞這裡成立一個基金會。」

「什麼是基金會？」提歐德瑞斯古毫不掩飾地問。

梭羅斯很有耐性地解釋。「你從我這裡拿錢。你有個董事會。你要做廣告，讓別人曉得你有錢，他們就會來這裡向你申請用錢，你再把錢給他們。」

梭羅斯說，他希望提歐德瑞斯古領導這個基金會，並給100萬美元讓他運用。提歐德瑞斯古發覺，把外部基金會的觀念引進國內，是很奇怪也很困難的一件事。一個月後，梭羅斯重回羅馬尼亞，急著想知道為什麼提歐德瑞斯古似乎猶疑不決，不肯接受他給的職位。梭羅斯問：「你是不是需要有人幫忙，創立這個基金會？」

「是的，」那位前異議份子答道，「我需要幫忙，我不曉得怎麼設立基金會。」

梭羅斯說，很好。他心裡正好有個人選，那就是珊卓‧布拉隆。「你必須見見她。她是我見過最富創意的人，但帶點神經質。」

回到紐約後，梭羅斯打電話給珊卓‧布拉隆。

「妳對我的基金會，有什麼看法？」

「什麼基金會？」她丈二金剛摸不著頭腦，根本不曉得他在說些什麼。

「還沒開始運作。妳想不想回羅馬尼亞，把它弄好？」

梭羅斯似乎正在提供她一個工作機會，珊卓‧布拉隆很興奮。最後，他正式請她當基金會的第一位執行主任，她同意了。1990年4月，梭羅斯與提歐德瑞斯古再度碰面，兩人同意由他出任基金會的第一任總裁。

現在最高兩個職位都找到了人，成立基金會的工作可以開

始推動。

1990 年 6 月，基金會開始運作，名稱是「開放社會基金會」。珊卓·布拉隆9月間抵達羅馬尼亞，就任新職。

對提歐德瑞斯古來說，與梭羅斯相處並不容易，因為梭羅斯很沒耐性。他希望把錢花掉，然後再到別的國家，做別的案子。提歐德瑞斯古習於對話。「第一次見他時，他就像個老闆，」提歐德瑞斯古回憶往事說。他用輕蔑的語氣提「老闆」這個字眼，用以表示某個人期望他的員工不用給太多指示，也沒機會問老闆問題，就能自行運作。

但是與時俱逝，提歐德瑞斯古完全懾服在那位投資家底下。他提出了一個關於喬治·梭羅斯的理論：他比其他大多數人坐在更高層次的心靈飛機上。他認為，瞭解梭羅斯的秘訣，在於把他想成是在與自己競爭，而不是和別人競爭。這個觀念，提歐德瑞斯古是從哲學家康德（Immanuel Kant）那裡得到的。

從無到有創立基金會不容易。光是在報紙上刊登廣告為基金會找人，已是史無前例之事，登廣告送出第一筆獎學金也是一樣。羅馬尼亞雖已脫離共產主義，仍顯神秘而多疑。1991 年1 月3 日，第一批60 位領梭羅斯基金會獎學金的學生抵達布加勒斯特火車站，啟程前往愛丁堡大學時，其中一人竟然哭了起來。她表示，看到報紙廣告時，她本來以為那是騙人的。在那之前，只有位高權重的羅馬尼亞人才到過海外，她絕不可能有

這種機會。這就是她哭出來的原因。

連基金會的雇員，也發現在基金會「開放」的氣氛中工作很不習慣。高個子，長得很迷人，30歲的安卡‧哈拉辛（Anca Haracim），1990年10月開始到基金會工作，當計畫協調員，但1993年就接珊卓‧布拉隆的位置，當上執行主任。那一年，她可以動用的預算高達600萬美元。

哈拉辛從小接受的教育，使她相信每個活動都需要一個集權機構做決定。在基金會工作，動搖了那種信念。她臉上經常掛著微笑，目的是掩飾她剛開始時感受到的恐懼。不過到了1994年，她已經能說：「基金會的意識型態已完全灌輸到我腦子裡。我甚至能把所學應用到私人生活上。我負起了更大的責任。現在我進到第二階段。我必須授權。這比負起責任還難。」

梭羅斯無法擺脫匈牙利的過去，至少在羅馬尼亞是如此。羅馬尼亞有2,310萬人口，其中240萬是匈牙利人。在某些羅馬尼亞人眼裡，匈牙利出生的億萬富豪，到羅馬尼亞來提倡資本主義、經濟改革和開放社會，似乎是掛羊頭賣狗肉，目的其實在煽動羅馬尼亞境內的匈牙利人與政府對抗。

基金會成立後不久，對梭羅斯的攻擊便紛至沓來。有些報紙指梭羅斯想要把特蘭西瓦尼亞（Transylvania）「賣」給匈牙利；特蘭西瓦尼亞有180萬匈牙利人。基金會設法公正行事，不偏袒羅馬尼亞的匈牙利居民──或故意歧視他們。這事做起來

不容易。在克魯日市（Cluge），匈牙利居民大量申請補助，基金會別無選擇，只好給他們看起來似乎不成比例的資助。

梭羅斯不理會別人的攻詰。梭羅斯沒給基金會任何指示，職員只好盡可能坦誠面對大眾，以為反擊。在別人發動攻擊之前，基金會從未發表獎助學金得主的名單。攻擊展開之後，就這麼做了。安卡·哈拉辛說：「這是種方法，可以讓別人曉得，我們不只把特蘭西瓦尼亞賣給匈牙利人，也做了很多好事。」

連基金會的名稱——開放社會基金會——也引起外界的疑慮，基金會的職員必須有所隱瞞。畢竟，這個基金會沒有掛梭羅斯的名字，因此布拉隆要求提歐德瑞斯古把它改名為梭羅斯開放社會基金會（Soros Foundation for an Open Society）。梭羅斯的名字掛在基金會上面，可望使人相信該基金會不是秘密工具，運用匈牙利的資金以支持羅馬尼亞境內的匈牙利人。

可是他們仍沒有顯眼的建築。站在布加勒斯特的維多利亞大廣場前，梭羅斯基金會所在的建築物外面，馬上可以發覺，這裡沒有標示，指出梭羅斯開放社會基金會就在裡面。三樓基金會辦公室外的走道上，也沒有標誌。這絕不是無心的疏忽。

同樣的，辦公室牆上找不到喬治·梭羅斯的照片。雖然所有的帳單由他支付，而且這個地方掛著他的名字，卻明顯地欠缺意在歌功頌德的標示。沒人私底下談論他，或者開他的玩笑。但是喬治·梭羅斯一直都在那兒。他無所不在，職員每四五句話，就有一句提到他的名字。開放社會基金會具體而微地展現了梭羅斯包羅廣泛的策略和使命。職員曉得，如果他們想

出一種對那個使命有所幫助的計畫，梭羅斯必將全力以赴。

雖然布加勒斯特基金會的所有工作人員，都沉浸在喬治・梭羅斯的職志中，但似乎沒人擔心他可能一時心血來潮，關閉這個地方。我造訪布加勒斯特前幾個星期，梭羅斯在金融市場下錯賭注，因爲日圓而賠了6億美元。安卡・哈拉辛說，她不關心梭羅斯的虧損，或者他可能關閉這個基金會。那種虧損是喬治・梭羅斯玩遊戲難免發生的事：有些日子贏錢，有時賠錢。

─────────────

1987年，梭羅斯決定在蘇聯開展新的公益慈善活動。他稱蘇聯爲「一等一的封閉社會」。那一年3月，也就是蘇聯官員釋放俄羅斯著名異議份子安德烈・沙卡洛夫（Andrei Sakharov）後三個月，梭羅斯開始和蘇聯官員磋商，允許他在蘇聯有個落腳點。他最大的希望是促進經濟改革。

那一年，他徵詢美國的蘇聯移民的意見。出生於莫斯科的科學家艾雷克斯・葛法伯（Alex Goldfarb），長久以來就是異議人士，首先在梭羅斯的紐約市寓所和他見面。葛法伯和他的朋友有所懷疑。「我們真的抱持負面的看法。我們說，這樣的努力馬上會被國家安全委員會（KGB）的行動給耗蝕掉，而且不管你多聰明，他們會比你更聰明。」梭羅斯不理會他們的悲觀論調。

事實上，他進行得很順利。1990年，他創立了愛沙尼亞開放基金會，也在拉脫維亞和立陶宛設立類似的基金會，提供商

業和管理訓練、給予學者遊學補助、提供獎學金和英語訓練。其中一項是由他的老友赫塔・賽德曼（Herta Seidman）主持的「管理訓練計畫」。她的計畫針對成年工作者——從阿爾巴尼亞到前蘇聯都有——訓練他們學習企業管理技巧。1994年4月，管理訓練計畫剛為35位俄羅斯人上完會計課程。賽德曼說：「隨著這些國家的經濟發展，他們會需要當地的專業人士提供相關服務，而這就是我們想做的。」

1992年12月，梭羅斯宣布規模最大的援助計畫，捐了1億美元資助前蘇聯的科學家和科學研究。1992年9月放空英鎊，剛賺了大錢，梭羅斯說：「我一直在找一個宏偉的計畫，希望能產生更大的衝擊。」這筆捐助款目的在減緩人才外流的速度；在那之前，已有五萬科學家離開前蘇聯各共和國，放棄他們的研究，到利比亞或伊拉克等地找待遇更好的工作。從這事可以看出梭羅斯劍及履及的作風。美國和歐洲共同體還在為如何幫助俄羅斯分崩離析的科學界而不知所措之際，梭羅斯已經放手做了起來。

1987年以後，梭羅斯在東歐各地設立了許多梭羅斯基金會辦公室。每一年，他的支出都激增。1990年，他在東歐更加努力，創立了中歐大學，布拉格和布達佩斯都有校園，400位學生來自22個國家。中歐大學是梭羅斯的夢想，認為最富意義。1994年春，梭羅斯的公益慈善王國擴大到包括26個國家的89個辦公室。前兩年，他已經捐出5億美元，也承諾再捐出5億美元。

有些注意梭羅斯一舉一動的人挖苦說，梭羅斯的公益慈善

活動，唯一的目的是取得更多的資訊，好在投資時賺更多錢。
一位懷疑梭羅斯居心不良的人士指出，梭羅斯在歐洲為他的基
金會主持的會議，都有他投資國家的內閣部長級官員出席。連
提歐德瑞斯古都相信，梭羅斯推廣公益慈善活動帶有雙重使
命，而且梭羅斯透過他的基金會工作而建立的人脈，讓他更瞭
解全球經濟怎麼運作。「在他開始透過基金會花錢之後，做得
更成功，絕非偶然，」提歐德瑞斯古說。

———————————

　　梭羅斯1992年9月放空英鎊一役，使他聲名大噪。新聞媒
體想知道他的投資風格。他無意揭露自己的秘密，因此採用聲
東擊西的戰術：記者跟著他在東歐到處亂轉，可以轉移新聞媒
體的注意焦點。於是他花較少的時間在投資上，用更多的時間
推展援助計畫。

　　一支英國電視台紀錄片小組，似乎樂於把重點放在他的援
助努力上，1992年12月3日播出有關他的報導。在一架飛往布
拉格的飛機上，梭羅斯談到那時他花很少時間做投資。「我大
部分時間（在援助計畫上），可能高達80％到90％。每天我都
和我的辦公室連絡，但其實沒做任何決策。有個小組在做那些
事。……事實上，我發現賺（錢）比花容易。」

　　說著，喬治・梭羅斯綻出大大的笑容。

　　噴射客機在布拉格落地，梭羅斯下了飛機。捷克一支電視
攝影小組馬上捕捉他的鏡頭，記者問到他到底是一個什麼樣的
資本家：「我不覺得自己是個企業家。我投資的企業，是由別

人經營。所以說，我其實是個評論家。你或許可以說，我是全世界待遇最高的評論家。」同樣的，攝影機捕捉到梭羅斯一個很大的微笑。

他在布拉格到處亂逛，巡視他的基金會和中歐大學的校園時，散發出很大的滿足感。「我已取得自己需要的所有錢財，因此打算增加公益慈善活動。我有個念頭，就是撥出比方說是2億5,000萬美元，盡快花掉。」

2億5,000萬美元？

很少人像喬治‧梭羅斯那樣，毫不在乎就給那麼多錢。

電視紀錄片的下一幕，轉到中歐大學學年開始的情形。梭羅斯站在瓦茨拉夫‧哈維爾（Vaclav Havel）身邊，前面的麥克風對他來說高了些，看起來就像掛在他鼻子上。他的右手插在口袋裡，用左手比手畫腳。哈維爾本來是異議份子，後來當上總統。

「起先我答應每年給500萬美元，前後五年，總共2,500萬美元給這所大學。我們目前的支出水準早已超過這個數字。」

學生們懂得夠多的英文，曉得這是鼓掌的好時機。

梭羅斯做得很好，試著避免自己因為援助計畫而成為崇拜的偶像。沒錯，他希望被人讚美和尊敬，但不堅持名字和照片必須擺在他出資的每個組織中的顯眼位置。利用各個基金會來傳播他的理念，他也似乎沒有特別感興趣。1994年春，我拜訪東歐各地的梭羅斯基金會時，幾乎難得找到梭羅斯寫的書。連

設在布達佩斯，號稱圖書典藏豐富的中歐大學，圖書館裡也找不到他的書。這所學校叫做中歐大學，不叫梭羅斯大學。有一次他說：「我不想死後名字還爲人所悼念。我想做的是影響正在發生的事。」

───────────

大善人梭羅斯遠比賺錢高手梭羅斯快樂。他的生活似乎有了全新的目標。要是東歐和前蘇聯地區有很多人認爲他是聖人或耶誕老公公，那很好。而當批評者罵他，他會斷然揮之而去，就好像他們是在身邊嗡嗡作響的無害蒼蠅。他是帶有使命的人，想要有所建樹，腳踏實地的做事，快樂無比。他的基金會發揮了功效，梭羅斯很高興地說：「比起賺很多錢，讓我更有真正的滿足感。」

1993年底，梭羅斯得到的滿足很明顯。《老千的撲克牌戲》（Liar's Poker）作者麥可‧劉易士（Michael Lewis），隨著他周遊東歐各地兩個星期，說：「我在他的噴射飛機後面，想不通怎麼說明……他在德國和中國大陸間複雜得十分古怪的活動網時，他會坐在前面的座位上旋轉，說：『你就寫下前蘇聯帝國現在叫做梭羅斯帝國就可以了。』接著轉過去，自個兒發笑。」

由於梭羅斯的帝國延伸很廣，而且在那麼多地方那麼活躍，他似乎覺得應該同時置身於每一個地方。他沒辦法照原定的行程做事。一個念頭可能襲上心頭，而在最後一刻改變計畫，使那些爲他安排好原定行程的人急得跳腳。1992年底，他本來預定從阿爾巴尼亞的地拉那（Tirane）飛往維也納，但上

了飛機，突然改變計畫，告訴駕駛員：「到倫敦去。」

駕駛員苦笑，想起他已經花了兩個小時安排到維也納的行程。

「梭羅斯先生，」駕駛員說，「你是我們見過最富挑戰性的顧客。」梭羅斯笑了出來。

梭羅斯從某個計畫趕往另一個計畫，似乎急著彌補失落的時光。正經的事，不管多重要，沒能捕捉他的注意力，把它當大事看待。他希望有所衝擊，而且是立即產生衝擊。「他老是想開始著手新的計畫，」米可洛斯·華薩赫爾利解釋道，「要是某樣東西已在進行，而且發揮了功效，他不會太感興趣。他的決定不一定是最好的選擇，但他有能力自我矯正，因爲他見到某樣事情不好，自己會承認。」

在匈牙利爲梭羅斯的援助計畫服務的提波·華莫斯（Tibor Vamos）說，梭羅斯進行援助活動時，常有一時衝動的舉措，「那個小腦袋瓜子就好像證券交易所。……他可以在一句話之間，馬上改變主意。那真的可以說是像證券交易所般的思慮。上午9時30分，你買進某些紡織類股，15分鐘後，賣掉每一樣東西，然後買進很不同的股票。因此，在我們談論長程影響和沒那麼明顯易見的工作時，他總是有點不耐煩」。

1994年春，梭羅斯的援助努力，在西方國家得到很多好評。如《新聞週刊》所說的，他的「一人馬歇爾計畫」，普遍得到很好的成績。可是梭羅斯瞭解，要做的事情很多，東歐和前蘇聯地區還不能被視爲真正開放的社會。

雖然梭羅斯和他的基金會工作人員經常公開宣稱，希望西方政府和非政府機構最後能共襄盛舉，與梭羅斯基金會的努力相輔相成，事實上梭羅斯對別人能不能達成他已有的成就，不太有信心。他很少想過政府的援助，相信那是「指揮型經濟的最後例子，因為援助的目的是為了施方受益，不是讓受方得利」。他告訴史特拉斯堡一位歐洲理事會官員：「你真的沒辦法做什麼事。你們沒有足夠的力量去改變東歐。」

梭羅斯當隻孤狼，有他的優勢，因為他能自己做決策，不需要把想法呈給別人去批准。哈佛大學經濟學家傑佛瑞・謝克斯，是波蘭和俄羅斯政府的經濟改革顧問，他說：「喬治・梭羅斯……運作得很有彈性。這些危機例子牽涉的金額不大，所以一點小錢就有很大的幫助，比方說，替某人出機票錢，讓他到別的地方走一走。世界銀行可能花兩年時間才能推動某些事情。喬治一夜之間就能送出機票。」

有鑑於梭羅斯在東歐和前蘇聯各共和國間大灑銀子，「新共和」（The New Rpublic）稱他為「整個前蘇聯帝國，最有力量的單一外來勢力」。《商業週刊》的封面故事說他是「萊茵河到烏拉山間最有影響力的單一公民」。

但是儘管有這麼多美譽，1990 年代初，梭羅斯似乎為他的援助努力進展緩慢而感沮喪。他起先以為只要劃根火柴，就可以引爆革命。「我覺得，比起原先準備要做的，我被吸得更深了些，因為那到最後，很耗金錢和心神。」

第十五章
渴望揭露自我

　　喬治・梭羅斯在事業生涯的早期，認為盛名是拖累自己的最糟事情。盛名在外雖表示別人有所認可，但新聞媒體的電話鈴聲將不斷，也不再能享受私密之樂。盛名被認為是投資生涯致命的重擊。

　　難怪選擇在華爾街上工作的人，總是沒沒無聞。

　　紐約《葛朗特利率觀察家》（Grant's Interest Rate Observer）的主編詹姆士・葛朗特（James Grant）說，梭羅斯躲在陰影中並不孤單；華爾街大部分人都和他在一起。一般人的看法是：「財富和蘑茹一樣，在陰暗的環境中長得最好。華爾街人有些時候不喜歡在《紐約時報》的商業版解釋他們如何賺錢。他們不希望全世界知道他們擁有多少錢，因為他們曉得，政治風向不斷在變，政府官員會既羨且妒，而且可能被叫去國會出席公聽會」。

　　早些年，要避開新聞媒體很簡單。在新聞記者眼裡，企業故事和企業人物不具吸引力。他們可能是華爾街上的大亨、公司董事會裡權力鬥爭的高手，但是新聞媒體認為他們不要臉、索然無味、不富爭議性、讀者沒興趣。到了1984年，富於爭議性的汽車業高階主管艾科卡（Lee Iacocca）的自傳出版，廣大

讀者有機會一窺他的事業生涯，企業人物似乎第一次引起人們的興趣。艾科卡的著作發表之後，新聞媒體決定花更多力氣探索美國的企業和其領導人。

1970年代和1980年代，梭羅斯對拋頭露面似乎不感興趣。新聞媒體大致上不理會他。《華爾街日報》偶爾會刊登一篇報導，總結他的事業生涯，例如1975年頭版一篇讚譽有加的文章。但即使給他機會成為公眾人物，他似乎卻步不前。1970年代末和1980年代初，《巴隆》（Barron's）請他參與一連串的預測小組，預測股價走勢。除少數場合，梭羅斯都很自制，不給太多的資訊。

在梭羅斯朋友眼裡，這位投資家所以沉默，不是他願意如此，而是華爾街造成的。有些人說，投資圈內嫉羨他驚人的操作紀錄，故意「共謀」避而不提他的大名；他們很少和記者談到他，因此梭羅斯的朋友說，商業新聞媒體幾乎不知道有梭羅斯這號人物。這件事有個缺點，也就是當梭羅斯真的獲得新聞媒體的注意時，新聞媒體幾乎千篇一律帶著同情的眼光。如果那些日子裡，大家刻意共謀保持沉默，那也不是只針對喬治‧梭羅斯一人，對華爾街上大部分名人都如此。

雖然有關喬治‧梭羅斯的文章以前曾出現過，1981年6月他上了《機構投資人》雜誌的封面，才吸引大眾普遍注意。

《機構投資人》雜誌用誇大的言詞和冗長的用語，給了梭羅斯「全球最傑出的基金經理人」的封號。這可不是小小的讚美，而且這句話十分動人，因而長留人們心中。雜誌把梭羅斯攤開在大家眼前，卻也提醒讀者，梭羅斯還是個謎般人物。

「雖然個人和事業上都十分成功……梭羅斯仍是個神秘人物，可說是投資圈內的霍華‧休斯（Howard Hughes）。除了偶爾——而且乏善可陳——在巴隆的年度預測小組中露臉外，華爾街上或整個金融圈，幾乎沒人很瞭解這位獨來獨往的基金經理人。不過，很少人沒聽過他的操作紀錄。

「……給他的操作紀錄更添一分神秘色彩的，是沒人相當肯定梭羅斯在哪裡有所動作，或者做某個投資多長的時間。身為海外基金經理人，他不需要向證券管理委員會（SEC）登記。他避開華爾街的專業人士。業內真的親自認識他的人，承認他們不覺得與這個人特別親近。如果說是為名，大家普遍同意，他不為名也能做得很快樂。」

《機構投資人》的報導無疑是正面的，但是接下來發生的事，絕對令梭羅斯產生疑問，不曉得吸引媒體的注意是好事還是壞事。文章發表後幾個月內，梭羅斯度過了事業生涯中唯一賠錢的一年。1982年聘用詹姆士‧馬凱斯（James Marquez）之前，兩人談過話，梭羅斯十分坦白地指出，整件事「成為事實」之後，他覺得十分難受。

「在喬治心裡，這事（媒體報導後，金融操作有所挫敗）幾乎具有因果關係，」馬凱斯說，「喬治曉得，相信自己的新聞剪報有其風險，而且會使人耽於逸樂，坐在一旁觀看而不參與。他認為已透過媒體，和他人分享……他所知道的以及投資之道，同時看到這事對他產生的影響。不只如此。在這個過程中，他失去了若干長期的投資人和朋友。因此他進入了行事作為極其秘密的階段。」

1983和1984年當梭羅斯的左右手時，馬凱斯首當其衝，體驗到這種「秘密階段」。

那段期間內，商業新聞記者常打電話到量子基金，想要知道它正在做什麼，或者梭羅斯和馬凱斯認為某些新聞會對華爾街產生什麼樣的衝擊。馬凱斯加入公司時，梭羅斯講得很清楚，他不和新聞媒體打交道。「最近一次我對外公開發表意見，」馬凱斯說，「是1983年1月1日我來喬治・梭羅斯這裡工作的那一天。」

馬凱斯平易近人，顯然喜歡與記者聊天，雖然梭羅斯有令在先，還是接了記者打來的電話。對馬凱斯來說，搶在投資大眾之前曉得某些大家關心的問題，是很重要的事，不過他也對新聞記者講得很明白，他的談話只能做為背景資料報導。「我向記者說：『我會把知道的事，或者認為自己知道的事告訴你，但絕不能說是我說的。』」他和量子基金都不可以被引述。這就是他的原則。

梭羅斯可能察覺到馬凱斯和記者講話，但是從沒要求馬凱斯透露是誰講的。有些時候，馬凱斯十分肯定梭羅斯曉得他就是某篇報導的資訊來源。「他總是有辦法讓我曉得，某件事情其實是我隱藏在後面──他會說：『嘖嘖，這篇報導看起來簡直就像你寫的。』某一天，我告訴他某事，接下來那件事就會出現在報紙上。」

1984年，艾倫・拉法葉（Allan Raphael）加入梭羅斯的工作行列時，被告知絕不要和新聞媒體講話。他很聽話。「外面

的人都知道我們是神秘的梭羅斯基金，而依我之見，這麼做是對的。通常我們都會建立相當大的倉位，最不想看到的，就是有人曉得你正在做什麼。」

為什麼？

「因為別人會搶在前頭。如果你經營的基金在全球各地操作，而且別人想知道你到底在做些什麼，你一定不希望他們輕易得知內情，因為如果你想買進某樣東西，而其他每個人都發現了這事，他們會搶在你前面去買；這一來，你會被搞得陣腳大亂。」

同時，梭羅斯的客戶都在美國以外的地方，也「非常神秘」，拉法葉表示，「他們真的不希望名字見報。」

1980 年代初和1980 年代中，梭羅斯的新聞媒體應對政策是避之大吉。他沒有發言人；不發新聞稿。拉法葉說：「我們希望靜悄悄地來，靜悄悄地走。」

1987 年有個很重要的例外。那時《財星》雜誌要做「股價是不是太高」的封面故事，訪問了梭羅斯。梭羅斯預測美國股市不會回挫，但日本股市會下跌。過後沒多久，華爾街崩跌。

「這就像出現在《運動畫刊》的封面，」拉法葉說，「大家看好你們那一隊會贏得世界盃，結果馬上落敗。我們打趣說，每次上封面，一定倒大楣。」

　　爲了達成其他一些目標，特別是促成東歐和其他地方走向
開放式社會，梭羅斯不可能完全保持神秘。他希望受人尊敬，
希望那些冷嘲熱諷的人，能夠認眞看待他，認爲他會動腦筋思
考。他曉得，成爲公眾人物，而且代表公眾講話，對他在東歐
的公益慈善活動有幫助。

　　情況看起來好像是他在和自己拔河。一邊和投資有關，往
秘密作業的方向拉；另一邊則和公益慈善活動有關，往公開露
面的方向拉。兩者間的緊張關係，可以從他自己講的話看出
來。他指出：「這中間有個點，超過這個點，自我洩露內心世
界將造成傷害，而我個性中有個缺點，到目前還想不透何以如
此，那就是渴望揭露自己。」

　　對射理論把他丟進投資世界的最高層次，而現在──1987
年──他準備讓大眾更加認識他。他曾運用他最有力量的資
源，他的心靈，創造出無以倫比的成果，現在則滿懷信心，認
爲時機已到，應在理想中的世界爲自己取得一席之地。過去，
這個地方曾拒絕他，現在又如何？

　　很久以來，他就想出一本書，對人類的知識貢獻一己之
力，但是他曉得，先決條件是必須把自己的理念向大眾講得更
清楚些。「它們不能被人理解，」他曾經說過，「因爲我很不
擅長於解釋它們，而且它們很複雜。」

　　雖然出一本書，談他的哲學，仍是可望不可及的夢想，但
是他大可寫一本書，說明他的金融理論。不過他猶疑不前，不
敢一頭栽進；他擔心把自己的金融理論攤開在大眾眼前，看起

來會像是在自吹自擂。而如果書出版後，在金融操作上有更多的挫敗，又如何自處？那時候，一般大眾會怎麼說？別人對他的金融理論會有什麼樣的想法？

他還是決定一頭栽進。

出版時書名叫做《金融煉金術》（The Alchemy of Finance）的手稿，基本上已經有了，只要付梓就可以。早在1969年，他便曾把書裡的幾個章節拿給同事看。有些人仔細看了，但沒說什麼。有些人說，像看天書一樣，很難理解。幾乎沒人提出具體的建議。他們曉得，梭羅斯要人讚美他的文筆，不是批評。

馬凱斯看過這本書的早期版本──其實是裝訂成冊，手寫的鬆散筆記。「他讓我看很多筆記，塗鴉得很厲害，塗鴉得很厲害。對很多人來說，那是入睡的最好寶典」。紐約《葛朗特利率觀察家》的主編詹姆士・葛朗特，是華爾街上觀察力很敏銳的一個人，認為《金融煉金術》根本沒什麼：「我試著去看（那本書），看完之後兩手空空，毫無所得，或者，我想，應說是腦袋瓜空空如也。我看不出它有什麼特別的真知灼見。」

艾倫・拉法葉也看過早期的一些章節。「這本書是給研究所學生看的，不是給一般人看的。我們必須看他寫的每一個章節的每一份草稿。坦白說，它沒有那麼有趣。從讀者的觀點來講，它談的不是如何在十天內賺得巨富，也不是他的所做所為的日記本。他跳躍、反覆地談一些事情。他沒請人編輯這本書，我想這是不對的。」賽門蘇斯特（Simon & Schuster）想找個專業編輯校閱整本書，這本來是標準的出版作業程序，但

拉法葉說，梭羅斯拒絕這麼做。

若說這本書的原稿沒人編輯過，那也不完全真實。梭羅斯的老友，以及摩根史坦利公司的美國投資策略師拜爾倫‧伍恩（Byron Wien），曾很認真做過一些編輯工作。「他會寫下一些草稿，我則提供改寫的建議，我也相當嚴格地做編輯工作……有人表示，那還是很難看得懂，我對他們說：『你應該看看它原來的樣子。』」

梭羅斯本來要把這本書叫做《榮枯盛衰》（Boom and Bust）。但拜爾倫‧伍恩說不要取這個名字。「那是陳腔濫調，有辱這本書所要談的事。」

———————

梭羅斯很關心不要讓讀者誤解這本書的目的。他不想湊熱鬧，再出一本教人怎麼在華爾街上致富的指導手冊。讀者或許可以在每一頁找到投資秘訣，但他不想幫助別人賺錢。寫這本書，只有一個目的：向讀者解釋，他的金融理論其實是更廣泛，有關整個世界如何運作的一般性理論中的一部分。他在書中寫道，他是運用自己「在金融市場的經驗，發展一種方法，去研究一般的歷史過程，特別是眼前的歷史時刻」。

為了引人正視，取得大眾對他的理念產生興趣，梭羅斯必須讓人瞭解他。闡釋自己的理論時，必須讓別人毫無困難地理解。他也必須清楚明白地表達，他是怎麼運用自己的理論去做投資決策。

如果能做到這些，就能打開一扇心靈之窗，讓人直視，而

他長久以來渴望的尊重可能隨之而來。不做這些事，只會使人丈二金剛摸不著頭腦，無可避免地嚇走大部分或全部急切等待獲得啓蒙的人。不過這本書雖然獲得重視，特別是書評家相當關注，在金融圈卻沒贏得很多人尊敬。

理由很簡單。

梭羅斯沒有向這些人說清楚，他的金融理論到底在講些什麼。他含混其詞地帶過顯然自己也不明白的事。有時間去研讀的人發現，這本書沉重得難以閱讀。

———————

梭羅斯真的相信，即使驚人的金融操作長才愈來愈爲大眾所知，他還是可以躲在陰影中。他真的相信，《金融煉金術》的出版，有助於支撐他的美名令譽，但又不致於使他過度成爲大眾注意的焦點。

他即將發現這樣的想法是錯的。

《金融煉金術》1987 年出版時，梭羅斯期盼金融圈內和圈外的人，會拿他當知識分子般尊重，而這本來就是他該得的。他沒想到，新聞媒體對書內的觀念冷淡以對。梭羅斯發現別人對他的理論不感興趣，對他的投資倉位比較感興趣時，衝擊很大。

賽門蘇斯特和他談到促銷這本書時，他認爲自己正要踏上一段旅程，和新聞媒體共同探討書中的理念，而不是被問一些整個事業生涯一直想避答的問題。

「你必須走出去，並出版這本書，」出版公司一位高階職員告訴他。

「嗯，我想是如此，」梭羅斯勉強答道，「我應該怎麼做？」

喔，負責公關事務的人解釋說，你必須接受《財星》雜誌、《紐約時報》及其他新聞媒體訪問。我們會為你安排這些事。

梭羅斯安慰自己，新聞媒體訪問時，重點會擺在他的書上。他想得太天真了，一些同事設法矯正他的想法：不，他們不會想談你的書。他們想知道的是你最近買了什麼。這是他們會問的問題，也是他們想知道的。

某個星期五下午，梭羅斯坐下來和他的基金經理人開會，突然間宣布，他得趕火車到華盛頓去。

「我要上《華爾街週》節目，」他似乎帶點驕傲地說，「他們要討論我的書。」

艾倫·拉法葉是參加那次會議的經理人之一，曉得梭羅斯從來不看電視。他想幫點忙。

「你知道這個節目談些什麼嗎？」

「是的，他們想討論我的書，」梭羅斯看起來那麼堅定，但拉法葉仍不放過。

「喬治，他們不想討論你的書，他們要知道的是你正在買

些什麼、你看好的股票是什麼。他們會問很多問題，而這些問題你不會想回答。」

「不會的，」梭羅斯說，這次語氣比較沒那麼堅定。「他們會討論我的書。」

那個晚上梭羅斯上了節目。一點也沒錯，開了兩分鐘的玩笑，問題來了：

「你看好哪些股票？」

梭羅斯還是有準備的。

「我不想告訴你。」

他真的沒說出來。

雖然如此，這次遭遇仍是他初試啼聲，首次進入公眾生活中。對於這事，他不是完全滿意。

另一件叫他驚訝的事等在後頭。

杜納・卡茨（Donald Katz）想為《風尚》（Esquire）訪問梭羅斯。但是梭羅斯很難被說動。作者似乎想盡了辦法，最後終於知道梭羅斯寫了一本書。後來他說這本書「深奧難懂，但有時叫人讚不絕口」。卡茨寫了一封長信給這位投資人，請求他接受訪問。他用幽默的口吻向梭羅斯說，怎能拒絕一位宣稱看過你的書的讀者？幾天後，梭羅斯同意給卡茨十分鐘。顯然他不很相信卡茨看過《金融煉金術》。

卡茨到達梭羅斯基金的辦公室後，先到等候室，裡面擺滿了書，像是《法規條例的計量風險評估》和《社會主義政治經濟學：馬克思的觀點》。他也看到了一本中文書和有關某位畫家的著作。接著梭羅斯來了，穿著漂亮的灰色西裝，看起來很高興。他請卡茨到他那寬敞的辦公室。

梭羅斯劈頭就問，語氣中帶有嘲諷或懷疑。

「哪，你說你真的看過我的書？」

卡茨說有，但發現梭羅斯有所懷疑。

「看得懂嗎？」

不管卡茨怎麼回答──他沒透露到底說了什麼──總之，說服了梭羅斯相信值得和這位作者深入一談。梭羅斯重提上華盛頓脫口秀節目之前的期望，說他只關心哲學，不談怎麼賺錢。

「我真正的興趣是分析，」他向卡茨說明，「那是我關心的理論。我在市場上操作成功，不過給了我一個講台，引起人們正視我這個人。我沒興趣取得新客戶。」

接著一個大大的微笑綻現在梭羅斯臉上。「而我當然不指望靠這本書致富。」

第十六章
大　崩　盤

　　1980 年代中期難以置信的多頭市場，投資人應接不暇，賺得數十億美元的利潤。但是沒人做得比梭羅斯好。

　　1986 年，量子基金成長42.1％——成爲15 億美元，更添梭羅斯的光彩。他本人從這個基金得到的收入是2 億美元。

　　1985 和1986 年，他爲自己和那個外國投資人小群體累聚到驚人的25 億美元。

　　道瓊30 種工業股價指數節節上升，從1982 年8 月的776.92點，漲到1987 年8 月的2,722.42 點高價。根據梭羅斯的對射理論，市場將漲得更高。投資人的狂熱會使它更上一層樓。

　　可是在梭羅斯內心深處，曉得如果他的對射理論正確，榮枯相生循環的枯面遲早將來。那只是時間早晚的問題。但不見得馬上發生。

　　在此同時，9月28日梭羅斯上了《財星》雜誌的封面，宣稱整個情況看起來再好不過了，但日本除外。

　　梭羅斯接受封面故事的訪問時指出：「股價漲了又漲，偏離了基本的價值量數，但不表示一定會重跌。市場價值過高，

不表示無法維繫長久。如果你想知道美國的股票價格高估多少，那不妨看看日本。」他在「華爾街週」電視節目重申這個觀點。

即使考慮日本會計實務的奇特之處，1987年10月日本股票的本益比是48.5倍，英國則是17.3倍，美國是19.7倍。梭羅斯認為，從這些數字可以看出東京呈現凶兆。他曉得東京地價激漲，過多的資金追逐過少的的資產。而且他相信高本益比和低股利必然難以持久。

他也知道許多日本企業，特別是銀行和保險公司，已大量投資其他日本公司的股票。其中一些公司甚至發行債券，取得資金挹注他們在股票市場的活動。隨著東京股市激升，這些公司在股市的參與程度，使得他們的身價與日俱增──但事情出錯而導致大崩盤的威脅，也一直若隱若現。梭羅斯心裡懷著對射理論，察覺到投資人的狂熱如火如荼，可能脹破日本股票的價值。由於日本市場占全球所有股票價值的36％，其衝激將在每個地方都感受得到。梭羅斯對日本股市的悲觀情緒愈來愈濃。「東京市場沒有不歸路。關於它的價值，投資人的看法已延伸得過遠，循序漸進地回檔似乎不可能。崩盤可能迫在眉睫。」

但是他認為，如果日本市場崩跌，美國市場不會受太大的影響。美國股票的價值距日本的荒謬水準還有一大段距離。雖然梭羅斯見到華爾街也出現了一些與日本股價激漲相同的情形，但不是很擔心美國市場。因此，那年秋天，他把數十億美元的投資從東京轉到華爾街。他樂觀地說：「美國市場只在最

近才迷失了自我，還能以溫和、有秩序的方式回檔。」

　　不是每個人都同意他的看法。10月中旬，五年來一直看漲後市，講話有很多投資人聽的市場預測專家羅伯・普瑞克特（Robert S. Prechter），改變了看法，警告客戶應該退出市場。梭羅斯和其他投資人一樣，都對普瑞克特的說法大吃一驚。10月14日，梭羅斯在倫敦的《金融時報》上寫了一篇文章，再次預測日本市場將崩盤。

　　接下來是10月19日戲劇性的一週。

　　那時的《金融時報》駐紐約辦事處主任安納托爾・卡雷茨基（Anatole Kaletsky）常找梭羅斯談話。10月19日，他打電話給這位投資家，想要知道市場到底發生了什麼事。

　　「以他所建倉位的規模來說，他表現得十分泰然自若。他講得十分清楚明白，從歷史、哲學的觀點侃侃而談。我們談到那個星期發生的事和1929年的往事間有何雷同。我不曾有過一刻懷疑他瀕臨險境。我記得他是以非常輕鬆自在的口吻講話，『嗯，從技術面看，今天發生的事和1929年如出一轍。』他的意思是說，金融市場終於盛極而衰，而他期待這樣一天已有一段時間了。」

　　可是當時紐約股市是暴跌，那個星期一的跌點是508.32，創歷史最高紀錄。梭羅斯本來預期日本股市會跌得更慘。相反的，隔天，也就是星期二，東京股市呈現堅穩局面。華爾街股市崩盤，結束了長達五年的多頭市場。

10月22日星期四，股市反彈300點，但接下來又轉為下跌。許多人被迫追繳保證金。在外國證券交易所上市的美國股票，開盤時價格劇跌。梭羅斯決定大量賣出他的多頭倉。

《巴隆》（Barron's）的一篇文章說明了當時發生的事：「其他的交易場營業員聽到海鯨受困的聲音，躊躇不前，但還是圍著獵物不放。出價從230掉到220、215、205、200。接下來，交易場營業員發動攻擊。梭羅斯拋出的大量從195漲回到210。忽下忽上的過程十分可怕。期貨價格比現貨價格低約50點，或低於史坦普500種股價指數合約現貨價格20％的原因，是梭羅斯的大量拋售造成的，和電腦程式交易無關。5,000口合約低這麼多，折合金額是2.5億美元。期貨基金經理人回補了這些，許多營業廳自營交易員也因為價格立即彈升而賺到數百萬美元。」

梭羅斯拋出的大量一消失，很諷刺的是史坦普股價指數期貨馬上回升，以244.50收盤。梭羅斯一天之內賠了2億美元。

後來才知道，梭羅斯是華爾街崩盤最大的輸家之一。

他承認判斷錯誤。「我本來預期重跌的會是股票，但事後回想，顯然是從債券市場開始，特別是日本債券市場，那裡的殖利率今年稍早幾個星期內上升了二倍多。」因此，1987年春美國債券市場急轉直下。梭羅斯沒有看出華爾街即將出現的跌勢，仍預期美國股票市場會相當穩健。

電視台的經濟事務評論員亞當·史密斯（Adam Smith）不解：何以梭羅斯預見崩盤將來臨，卻仍身陷其中。

梭羅斯坦白答道：「我犯了很大的錯誤，因為我預期崩盤會出現在日本，也為了這事做好準備，同時相信這會給我機會，好為我國的跌勢做準備，卻沒想到實際上發生在華爾街，而非日本。所以說，我錯了。」

1987年股市崩盤後沒多久，報紙上的文章普遍猜測梭羅斯賠掉6.5億美元到8億美元之間。

比方說，《紐約時報》1987年10月28日報導，量子基金的每股資產淨值從1969年的41.25美元上升到股市崩盤前一天的9,793.36美元。《紐約時報》寫道：「這可能是量子第二個賠錢年。……由於市場跌勢從8月開始，量子基金的淨值已下跌30％以上，從逾26億美元減為不到18億美元。單是上個星期，梭羅斯就賣掉價值數億美元的股票。」

佛洛依德·諾里斯（Floyd Norris）在《巴隆》1987年11月2日的「交易人」（The Trader）專欄撰文說，由於股市崩盤，量子的資產淨值少掉32％，從第三季末（那一年到第三季止上升了60％）的26億美元減為18億美元。《巴隆》說：「不到兩個星期，梭羅斯賠了約8.4億美元。」梭羅斯接受《巴隆》簡短的電話訪問時承認，他有一些操作上的損失，但他的基金那一年仍上漲2.5％。

1987年的崩盤期間，梭羅斯到底賠了多少，這個問題此後一直糾纏著他。根據艾倫‧拉法葉的話，梭羅斯試著說服新聞媒體相信，他所賠遠低於外傳的8億美元。

「那是很不幸的事，」拉法葉指出，「別人總是喜歡從你的不幸中尋找樂趣。紐約時報請我們接受訪問。

「關於基金的價格，現在的資訊遠多於以往，但是1987年時，外界能取得的基金價格資訊是……金融時報『其他海外投資信託』欄底下的……報價。

「但那不是基金的資產淨值。如果你想買基金，就必須依資產淨值加碼。……資產淨值反映了基金的資產價值，不是你在金融時報看到的價格，而人們不懂得這一點。這就是他們算出8億美元的原因。

「人們說，進入10月時，每股有20,000美元，那個月結束時每股只有16,000美元，那麼每股一定賠掉4,000美元。……但是我們認為，他們的算法是把加碼的部分算在內。我們的虧損在3.5億美元到4億美元間。每個人都認為實際上應該在6.5億美元到8億美元間。那太離譜了。蓋里‧葛雷斯坦（Gary Gladstein）代替喬治發言，向紐約時報解釋何謂加碼，但他們基本上早已有了定論。梭羅斯因此感到不悅。

「『那不是真的，』他說，『他們怎能這麼刊登？他們是怎麼做的？』

「我告訴他：『喬治，不用去和那些一桶桶買油墨的人計

較。算了吧。』

「但他的心情真的很壞。在那之後，他覺得和新聞媒體講話很沒意思。」

事實上，股市崩盤使梭羅斯1987年的整個利潤化為烏有。崩盤後一個星期，量子的資產淨值下跌26.2％，成為每股10,432.75美元。這比美國股市17％的跌幅還大。也有報導說，10月8日以後，量子的資產淨值少了31.9％，這表示梭羅斯自己的錢賠掉1億美元。

《時代》雜誌的記者問到他對這次挫敗的反應，他只能說：「我覺得有趣。」他顯然曉得事情可能更糟，而且糟很多：「我還在笑。」

雖然10月的崩盤是梭羅斯最慘烈的挫敗之一——1981年債券賠得一塌糊塗，還沒賠那麼多——面對這樣的打擊，他仍泰然自若。「他在崩盤期間十分鎮定，」一位投資人朋友說。「他認賠了結的態度，比我見過的任何人都好。他可能認為市場沒照它應有的方式演出，也就是照他的預測去走。但一犯下錯誤，他有所瞭解之後，便放開步子前行，不再留連。」

對梭羅斯來說，枯面還沒結束。他認為另一次重大的金融市場崩跌可能發生。接下來他很冷峻地指出，許多投資人會發現，在市場中進出是多複雜的一件事。「許多人乘風而行，」

他說，「但是正如1960年和1970年的跌勢，毀掉1950年代和1960年代建立的財富，災難將來，他們將面臨考驗。」

梭羅斯在1988年初寫的一篇文章中，指出1987年的崩盤和1929年的股市暴跌有很多神似之處。

「對射的關聯性不是每次在所有的市場都以相等的力量運作。但是各類型態往往有相似的地方。比方說，1987年和1929年兩次崩盤間的雷同，真叫人感到不可思議。美元總有漲過頭或跌過頭的傾向，也同樣值得注意。

―――――――――――――――

「對射的關聯性不是每次在所有的市場都以相等的力量運作。」

―――――――――――――――

「在外匯市場，國際資本流動的相對重要性間的關聯，具有相互強化的作用，而國際資本流動慢慢變得更會隨勢而行，並導致匯率波動過劇。……

「但在股票市場，隨勢而行的傾向日益明顯，卻為大部分人所忽視。……當某個人被拿來和市場平均指數比較而作評斷時，他便很難獨立於市場趨勢之外。……

「最後，對追逐趨勢工具的倚賴，高於市場能夠容納它們的程度。市場開始下跌時，便會繼續加速下跌，直到混亂瓦解為止，而且一些本該能夠自動執行的程式變得無法執行。……

「有關市場流動性或欠缺流動性的討論，大部分都弄錯了方向；要緊的是買者和賣者間的均勢。追逐趨勢的投機行為（如指數連動、績效量數、技術分析）以及追逐趨勢的工具（如投資組合保險和發行選擇權）破壞了均勢。金融市場需要一種流動性量數，好在不必負擔過高的交易成本的情況下，執行買進和賣出委託單；但是超過了某一點，流動性，或者有關它的錯誤想法，可能有害，因為它鼓勵了追逐趨勢的行為。」

令人難以相信，1987年底，量子基金仍漲了14.1％，成為18億美元。

的確，這次崩盤，幾乎沒有動搖梭羅斯在華爾街的地位。

《金融世界》（Financial World）發表華爾街最高收入人物年度調查報告時，梭羅斯排名第二，僅次於第一的保羅・都德・鍾斯二世（Paul Tudor Jones II）。都德・鍾斯估計收入在8,000萬到1億美元間。梭羅斯1987年的收入雖然碰上股市崩盤，仍有7,500萬美元。難怪他能坦然接受崩盤造成的損失！

「對追逐趨勢工具的倚賴，高於市場能夠容納它們的程度。」

第十七章
當豬得有勇氣

　　梭羅斯的全副心神都放在東歐和前蘇聯，愈來愈不想操心量子基金的日常作業。他是有本錢分心。1980年代中期起，基金的資產淨值超過10億美元。梭羅斯走在成為美國巨富的路上。他希望把大部分時間用在促進歐洲綻現更多開放社會，盡量少煩心賺錢的事。

　　1988年秋，梭羅斯決定找個人，不只主持基金的日常經營，終有一天也接下整個業務，也就是說，這個人能在廣泛的投資選擇中做出決策。找出這樣一個人，並把他放在掌舵的位置上，是喬治·梭羅斯這輩子必須做的重大決定之一。

　　他選的這個人叫做史坦利·朱肯米勒（Stanley Druckenmiller）。

　　老家在費城的朱肯米勒和梭羅斯一樣，事業生涯的早期幾乎都沒新聞媒體注意。他是個投資奇才，但很少人知道和他有關的事情。他在英國取得學士學位，在緬因州的鮑登學院（Bowdoin College）獲得經濟學的優等成績。他繼續到密西根大學的研究所攻讀經濟學，但發現課程太偏向計量和理論——無聊透頂。那裡似乎太不重視實際的世界。

　　朱肯米勒1977年開始出社會做事，在匹茲堡國民銀行當股票分析師，年薪1萬800美元。沒多久，升爲股票研究部門主管，薪水增加到2萬3,000美元。此後不到一年，再升爲事業部主管，年薪4萬8,000美元。兩年後，也就是1980年，只有28歲，他離開那家銀行，創立自己的基金管理公司。自行創業的念頭，起於他接到一家證券公司高階主管的電話，答應每個月給他1萬美元，所做的事很簡單：只要和他談談有關投資的事就可以。朱肯米勒把他的基金叫做杜肯資本管理（Duquesne Capital Management）。

　　六年後，1986年，朱肯米勒被德瑞弗斯（Dreyfus）請去當基金經理，但可以繼續管理他的杜肯基金。他在德瑞弗斯管理股票、債券和貨幣的投資事務，進出市場既做多也放空。朱肯米勒的才華得到很高的評價。德瑞弗斯因此特地爲他開發幾種基金，由他負責。最受歡迎的一種成立於1987年3月，叫做策略積極投資基金（Strategic Aggressive Investing Fund）。接下來17個月，它是業內表現最好的基金。

　　朱肯米勒經營策略基金成功，傳到喬治・梭羅斯耳中，開始注意這件事。據梭羅斯表示，朱肯米勒看了《金融煉金術》」，覺得很有意思，於是找他一談。梭羅斯剛好在找最優秀的人才，而朱肯米勒似乎是不二人選。雖然朱肯米勒一直想回去專職管理自己的基金，梭羅斯卻是他的偶像：「就執行我所用的操作哲學來說，他似乎領先我約20年。」他講的哲學，是指做多一組精選的股票和放空一組精選的股票，然後運用信用槓桿操作史坦普500種股價指數期貨、債券和貨幣。

　　梭羅斯請朱肯米勒見了幾次面。

　　他內心掙扎不下，應該回到杜肯？或者抓住機會，替這位大師效力？

　　朱肯米勒聽過有關梭羅斯的所有故事，比方說，喬治常不分青紅皂白便開革下屬，以及量子基金的週轉率很高。他和投資圈內的朋友提到，正考慮到量子基金去做事，他們都勸他不要接那份工作。

　　相關的傳言沒有對他造成太大的困擾。可能發生什麼樣的事情？在他心中，最糟的狀況是他做上一年，再被梭羅斯開除。至少這一年內，他能得到寶貴的教育訓練，如果真的不得已而回到杜肯，這一年對他有利無弊。

　　梭羅斯決心找來朱肯米勒，採取了全場緊迫盯人的戰術。早在正式請他上班之前，梭羅斯便稱他為「我的接班人」。朱肯米勒聽了這話十分窩心，震顫不已。「我到梭羅斯家中面談時，他兒子告訴我，我是他第十個『接班人』。其他人都沒做太久。……隔天我到梭羅斯的辦公室時，職員都稱我為『接班人』。他們也覺得這事很好玩。」

　　1988 年 9 月，梭羅斯給了他工作，朱肯米勒接受了。接替梭羅斯的人已經找到。現在朱肯米勒要做的事，是展現能力，證明他勝任這項工作。

　　前六個月──一如朱肯米勒所擔心的──真的很苦。兩人可能有類似的操作哲學，但是執行這些哲學的策略不同。朱肯

米勒想要能夠獨立運作，不喜歡喬治站在上頭盯著他瞧，或者放馬後砲，事後批評他的每個行動。梭羅斯這方面，則不想一開始就給朱肯米勒很多的自由。朱肯米勒必須自己想辦法取得那樣的自由，接著梭羅斯才會視情況把掌控大權交給他。

這位新人不想和老闆起衝突。因此當梭羅斯建議做某件事時，朱肯米勒總是照做。毫無疑問的，朱肯米勒懾服於導師之下；他常稱這個人是當代最偉大的投資家。

但是委屈求全，終於叫朱肯米勒受不了。任何事情只要從梭羅斯嘴中講出來，只有白癡才會和他硬碰硬，可是他又不希望只當個辦事員。朱肯米勒終於告訴梭羅斯：「廚房裡不能有兩位廚師；這樣是行不通的。」梭羅斯嚷著將有所改變，但是變得不多。有一陣子，朱肯米勒採取逆來順受的態度。

1989 年 8 月，朱肯米勒加入量子基金約一年，兩人第一次公開吵了起來。

朱肯米勒本來自行建立一個債券倉位，梭羅斯沒徵詢他的意見，就把那些債券賣掉。這是梭羅斯第一次背著朱肯米勒做事。

朱肯米勒十分光火，兩人都火了，相互對罵。最後，梭羅斯冷靜下來，保證他會保持距離。

梭羅斯承認，他和朱肯米勒剛開始時走過了一些不和的光陰。「起初他覺得和我做事很困難。雖然我給了他很大的權限，卻因我的存在而束手縛腳，而且覺得他不會做得像加入我的公司之前一樣好。」

　　梭羅斯會不會按新的約定行事？朱肯米勒很懷疑。前一年，梭羅斯沒能保持低調，爲什麼現在要給一片新葉子？

　　但是幾個月後——1989年底——朱肯米勒鬆了一口氣。

　　隨著天鵝絨革命展開，東歐情勢起了戲劇性的變化。共產政權開始垮台。那一年11月，柏林圍牆崩塌。梭羅斯每天注意那裡的發展。「喬治遠在東歐，」朱肯米勒高興地說，「就算想插手，也做不到。」梭羅斯是這麼說的：「1989年夏，我告訴史坦利，他必須負起全責，經營基金。這之後，我們之間就沒衝突。我成了教練，他則成了參加比賽的選手。我們的績效有所改善。……」

　　新來的獨立自主權，對朱肯米勒是一大福音。梭羅斯出門在外，他爲量子基金做了第一筆大買賣。他相信柏林圍牆崩塌之後，德國馬克會升值。雖然梭羅斯不在視線之內，但他的影子還是存在朱肯米勒心中。這位年輕的基金經理回想起《金融煉金術》一書的內容，特別是梭羅斯有關貨幣的理論。其中一部分理論說，如果在財政政策擴張的同時，赤字大增，而貨幣政策則趨向緊縮，一國的貨幣會升值。這時下賭在德國馬克上，似乎是好時機。

　　事實上，梭羅斯的理論看起來似乎大膽違抗現實狀況。柏林圍牆崩塌後前兩天，馬克跟著倒下去。人們相信赤字會增加，進而傷害德國的貨幣。不過朱肯米勒遵照大師的教誨，接下來幾天內建立了20億美元的馬克倉位，並獲得豐厚的利潤。

　　他也相信日經225種股價指數漲得太高；日本銀行（中央

銀行）正在緊縮貨幣政策。朱肯米勒見到災禍前兆，1989年底放空日本股票——同樣的，為量子基金賺了大錢。

———————————

1980年代末，美國的借貸環境幫了梭羅斯和朱肯米勒等投資大戶很大的忙。

1989年底起，短期利率低於長期利率而變得有利可圖。紐約《葛朗特利率觀察家》（Grant's Interest Rate Observer）的主編詹姆士・葛朗特（James Grant）解釋道：「之所以有利可圖，是因為比方說你能用3.5％的利率借到錢，拿去買殖利率高達5.5％的公債。兩個百分點的差距看起來不起眼，但如在你操作的整個期間內，一直存在這樣的差距，則可賺得龐大的金額。」

理論上，「看起來不起眼的兩個百分點」，任何人都能利用。不過避險基金有辦法竭盡全力，善用這個機會。葛朗特指出：「避險基金拿得出好看的資產負債表，能夠要求銀行給予信用額度。你我都沒辦法像這些傢伙那樣進去，借得10億美元出來。……」

葛朗特又說：「過去幾年來，不一樣的地方……在於個人合作事業組織能夠而且一直在借錢。如果你一開始就有10億美元的資本，就能借很多錢，並且留下很大的足印。……喔，如果你是用10億美元或50億美元做那樣的事，你所要做的事，是早上現身就可以！……整個金融環境是為投機行為量身訂做的，特別是為大手筆的投機行為。」

1991年初，史坦利‧朱肯米勒在美國和日本市場建立30億美元的空頭倉；他也在美國和全球債券市場建立很大的空頭倉。那一年頭兩個星期，由於美國威脅對伊拉克動武，情況看起似乎是：一旦戰火爆發，市場便會重挫。

朱肯米勒不同意這種說法，量子基金的史坦普500種股價指數期貨倉位由空轉多。他還是保持很大的股票空頭倉，特別是放空銀行和不動產類股。戰爭真的爆發時，量子基金已經全部做多。結果證明朱肯米勒猜對了；雖然進入1991年1月時有那麼多的錯誤倉位：全球各地30億美元的股票空頭倉，30億美元放空美元做多馬克的空頭倉，以及很大的日本和美國債券空頭倉。因此，1991年1月底時，量子基金賺了錢。

那一年量子基金賺了53.4％，總資產達31億5,725萬9,730美元。基金發言人講的話被人引述，說：「我們有很幸運的一年；從來沒這麼幸運。我們在股票、外匯和債券上，都賺了不少錢──像這樣，在每個地方都大賺，並不常見。」那一年稍早，也就是波斯灣戰後，他們一直看好後市。稍後，梭羅斯旗下的基金經理人變得看壞後市，拋出數十億美元的短中期公債。

1991年朱肯米勒最大和最成功的操作，是下賭120億美元在歐洲、日本和美國債券以及貨幣上。8月和9月間，跡象顯示經濟轉弱，債券價格因此上漲時，量子基金賺了數億美元。在生化科技類股上，量子也做得很好，並且在墨西哥電話和其他股

票上賺了2億美元。朱肯米勒爲老闆做得那麼好，使得梭羅斯成爲1991年收入最多的美國人，賺進1億1,700萬美元。

朱肯米勒也因爲做得夠好，從梭羅斯那裡得到最高的讚美。梭羅斯稱朱肯米勒爲他的「第二自我」。

技術上說，朱肯米勒是12位常務董事中的一個，但事實上，整個作業都由他主控。而所謂的主控，成果是：朱肯米勒接掌量子基金後，基金的資產淨值平均每年成長40％，比梭羅斯1969年到1988年每年成長30％還高。1989年，也就是朱肯米勒領導下第一個完整的一年，量子基金成長了31.6％；1990年29.6％；1991年53.4％；1992年68.6％；1993年72％。

朱肯米勒很少接受訪問，但曾對外表示，他那突出的紀錄得歸功於喬治‧梭羅斯。他遵照梭羅斯的哲學，設法取得長期的高投資報酬，而這一招奏效了。

朱肯米勒指出，梭羅斯曾說過，要取得長期的高投資報酬，必須「想辦法保本，並擊出全壘打。賺得不錯的利潤時，你可以遠比平常激進。許多經理人一旦賺了30％到40％，那一年就會縮手落袋爲安（也就是，那一年剩餘的日子裡，操作得非常保守，以免危及已經實現的厚利）。要真正獲得十分傑出的長期投資報酬，就得十分賣力地經營，直到賺得30％到40％，接下來如果你有信心，就以當年獲得100％的投資報酬率爲目標。能有幾年得到接近100％的投資報酬率，並且避免某些年頭發生虧損，就能獲得十分出色的長期投資報酬率」。

「想辦法『保本，並擊出全壘打』，取得優異的長期投資報酬。」

朱肯米勒指出，梭羅斯教給他最重要的教訓，是「做對或做錯並不重要，對的時候賺多少，以及錯的時候賠多少，才重要。梭羅斯很少批評我，如有批評，是我對市場的看法真的很對，卻沒有充分掌握機會」。

他在量子基金開始做事沒多久就學到了這一點。他一直看淡美元後市，所以相對於德國馬克建立了很大的空頭倉。這個倉位開始賺錢，他對自己的作爲相當得意。一天，梭羅斯闖進他的辦公室，和他討論這筆交易。

「你做了多大的倉位？」他問。

「10億美元，」朱肯米勒答。

「你把它叫做倉位？」梭羅斯說。這個問題成了華爾街的一句名言。

梭羅斯建議朱肯米勒把倉位加倍。朱肯米勒照做了，而且，正如梭羅斯所料，量子基金滾進的利潤更多。

「梭羅斯教我，」朱肯米勒指出，「如果你對某筆交易懷有很大的信心，就得直撲咽喉。當一隻豬，得有勇氣。以很高的信用槓桿抱著利潤前行，也需要勇氣。在梭羅斯眼裡，如果你對某件事情的看法正確，抱再多也不嫌多。」

————————————

「做對或做錯並不重要，對的時候賺多少，以及錯的時候賠多少，才重要。」

————————————

有股很大的力量影響喬治・梭羅斯的生活——他常提到這一點——那就是他的妻子蘇珊。他在公開場合和私底下，都曾說過：「她做得很成功，令我相信自己仍是凡人。」

有一陣子，梭羅斯想住到倫敦去，因為比較接近東歐和前蘇聯地區，而這些地方是1980年代和1990年代初他最感興趣的。蘇珊為孩子著想，希望住在紐約。大部分時候，她的看法占上風，但梭羅斯還是有很多時間出差旅行。

————————————

「當一隻豬，得有勇氣。如果你對某件事情的看法正確，抱再多也不嫌多。」

————————————

和梭羅斯有關的一些很負面的公開報導，是他引起的。1991年發生一件極富爭議性的事，在於蘇珊不滿梭羅斯的英國僕役長和廚師。某家報紙報導，這兩個人一年各領7萬英鎊，而且是夫妻。

那時的報紙報導說，梭羅斯不在時，蘇珊認為妮奇・戴維森（Nicki Davison）的英國式烹飪做得不夠好。於是她用飛機

接來美國主廚米瑞恩‧桑契斯（Miriam Sanchez）。根據《紐約郵報》的報導，「受過高度訓練的僕役長派崔克‧戴維森（Patrick Davison）看到桑契斯『噴灑』一瓶840美元的Chateau Lafite到她做的燉菜裡，而他本來建議她用Chardonnay或『較新』的Beaujolais，於是脾氣像火上加油一樣燒了起來。英國的《每日郵報》引述戴維森在法庭上的證詞說：「我認為那太荒謬了。」

　　《每日郵報》報導，一天，桑契斯和戴維森又為該用哪種湯匙吃蛋乳酥吵了起來。蘇珊開除了戴維森和廚師。夫婦兩人告到某英國法庭。蘇珊出庭時說，她喜歡桑契斯的手藝，戴維森做的菜「燒煮得太過火」。戴維森辯稱，蘇珊和他間的爭執，其實是蘇珊耍的手法，目的是要喬治多花點時間在紐約，少在倫敦。

　　戴維森說：「梭羅斯太太比梭羅斯先生年輕25歲，我擔心她予取予求。她趁他不在時開除我，在那之後，我試著打電話給他，但他根本不和我談。」同樣根據報紙報導，英國法庭1991年5月諭令梭羅斯夫婦給付戴維森約4萬美元；這是法律容許的賠償上限。

　　梭羅斯的一位親近好友，也就是英國記者安納托爾‧卡雷茨基（Anatole Kaletsky）告訴我，他似乎很難相信竟有Chateau Lafite這樣的風波，而且因為英國新聞媒體報導這件事而感困窘。「事實真相根本不是那樣子。……他們所稱梭羅斯住的這棟豪邸，有關它的描述，和他實際住的房子不一樣。他妻子堅持使用Chateau Lafite做燉煮食物，根本不像真有其事。

我曾多次在他們倫敦的房子裡吃過晚飯。很難想像他們會派某個人去買最昂貴的酒，注入燉菜裡。那不是他們的生活風格。……喬治和他妻子蘇珊兩人都告訴我，有關那次事情的大部分詳情，報導得都不合事實。」

不管Chateau Lafite的風波是真是假，這件事一直困擾梭羅斯夫婦以後的日子。有一陣子，凡是談到他的文章，作者都會提起僕役長、酒和燉菜的故事，讓讀者瞭解喬治・梭羅斯是怎樣的人。

兩年後，也就是1993年，蘇珊・梭羅斯創立了自己的研究所，叫做巴德裝璜藝術研究中心（Bard Graduate Center for Studies in the Decorative Arts）。這個研究中心設在紐約的西86街，是巴德學院的一部分，推出兩年的碩士課程，研究裝璜物體、家具和織物。丈夫資助她660萬美元。

量子基金成長得十分迅速，梭羅斯和朱肯米勒終於覺得，有必要分出幾個較小的基金。因此1991和1992年，梭羅斯的業務爆炸性成長。和量子基金一樣，梭羅斯1991年創立的準星基金（Quasar Fund）的投資對象，從貨幣到商品，無所不包。準星由15位外部經理人經營，但是梭羅斯管理這個基金的貨幣操作部分。

1992年，量子新興成長基金（Quantum Emerging Growth Fund）和配額基金（Quota Funds）創立。前者著重在亞洲和拉丁美洲的新興股票市場；但它可以投資美國和歐洲，而且除

了投資股票，也投資貨幣和債券。配額基金則以「基金中的基金」著稱，由十位外部經理人處理投資事宜。整個加起來，1993年初，他們的基金持有的投資組合超過500億美元。朱肯米勒直接控制量子基金，並督導其他的基金。

第十八章
馴服「蛇」

　　喬治‧梭羅斯最出名的一擊──一舉成名，成了聞名全球的投資人──發生在 1992 年 9 月。

　　當時他大手筆下賭英鎊會下跌。這麼做的時候，他等於向全英國兩個最不可動搖的機制挑戰。

　　其中之一是不可一世的英鎊本身。200 年來，英鎊是全球主要的貨幣，盯住黃金，一如英國海軍，是英國國力的象徵，十分強勢。但是後來，一次世界大戰造成的傷害加上 1929 年的股市崩盤，損傷了英鎊的威信。英國讓它浮動，也不採金本位。英鎊匯價每日波動。

　　梭羅斯攻擊的另一個老機制，是英格蘭銀行。多年來，這家中央銀行代表的是繁榮和力量，有如英國財力的直布羅陀巨岩。沒有什麼東西可以動搖它堅實的地位；它是英國最堅強的中流砥柱，可以消弭金融市場的騷亂。

　　喬治‧梭羅斯將試探這些機制的力量，而從來沒人敢想這麼做。他將做的事，從來沒人試過。他一直準備要做件大事。

採取行動之前，必須有幾個要件湊合在一起。

歐洲匯率穩定機能（ERM）成立於1979年，是創立歐洲單一貨幣這個更廣泛的計畫中的第一個機制。單一貨幣可以穩定歐洲的企業，也可以削弱交易員和投機客的力量；這些人的存在，可能讓政府的銀行主管官員覺得日子難過——特別是有些政府的行事作為好像不是貨幣聯盟中的一份子時。

有了ERM，西歐國家便可以連結在一起，它們的貨幣不是盯住黃金或美元，而是彼此盯住。每一種貨幣都在一定的區間（band）中交易。如有任何貨幣漲到區間的上限或跌到區間的下限，有關國家的中央銀行便有義務在上檔賣出，或在下檔買進，把匯價拉回區間內。在這些區間內，會員國的貨幣可以相對於其他會員國的貨幣波動，中心匯率則以德國馬克為基準。

1992年2月7日各國簽署了馬斯翠條約（Maastricht Treaty），歐洲更緊密統合的希望增濃。歐洲共同體（European Community）12個會員國簽署這個條約，目的是為區域性的貨幣和經濟體系做準備，逐步走向全面性的統合。各國計劃2000年前創立單一的中央銀行和單一的貨幣，同時也希望促進歐洲走向政治統合。

多麼雄偉的希望——後來也發現多麼不切實際。

隱含在他們的希望中的想法，是歐洲各國將齊一行動，節制本國的利益以求統合後整體的利益。

問題是：有人忘了告訴歐洲人，他們應該齊心協力。

他們的努力要成功，非常需要各國彼此協調經濟政策。但是不管他們簽了多少文件，發表了多少崇高的演說，西歐的政治家就是沒辦法去做統一的西歐要求他們做的事。

1992 年秋，喬治‧梭羅斯終將拿出數十億美元賭英鎊下跌的錢，只是沖刷全球金融市場海岸的洶湧錢潮中的一小部分。隨著科技的進步和管制解除，外匯市場每天有 1 兆美元的交易值，是 1986 年水準的三倍多。美國勞工的退休基金有 1,500 億美元投資海外，是 1983 年的 20 倍。各式各樣的機構，從日本的保險公司到美國的共同基金，都在全球各地尋找投資標的。

———————

1987 年以後，歐洲的貨幣都「定錨」於德國馬克。比方說，英鎊一直盯住約 2.95 馬克，這使得加入 ERM 的代價相當高昂。1992 年，情況變得愈來愈明顯，許多歐洲貨幣——不只英鎊，義大利里拉也是——相對於法國法郎和德國馬克等較強勢貨幣，匯價顯著偏高。由於英國經濟衰退，以及似乎沒理由相信英國有能力讓英鎊盯在那麼高的馬克價位上，投機客開始嗅到血腥味。他們開始相信英國會被迫退出 ERM。

喬治‧梭羅斯賭參加 ERM 的國家無法採取齊一的立場；一般人稱 ERM 為「蛇」（snake）。梭羅斯曉得，歐洲國家逐退投機客的唯一方法，是所有國家的利率維持在相同的水準上。要是各國的利率有差距，像梭羅斯這樣的投機客就蠢蠢欲動——攻擊弱勢貨幣。1992 年夏，開始出現這樣的事。

梭羅斯等這件事，已經等了一段時間。

「喬治的才華，」梭羅斯基金管理公司的行政長蓋里・葛雷斯坦（Gary Gladstein）指出，「是早在其他任何人之前便看出整個趨勢。幾乎從柏林圍牆崩塌的那一刻起，梭羅斯就曉得將要發生什麼事。由於他想的事那麼廣，所以看出德國統一所花的錢將遠高於（德國總理）柯爾的預測以及任何人的預測。他依據自己對總體經濟現實狀況的瞭解，相信我們將準備迎接一場風暴。他不需要看一眼機器；他的腦子裡已有一幅圖像。」

「喬治的才華，是早在其他任何人之前便看出整個趨勢。」

歐洲的麻煩愈來愈大。馬斯翠條約簽署未滿一年，許多歐洲國家已經貌合神離。

英國正在苦思如何提振經濟之際，梭羅斯和其他投機客愈來愈有信心，相信英國沒辦法保持那麼高的利率；經濟那麼困難，利率不能那麼高。唯一可行的解決方法，似乎是降低英國的利率──但這一來，英鎊匯價勢必走軟。這會迫使英國退出ERM，而英國一直堅持絕不這麼做。在此同時，倫敦金融圈看得愈來愈清楚，也就是梭羅斯之流的投機客正在賭英鎊會下跌，而且早在幾個月前便開始建立可觀的倉位。

誰會是對的？英國首相梅傑（John Major）或全世界最偉

大的投資家梭羅斯？

隨著1992年無情的行進，英國政府的處境愈來愈彆扭。英國政府希望德國降低利率，但曉得那事不可能發生。

英國政府想要立即提振經濟，但政策必須轉向，而這一來，政府可能動搖，甚至垮台。

梅傑必須做個決定。他決定咬緊牙根度過難關：英國將堅守政策，維持英鎊在ERM中的匯價。每一句話的起承轉折處，他都加強語氣。財政大臣拉蒙特（Norman Lamont）也是一樣。

但是首相幾乎不計任何代價護衛英鎊的政策，承受的壓力愈來愈大。就在首相對國會議員講話時，英鎊跌到2.85馬克以下。

1992年7月初

六位知名貨幣專家寫信給倫敦的《泰晤士報》，敦促英國退出ERM。他們指出，這麼做，政府就可以降低利率，協助英國度過經濟不振。

不過政府猶疑不決，不想降低利率。利率一降，英鎊就會變弱，而弱勢貨幣禁不起投機客和貨幣避險操作者群起圍攻。如果德國降低利率，英國或許會跟著降低利率。但是十分獨立自主的德國聯邦銀行，拒絕在這種情況下降低利率。

1992年7月底

批評之聲更刺耳。愈來愈多倫敦的金融專家質疑政府的匯率政策，以及梅傑和拉蒙特在面對英國日益嚴重的經濟衰退時，是不是有骨氣堅持既定的政策。

英國的企業領袖要求重新調整ERM中英鎊的中心匯率為2.60馬克左右。他們也要求降低利率至少三個百分點。他們的籲求似乎無一聽進政府耳裡。

1992年整個夏天和秋初，財政大臣拉蒙特都排除英鎊貶值的可能性。他稱這樣的行動為「假黃金」（譯註：似金色的礦物）。

1992年8月中旬

為防有人沒聽進耳裡，拉蒙特再啟金口：「我們不想貶值英鎊。」關於外界對他的批評，他宣稱：「如果像某些人建議的那樣，我們脫離ERM而出，並且降低利率，事情會變得更糟。英鎊會重挫，通貨膨脹率會急升。」

英國不會退出ERM。他在某報撰文道：「我決心不毀壞已有的進展。」

1992年8月26日上午8時26分

整個情況看起來，拉蒙特似乎無法堅定他的立場。僅僅幾分鐘前，財政部一位員工才忙著擦亮門口的銅製名牌，好在電

視攝影機前閃閃發亮。接著拉蒙特出現在財政部外面，站在電視攝影機前。他緊握拳頭，露出很大的微笑，好像試著掩飾肚子絞痛的痛苦。

擠在那邊的記者除了聽他講的話，還研究他的身體語言，藉以查出實情真相。身體語言洩漏了內心的不安。拉蒙特不斷點頭，而且常在他提到一個特別敏感的字眼時點頭。他呼吸急促，胸口起伏十分明顯。他講話講得很快，而且是太快了，表示他急著盡快結束這次露面。他明白表示，不希望有人打斷他的話。穿著深色西裝的拉蒙特，想要傳達安撫和政府足資信賴之意。但似乎沒人被騙。

他排除英鎊貶值的可能，希望藉此穩住金融市場，並且避免提高利率。他再次斬釘截鐵地說，英國不會離開ERM。財政大臣非常堅定地表示，他「希望十分清楚地傳達政府的立場。不會有貶值，不會離開ERM。我們絕對投入ERM，那是我們的政策──它是我們的政策核心」。

他又講了最近幾天唐寧街常聽到的話：「我們會做任何必要的事。」言下之意是說，假使有必要，政府可能祭出提高利率的手段，而且毫無歉意。對於記者所問的問題，他置之不理，離開時只丟下一句話：「我們正在採取行動。」

拉蒙特發表公開聲明時，英格蘭銀行也積極進場買進英鎊，金額約3億英鎊。央行的行動意在說服大眾相信拉蒙特發出的訊息──並且設法嚇阻投機客，不要把英鎊摜壓到2.7780德國馬克的區間下限之下。

那一天結束時，英鎊以2.7946馬克收盤。但是這些行動——拉蒙特強硬的談話、央行積極護盤——沒有一個比得上財政大臣昭然若揭的身體語言。「這個人心裡十分不安，」語音和方言指導員凱薩琳・查爾頓（Catherine Charlton）說。替《每日郵報》分析拉蒙特談話錄影帶的專家有幾位，她是其中之一。依查爾頓之見，拉蒙特的眨眼次數洩漏了他的秘密。她指出，大部分人一分鐘眨眼六到八次，但拉蒙特在45秒內眨了64次！她作結道：「一般情況下，如果你說的是實話，或者講得十分真誠，眼睛會保持靜止和平靜。」

身體語言、眨眼次數、急著談話和離開，所有這些都指向一件事。投機客開始察覺英國政府的立場正在軟化。

1992年8月28日

拉蒙特發表另一份聲明，這次是在歐洲共同體財長會議之後講話。

猜猜看，講了什麼？

他宣布ERM的匯率不會重新調整。

這話空洞得很。

1992年8月底

喬治・梭羅斯看到危機迫在眉睫的先兆。他和德國聯邦銀行總裁史勒辛格（Helmut Schlesinger）談過，發覺德國無意拯

救歐洲其他國家。

梭羅斯從史勒辛格那裡獲悉，德國不會做有損本國經濟的任何事情。史勒辛格不願對英國和其他國家伸出援手，梅傑和拉蒙特維繫英國留在ERM中的可能性更低了。

梭羅斯看到製造災難的要素都有了，開始相信有可能做一筆大買賣。「這真的很像我們為考試準備了六個月，」梭羅斯底下一位不願透露姓名的發言人說，「現在終於上場應試。」

1992年9月初

和ERM及歐洲各國中央銀行做對的人很多，喬治·梭羅斯不孤單。共同基金和跨國公司一向是很活躍的貨幣避險操作者，開始賣出弱勢歐洲貨幣。

投資銀行業的外匯交易員馬上發現他們為客戶處理的交易量增加了。很明顯的，歐洲各國中央銀行正承受龐大的壓力。這些央行將必須花費很大的資金去支撐本國貨幣。英格蘭銀行愈來愈不可能有能力長期保衛英鎊。

英國還是不為所動。

拉蒙特試圖為四面楚歌的英鎊爭取苟延殘喘的時間。

1992年9月3日

拉蒙特宣布政府計劃向一些國際銀行借75億英鎊的外幣。前所未見的這項行動旨在提振英鎊。倫敦金融圈內洋溢著樂觀

氣氛，暫時喘了一口氣，因為拉蒙特好像變出了戲法。

或許他有可能保持英鎊的強勢，繼續留在ERM內，而且避免英鎊貶值。

1992年9月10日

拉蒙特再度排除英鎊貶值的可能性。同一天，梅傑在格拉斯哥對蘇格蘭英國工業總會演講時，用了強硬的語氣。他的手指戳進半空，指出「軟弱的選擇、貶值論者的選擇、助長通貨膨脹的選擇──依我的判斷，那是在此刻背叛我們的未來。我可以十分明白地告訴你們，那不是政府的政策」。

聽眾報以熱烈的掌聲。

梭羅斯也聽了梅傑和拉蒙特講的話，但對他們的話沒信心。

「那不能給人很大的信心，」他在危機過後說，「因為現實狀況更為急迫。」

在梭羅斯眼裡，所謂「現實狀況」，是英國在經濟遲滯不前之際，硬是被逼得維持貨幣匯價居高不下。（一位電視台記者後來問梭羅斯，為什麼他不相信拉蒙特講的話。梭羅斯先是綻出很大的微笑，接著笑了出來：「我能說的，以前也說過，那不能給我很大的信心。」）

梭羅斯一直在注意情勢的發展，等候正確的時機。他察覺定時炸彈正滴嗒作響，但不曉得炸彈何時爆炸。

　　「我個人不認為歐洲匯率穩定機能將崩潰，」他說，「只是見到主管當局間的緊張關係。接下來可以很明顯地看出，它們之間的緊張和不和相當嚴重。德國聯邦銀行總裁史勒辛格接受一次特別訪問，發表在《華爾街日報》上，等於吹響尖音小號，很清楚地告訴每個人，遠離英鎊為妙。」史勒辛格表示，關於義大利貶值里拉以交換德國降低利率的協定，遠不足以化解歐洲外匯市場的危機。而且他暗指，外匯市場的騷亂可以經由貨幣貶值來避免。這篇訪問紀錄等於邀請投機客拋售英鎊。

　　對史坦利‧朱肯米勒來說，聽從史勒辛格的「尖音小號」，賭英鎊會跌絕對沒錯。「必須做決定的，不是要不要建立倉位，而是建多大的倉位。起初我想的是30億或40億美元。但是喬治的直覺本能、第六感或者不管什麼東西，也就是使他成為那麼偉大的投資家的東西，進來了。對他來說，問題不在你對或錯，而是在你曉得自己對時，務必盡全力投入。實際上，他——我們——將下更大的賭注，但時間愈來愈少了。」

　　朱肯米勒建立放空英鎊的倉位，功勞很大，但梭羅斯一如以往，提供了十分有把握的信心，鼓勵朱肯米勒下很大的賭注。「我告訴他要直撲咽喉，」梭羅斯說，「這就像在桶內射魚。只要桶子還在，不停地去射就是。」

　　市場爆炸時，梭羅斯早就等在那邊，等著賺取利潤。

　　他玩的遊戲很複雜。之所以複雜，在於他相信ERM分崩離析已不可避免，而這樣的事發生時，接下來還有後續好戲可看。第一，歐洲各國貨幣間的匯率將重新大幅調整。第二，歐

洲利率會大幅下降。第三，歐洲股市會下跌。

　　因此他決定放空弱勢歐洲貨幣，同時也下賭在利率和證券市場。在一次大膽的行動中，梭羅斯和他的同事放空英鎊的金額高達70億美元左右——並且買了價值60億美元的德國馬克。他們也買法國法郎，只是金額沒那麼大。

　　在此同時，梭羅斯買了5億美元的英國股票，理由是一國的股票價格往往在貨幣貶值之後上升。在另一項行動中，梭羅斯做多德國和法國債券，並放空德國和法國股票。梭羅斯的想法是，德國馬克匯價上揚會傷害股票，但對債券有幫助，因為利率會下跌。梭羅斯的信用很好，能夠只拿10億美元當抵押，維持所有的倉位。他借了30億美元，建立起100億美元的倉位。

　　下這類賭注的人很多，梭羅斯並不孤單。全球各地的外匯操作員都賭英鎊匯價保不住。

　　但是人在紐約的梭羅斯下的賭注最大。梭羅斯指出：「我們有70億美元的股票，而整個倉位在100億美元之譜，是我們全部資本的一倍半。」他利用量子基金的資產，借了50億英鎊。然後按ERM的1英鎊兌2.79馬克匯率，把英鎊換成馬克。現在他有了很多德國馬克。

　　接下來梭羅斯靜候情勢發展。

第十九章
「單向的賭注」

1992年9月15日星期二上午

梅傑本來預定訪問西班牙，但取消了，好專心處理歐洲匯率穩定機能（ERM）的危機。

英格蘭銀行還是很有信心，相信它能夠擊退喬治·梭羅斯等投機客。但是交易員在中午前不久注意到里拉已經下跌。他們開始拋售更多英鎊，買進德國馬克。

星期二下午

英鎊重跌到2.80馬克。下午稍後，傳稱英格蘭銀行已經買進約30億英鎊。英鎊匯價不為所動。

週二晚上

倫敦匯市英鎊收盤價只比ERM的底限2.7780馬克高0.002馬克，是英國加入ERM後的最低價。英國政府愈來愈擔心，除非採取某些激烈的行動，英鎊將必須貶值，而這是1967年以來首次。

一國的貨幣受到攻擊時，財政官員有幾項因應措施可以選擇。其中之一是在外匯市場大量干預，買進本國貨幣。如果這

麼做不能奏效，下一道防線是提高利率，因爲理論上高利率可以吸引資金回流成你的貨幣，而使它的匯價穩定下來。

但是英國政府不願提高利———這肯定會使經濟雪上加霜。

英鎊有如葡萄酒藏在地窖裡，投機客則像殺人蜂一樣擁進，財政大臣搞得焦頭爛額，束手無策。他正和美國大使共進晚餐，但每隔十分鐘便暫停用餐，設法和德國聯邦銀行官員搭上線。

他想請對方幫個大忙。

求求你們降低利率。

要是拉蒙特果能求得德國官員首肯，就能化解若干壓力，而且未來幾天，英國可能（只是可能而已）會度過難關，金融體系不致大亂。但是德國聯邦銀行不肯讓步。

用餐完畢，英格蘭銀行高階官員匆忙趕赴財政部會見拉蒙特，顯見危機已來。一張大橡木桌，上面兩盞燈火通亮的吊燈，大家圍坐在一起，部署隔天的策略。他們計劃明天一開始就由英格蘭銀行大量公開干預。當天稍後，如有必要，則提高利率的手段派上用場。

投機客察覺英國財政部正和德國中央銀行吵得不可開交，預期英國會先屈服，政府最有可能採取的行動——不管對較長遠的經濟造成怎麼樣的災難——是提高利率。於是大家往這個方向下賭。

星期二晚上8時

財政部的會議散會。官員離開陰沉的會場時，心中最大的憂慮是他們已經決定要做的事是不是足夠。但是事件的發展十分快速，快到他們的計畫來不及因應。英國官員不曉得五個小時前，德國聯邦銀行總裁史勒辛格（Helmut Schlesinger）已經接受訪問，發表了頗有爭議性的談話。史勒辛格後來指出，他並沒有答應發表他的談話。但生米已成熟飯。交易員群起圍攻英鎊、義大利里拉和其他弱勢貨幣，拋售它們，買進馬克。

拉蒙特聽了史勒辛格的談話，很爲震驚。他公開淡化這件事的衝擊，但傷害已造成。

星期二晚上和星期三上午

紐約聯邦準備銀行和日本銀行（中央銀行）最後一刻伸出援手，出面支撐英鎊。

星期二晚上10時30分

下午5時30分，紐約，喬治‧梭羅斯坐在曼哈頓中區一棟俯瞰中央公園的摩天大樓33樓辦公室。

他的信心愈來愈強，相信英國必須把英鎊撤離ERM。「這是再明顯不過的賭注了，是一種單向的賭注。」他後來說，「最糟的情況下，就算我必須用借錢時相同的匯率償還借來的錢，最多只會損失約4％。所以這裡面的風險真的很低。」

他已見到山雨欲來風滿樓，感覺到那是不可避免的事，而現在事情全發生了，他心裡沒有一絲疑惑，相信自己必然大賺一筆。後來，在第五街的寓所裡，梭羅斯享受了廚師做的一頓簡單晚餐。餐後，上床休息。雖然剛下了100億美元的豪賭——可能是有史以來最大的一筆賭注——還是要去睡個好覺。

他是那麼有自信。

星期三晚上7時30分

倫敦細針街（Threadneedle Street），八位外匯交易員聚集在英格蘭銀行副總裁喬治（Edie George）的辦公室。他負責央行的市場操作業務。他們盯著電腦螢幕，開始買進英鎊。他們接到的指示是，分三次干預，花20億美元。

他們的操作失敗了，而且搞得灰頭土臉。成百上千在英國有工廠和辦公室的公司，以及成千上萬手上持有英鎊計值股票和債券的退休基金、保險公司和其他投資人，都急著拋出握有的英鎊。

英國金融圈上空籠罩著一層濃厚的烏雲。

星期三上午8時30分

財政部的危機處理小組聚集在財政大臣拉蒙特的辦公室。大家的臉色鐵青。拉蒙特剛和伊恩·布連德雷斯（Ian Plenderleith）及首相通過電話。布連德雷斯是英格蘭銀行負責市場操作的助理主管。掛上電話後，拉蒙特下令動用央行的外

匯存底，在市場做更多干預。

攝影記者開始出現在財政部的大門口。

星期三上午9時

首相梅傑坐進防彈積架轎車，從辦公室開了兩分鐘到海軍總部舊大樓，他暫時住在這裡，因為唐寧街10號正在整修。在海軍總部，他預定和政府官員開會，很諷刺的，會議主題是馬斯翠條約。

有關金融災難迫在眉睫的消息傳進會議室時，與會官員頓時覺得他們好像成了戰爭內閣。

星期三上午10時30分

拉蒙特掛了一通英國金融圈每個人都擔心的電話。梅傑欠身離開討論馬斯翠條約的會場，到另一個地方接聽秘密電話，聽到拉蒙特說明英鎊如何繼續重跌。德國利率不動如山，德國人根本不想幫忙。必須不計任何代價避免英鎊貶值，因為那會損及政府的威信。拉蒙特請求首相准許提高利率兩個百分點，成為12％。

梅傑答應了。

星期三上午11時

拉蒙特宣布利率提高，表示「目前承受異常的壓力，情況十分不明確」，他希望將來能夠把利率再降下來。幾乎沒人相

信利率會馬上回降。

最糟的是，雖然拉蒙特宣布提高利率，英鎊還是沒漲。金融官員曉得遊戲結束了。外匯市場視拉蒙特之舉為恐慌下的產物，開始有同樣的想法。

在此同時，梅傑改變先前的決定，請休會中的國會復會。他希望議員回來討論ERM危機和英國經濟。國會本來預定9月24日復會。這個行動非比尋常：二次世界大戰以後，國會休會復會的次數只有十次。

星期三中午12時

英格蘭銀行做了更多的干預，但是一切為時已晚。要命的這一天──後來被叫做黑色星期三──英格蘭銀行將從440億英鎊（788億美元）的外匯存底中動用相當於150億英鎊（269億美元）的金額買進英鎊，結果徒勞無功，無法支撐英鎊匯價。

紐約這時是上午7時，電話響了起來，吵醒喬治・梭羅斯。

史坦利・朱肯米勒在電話線上，帶來好消息。

他從自己的消息管道，曉得英國就要棄子投降。

「喬治，你剛賺了9億5,800萬美元。」

朱肯米勒的話說早了些，但那無關緊要。他曉得英國已經

被擺平了，他和梭羅斯都會是大贏家。

（梭羅斯後來曉得，他賺了更多，因為他和法國主管當局站在同一邊，對抗攻擊法郎的投機客。）

整個加起來，從黑色星期三發生的種種事情開始，梭羅斯賺到接近20億美元，其中10億美元賺自英鎊，另外10億美元賺自義大利和瑞典貨幣進一步動盪不安和東京股票市場。

雄心壯志較小的人，可能免不了開一瓶香檳慶祝，梭羅斯卻不會。「我玩這種遊戲玩得比別人好，也玩得比別人大，當然有這樣的成績。」

星期三下午稍早

財政大臣身邊的人開始把一些可怕的想法講出來。

星期三下午1時30分

美國市場就要開盤。一位交易員說，英鎊被拋售的情形「就像水龍頭流出來的水」。

星期三下午2時15分

英格蘭銀行再試一次，想力挽狂瀾。它再次提高利率——一天之內第二次。現在利率是15％。

英國歷史上，從來沒看過利率一天之內提高兩次。現在的利率水準和約兩年前梅傑當財政大臣，帶領英國加入ERM時一

樣。

投機客仍固執己見，英鎊還是比ERM的下限2.778德國馬克低。情況變得十分明顯，也就是從政治的層面來看，政府的政策難以持續下去。

金融市場看到英國的利率一天之內從10％升高到12％，再上升為15％，曉得這個國家絕沒辦法長期忍受這麼高的利率。因此英鎊繼續下跌，英格蘭銀行也繼續買回英鎊。

所有這些作為都無力可回天。情勢變得很明顯：英國必須離開ERM，而且英鎊必須貶值。

首相梅傑再打電話，這次是打給法國總理貝和哥華（Pierre Beregovoy）和德國總理柯爾。梅傑捎來的消息很不好。他說，別無選擇，必須把英國帶離ERM。

第二十章
黑色星期三

1992年9月16日星期三下午4時

黑色星期三的下午變得愈來愈陰暗。英國終於屈服，退出歐洲匯率穩定機能（ERM）。

喬治‧梭羅斯等贏家咧齒而笑；梅傑和拉蒙特等輸家則黯然承認失敗。

英格蘭銀行的官員和歐洲其他國家中央銀行官員開了電話會議，傳達英鎊退出ERM的消息。

英鎊對馬克已經下跌2.7％，紐約臨收盤時交易價格是2.703馬克，遠低於以前在ERM中的下限。

星期三下午5時

梅傑召集內閣閣員，大家同意英國退出ERM。義大利明白表示願意跟進。現在英國和義大利貨幣將自由交易，兩國中央銀行也不必再為保衛匯價，在公開市場買進本國貨幣。

電視台攝影人員和攝影記者群集英國財政部外，等候預期中的公開宣布。

星期三晚上7時

英國政府終於宣布了。拉蒙特出現在攝影機鏡頭前，承認被打敗了。他的臉看起來消瘦疲倦、憔悴不堪、黯然神傷。《經濟學人》週刊後來稱他「十分不幸」。

拉蒙特的雙手放在背後，有如被反綁的囚犯，擠出一絲笑容；但是這副笑容維持不到一秒。他用右手掠開覆在前額的頭髮，開始講話。

「今天，」他說，「極其艱困和騷動的一天。大量的金融流動持續擾亂ERM的運作。……值此之際，政府做成結論，認為暫停我們在歐洲匯率穩定機能的會員資格，最能符合英國的利益。」

星期三晚上7時30分

英國允許英鎊自由浮動。黑色星期三英鎊的收盤價是2.71馬克，只跌3％。（但是9月底時，英鎊跌到2.5馬克。）

1992年9月17日星期四

英國的利率降回10％。

義大利跟隨英國，貨幣退出ERM。英鎊馬上挫跌到2.70馬克，然後穩定在2.65馬克，比以前在ERM的下限低5％。但後來英鎊繼續下跌，比黑色星期三的收盤價低16％。

　　貨幣貶值的國家不只英國。西班牙的貨幣貶了28％，義大利貶了22％。

　　英國退出ERM的消息傳來時，紐約匯市英鎊的報價不到2.70馬克，比它在ERM的下限2.7780馬克低了0.07馬克以上。

　　（英鎊危機有個可嘆的後遺症，也就是隔年夏天，ERM的波動區間擴大到很沒意義的15％。1994年9月ERM還在運作，有德國、法國和其他六個國家參加。〔譯註，1997年4月ERM仍在運作。〕）

　　喬治‧梭羅斯看起來真像天才。

　　英鎊貶值時，別人也賺了很多利潤，但那些利潤都沒人報導。凱斯頓公司（Caxton Corporation）的布魯斯‧柯凡納（Bruce Kovner）和鍾斯投資公司（Jones Investment）的保羅‧都德‧鍾斯（Paul Tudor Jones）都是大贏家。柯凡納的基金估計賺進3億美元；鍾斯的基金賺了2.5億美元。外匯操作業務重的美國知名銀行，特別是花旗集團、摩根銀行、華友銀行，也都賺到錢。整個加起來，那一年第三季，這些銀行所賺比正常情況下單季操作貨幣賺得的盈餘多了8億美元以上。

　　倫敦《每日郵報》報導《富比世》雜誌即將發表的一篇文章，10月24日以斗大粗黑的標題刊在一版，梭羅斯那場豪賭才為人所知：

　　「英鎊暴跌時，我賺了10億。」

《每日郵報》的報導中，還附有梭羅斯的照片，臉上帶著笑，手上拿著飲料。導言是：「昨晚的報導指出，一位國際金融理財高手，在上個月的貨幣危機中，賺了將近10億英鎊。」

《每日郵報》的故事見報那個星期六早上，倫敦《泰晤士報》的經濟新聞主編安納托爾‧卡雷茨基（Anatole Kaletsky）和女兒走路回家時，在一家糖果店停一會兒，買巧克力，卡雷茨基不經意看到那則新聞標題。他大為吃驚，買了報紙，就在店裡看完那篇文章。一個小時後，卡雷茨基已在家裡，電話響了起來，是喬治‧梭羅斯打來的。

「發生了什麼事，」在《泰晤士報》任職的那個人問，聽到電話那頭有騷亂聲傳來。

「我人現在在倫敦，」梭羅斯答道，語氣中透露焦躁不安，「不曉得你看過《每日郵報》沒有？」

「看過了。」卡雷茨基開始把拼圖拼湊起來。

「我家被攝影記者和文字記者給包圍了。我想出去打網球。現在還不曉得該怎麼辦。我該怎麼做呢？你有沒有什麼意見可以提供給我參考？」

卡雷茨基在提供意見之前，必須知道一件事：「那篇報導是不是真的？」

梭羅斯很快答道：「沒錯，大致上說，是真的。」

「卡雷茨基建議他不要在門口和記者談話。如果你想讓自

己做過的事和沒做過的事形諸文字，爲什麼不自己寫篇文章？或者，等我過去，我可以和你談談。」

「好吧，我會考慮看看。」

半個小時後，梭羅斯打電話給卡雷茨基說，那天下午卡雷茨基來看他，不失爲好主意。卡雷茨照基照做了，梭羅斯也首次接受訪問，披露完整的故事，說明他怎麼策劃這次對英鎊發動強烈攻勢。對卡雷茨基來說，10月26日在《泰晤士報》見報的梭羅斯訪問錄，是把喬治‧梭羅斯塑造爲公眾人物的轉捩點。「那次訪問後，他名聞這個國家。在那之前，沒人聽過喬治‧梭羅斯的大名。」

卡雷茨基一開頭就向讀者介紹梭羅斯是怎麼樣一個人：「喬治‧梭羅斯是個極智性的人，大部分時間花在東歐，當政治和教育公益慈善家。他也是世界上操作規模最大的貨幣投機客。在黑色星期三之前的兩個星期，梭羅斯先生和英國政府玩了一場有史以來賭注最高的撲克牌戲。」

卡雷茨基寫道，梭羅斯坦承他從英鎊崩跌中賺到了10億美元，「但感到一絲困窘、畏縮，因爲不能完全掩飾損人利己的自我滿足」。

梭羅斯向卡雷茨基解釋他在黑色星期三之前的行動：「我們確實大量放空英鎊，也確實賺了很多錢，因爲我們的基金是那麼大。在ERM解體前幾天，我們一定是市場中最大的單一因素。到黑色星期三止，我們的總倉位價值應該高達100億美元。我們本來計劃賣出的金額比那還多。事實上，英鎊貶值前不久

拉蒙特說他要借約150億美元來保衛英鎊，我們笑在心裡，因爲我們想賣出的金額正巧大約那個數目。

「但是事情的演變比我們的預期還快，我們來不及把整個倉位建立起來。因此估計我們的利潤是10億，大致是對的，不過是10億美元，不是10億英鎊。」

梭羅斯要他的辦公室查對，發現英鎊倉位的操作利潤接近9.5億美元，但由於他把錢投入英鎊以外的貨幣，所以利潤繼續累增。在那9.5億美元中，梭羅斯個人占了三分之一。英國、法國和德國利率期貨的多頭倉，和放空義大利里拉，使他的利潤增加到估計有20億美元。

卡雷茨基問：爲什麼他願把整個財富下賭在英國政府堅持的政策終將失敗上？

梭羅斯說，他有信心認爲德國聯邦銀行希望義大利里拉和英鎊貶值，但不是法國法郎貶值。「和德國聯邦銀行賭在同一邊，我覺得很安全。德國聯邦銀行講得很清楚，希望里拉和英鎊貶值，但準備保衛法郎。到最後，德國聯邦銀行的得分是三比零，投機客是二比一。我做得比其他一些人好，因爲我一直站在德國聯邦銀行那一邊。」

如果梅傑首相在黑色星期三之前，早些提高英國利率，情況有沒有可能好些？梭羅斯答道：「絕無可能，胡說八道。要是提高利率，那會鼓勵我們加快賣出，因爲整個過程的腳步都加快了。事實上，我們不敢預期週末前英鎊會貶值。但是黑色星期三利率提高之後，我們曉得不能再等下去了。我們必須加

快賣出，建好倉位。時間流逝得很快。」

　　接受訪問時有一段短暫的時間，梭羅斯停止像投機客一樣思考，扮演起金融分析師的角色，指投機行為可能有害，特別是在外匯市場。「但是扼阻投機的措施，如外匯管制，為害通常更大。固定匯率制度也有缺點，因為終將瓦解。其實，任何匯率制度都有缺點，而且存在愈久，缺點愈多。解脫之道是完全不要有匯率制度，而是在歐洲採行單一貨幣，就像在美國一樣。那會使像我之流的投機客失業，但我樂於做那樣的犧牲。」

　　梭羅斯講這樣的話多簡單——從英鎊和其他貨幣潰跌中，賺進20億美元利潤，多麼輕鬆。

　　卡雷茨基接受我訪問時，回憶起10月那個星期六下午和梭羅斯談話的情形，最吃驚的是發現那位投資人看似絲毫不動感情。「他對賺錢所持的態度，看起來總是一副事不關己的樣子，只是掛在嘴上談談而已。當時我當然沒察覺……錢對他具有任何情感上的意義。……在他的例子中，錢似乎真的只是得勝取分的手段。……他顯然以那樣的成功一擊很感自豪。這就是為什麼他決定接受我訪問，談那件事的原因。他很高興自己有那樣敏銳的才能，弄清楚將來會發生什麼事、與當局和英格蘭銀行對抗，而且贏了。」他很高興依照己意，有那樣一篇新聞報導，披露他在東歐的公益慈善活動。

　　叫梭羅斯樂不可支的是，放空英鎊的操作，恰和他的金融理論配合得天衣無縫。著迷於混亂世界的這個人，發現ERM危機是1990年代比較混亂的一段金融風波。

梭羅斯的理論認為，認知在每件事情中都占有份量，而且錯誤的認知可以在市場中引發對射行為，因此能夠在ERM危機前夕，找出關鍵性的誤解：誤以為德國聯邦銀行會在任何情況下出面支撐英鎊。在德國聯邦銀行充分表示，它不會折服在英格蘭銀行的期望下而降低利率後，梭羅斯下賭了。

他的理論也引導他相信，其他投機客會去追逐趨勢，在市場中創造出對射行為的條件。正如他指出的：「在自由浮動的匯率制度中，投機性交易會占有愈來愈重的份量，而在這個過程中，投機在本質上變得更為追逐趨勢，使得匯率的波動慢慢變大，直到整個制度崩垮為止。」

這是喬治·梭羅斯事業生涯的轉捩點。

如果新聞媒體只對到那時為止的他展現稍縱即逝的興趣，而且如果華爾街和倫敦金融圈以外的大部分人從沒聽過他的大名，以後的情形就不會是目前我們所見的那個樣子。

現在，每個人都想知道對英鎊策動重擊的這個人是誰。從他成功一擊的新聞傳播開來的那一刻起，喬治·梭羅斯便以「擊垮英格蘭銀行的人」著稱。梭羅斯沒有擊垮英格蘭銀行，但確實使它淌血，流失掉寶貴的錢財。

對大部分英國平民來說，梭羅斯有如民間故事中的英雄。「並沒有出現預期中的仇外敵意，」卡雷茨基回憶道，「相反的，英國民眾以典型的英國式作風說道：『他真行。如果他因為我們政府的愚蠢而賺了10億美元，那他一定很聰明能幹。』」

　　倫敦華寶證券公司（S.G. Warburg Securities）首席國際經濟學家喬治・梅格勒斯（George Magnus）表示：「有些媒體的報導說，這裡有個金融理財高手，他有眼光，言出必行，錢財必然隨之而至……英格蘭銀行和英國政府則因活在黑暗時代，以及不曉得將要發生什麼事而受懲處。媒體的報導中有一部分，梭羅斯……也被拿來當例子，用以說明厚顏無恥的投機客怎麼從政府手中牟利，所以那是兩刃之劍。」

　　梭羅斯似乎樂在新得的新聞報導中。或許現在可以把他的新身分地位轉變成一把火炬，投射光亮在他希望廣為宣傳的生活部分：他的智性理念、他的公益慈善活動。「我很高興有了它，因為它給了我一座講台，站在上面可以講出我要什麼。我有理由避免被視為市場作手。那會有傷害。但我已不再是市場作手。在政治議題上，我講的話也有人聽，我發現那很有用處。」

　　首相梅傑和財政大臣拉蒙特心裡充滿屈辱和挫敗感。拉蒙特試著解釋，英鎊浮動不等於貶值。梅傑的保守黨同情首相的遭遇，轉而怪罪德國聯邦銀行「唱低」英鎊。

　　拉蒙特毫無歉意，為英鎊浮動的決定辯護。「昨天我做的事，是面對亂局時，一般人都會那麼做。」

　　喬治・梭羅斯掌握善用了西歐的亂局，接著著手分析這場亂局造成多大的傷害。

「淨效果是瓦解了那個制度、造成不安，以及對經濟帶來負面影響，至於影響有多大，我們不知道，但可能非常、非常嚴重。我的意思是說，歐洲會陷入很嚴重的衰退中。德國的企業幾近崩潰，法國也很糟。……不穩定總是壞事。那可能不好──對於像我這樣的一些不穩定分析師可能是好事，但對經濟真的很不好。」

其實，1992年9月的英鎊危機，對英國和受害於弱勢貨幣的其他西歐國家來說，似乎反是好事。它們不只享受到新現的競爭力，利率也大幅下跌。幾年後，它們的出口欣欣向榮。

至於梅傑和拉蒙特兩人，只有梅傑還留在政壇，但聲望大跌，1994年春，他領導的政府似乎有很大的麻煩。

───────────

有些英國媒體痛心英國人遭受的損失──以及梭羅斯的獲利。他們尋找代罪羔羊，很容易便選上喬治・梭羅斯。

英國一家電視台的記者宣稱：「政府承諾待在ERM中，本來該像英格蘭銀行一樣安全。但其實不是那回事。央行為了保衛英鎊而動用外匯存底，以致此地的損失十分龐大。政府不說我們到底損失了多少，但可能高達數十億英鎊。用另一種方式來說：「今秋為保衛英鎊而付出的代價，比到波斯灣打仗還高。」

法國前外交部長杜馬（Roland Dumas）指出，「盎格魯薩克遜」的投機客──指梭羅斯之流的英國和美國貨幣交易員─

──破壞了歐洲的抱負。他說：「你得看看是誰從這次罪行中得利。」

如果英國的新聞媒體希望讓梭羅斯對自己的勝利產生罪惡感，它們可說沒有得逞。雖然英國國內其他每個人都稱9月16日為黑色星期三，梭羅斯卻稱為他的白色星期三。他也斷然駁回別人對他的批評。「我肯定那裡有一些負面的後果。……但那壓根兒沒進到我的思緒中。那是不可能的。如果我因為一些道德上的顧忌，而放棄某些行動，那就不夠格做個高效能的投機客。

「從英鎊貶值中賺得利潤，我甚至沒有一絲良心上的苛責。正如後來我們看到的，貶值可能反有好處。但要點是：我不是為了幫助英國，而對英鎊做出投機性的行為。我也不是為了傷害英國而做那樣的事。我做那件事只是為了賺錢。」

英國的新聞媒體還是不肯放手。梭羅斯賺到的，不等於英國的損失？梭羅斯難道沒讓每個英國納稅人付出25英鎊，或者每位英國男士、女士、小孩都付出12.5英鎊？

他說：是的，那是英國的損失。「這個例子中，毫無疑問是如此，因為我曉得對手是誰。任何交易中，總有某些人贏了，某些人輸了。但在事件正常的發展過程中，你不曉得對手是誰。而且你不知道他是賠或賺。這個例子中，很明顯的，對手是英格蘭銀行。但是我可以向你保證，我絕沒有一絲罪惡感，因為即使我沒有建立倉位，也有別人會去建立倉位。」

此外，梭羅斯相信，他把賺來的錢中很大一部分送出去，

大受歡迎，特別是因爲西方國家沒人願意幫助東歐。

他也提醒每個人，他也有可能賠錢，「只是賠得不會像我們賺的那麼多，而且，當然了，這是場賭博——所謂的（他笑了起來，舉起雙手作手勢）「單向的賭注」，因爲損失會很小，而利潤則非常大。」

我們要對喬治‧梭羅斯講句公道話，因爲他不是單獨下賭放空英鎊。英國某大證券商一位貨幣交易員指出，「喬治‧梭羅斯投資的錢是很多，但是從整個環境來看，外匯市場每天的交易值可以高達1兆美元。那樣的金額高得嚇人，喬治‧梭羅斯的100億美元倉位與之相比，便顯得小巫見大巫。如果大家有志一同，一齊拋售某種貨幣，便能產生某種效果。擊垮英格蘭銀行的……不是只有喬治‧梭羅斯，整個市場賣出英鎊的投機行爲，才有辦法做到這樣的事。喬治‧梭羅斯不過是其中一股大力量而已。」

由於放空英鎊一役大獲全勝，1992年是喬治‧梭羅斯和量子基金十分豐收的一年。

錦上添花的是，梭羅斯被選爲華爾街上收入最高的人。1992年他賺了6.5億美元，是1991年的五倍有餘。因罪銀鐺入獄的股票交易人邁可‧米爾肯（Michael Milken）被比了下去。米爾肯1987年曾賺得5.5億美元。

編纂這份華爾街高收入排行榜的《金融世界》（Financial World）指出，梭羅斯從基金已實現的利潤中得到約4億美元的收入；管理費用收入有2.5億美元。史坦利‧朱肯米勒（Stanley

Druckenmiller）落後梭羅斯四名，1992年賺得1.1億美元。朱肯米勒39歲，是梭羅斯的首席交易員。

那一年年底，量子基金是首屈一指的境外基金，總資產達37億美元，成長68.6％。量子基金1969年創立時，投資1萬美元，而且把所有的股利再投資，1992年年底便擁有12,982,827.62美元。

六種表現最好的基金中，有四種是梭羅斯的基金，這一點，十分出色。量子新興（Quantum Emerging）排名第三，漲了57％；準星國際（Quasar International）第四，上漲56％；配額（Quota）第六，上升37％。這四種境外基金，梭羅斯管理的資金超過60億美元。（譯註：這些基金的詳情，請參考第17章最後兩段）

梭羅斯是怎麼做到的？

除了從9月間ERM的危機中賺到錢，他也在國際股票上賺到很多錢，特別是那年年初在日本股市賺到不少錢。美國的股價指數期貨也讓他賺到錢。

梭羅斯在量子基金1992年的第20次年報中寫道，「1992年的突出表現，主要歸功於與歐洲匯率穩定機能（ERM）解體有關的一些事件，但這些事件不會一再出現。英鎊脫離ERM前，我們建立的英鎊空頭倉，受到很多人注意。但是我要指出，英鎊倉位賺得的利潤，只占這一年總利潤的40％，而且就算沒有這個倉位，這一年的成績還是高於我們以往的平均報酬率。……
……

「有一點要提醒量子基金的受益憑證持有人注意。近幾個月來，我和梭羅斯基金管理公司聲名大噪。幾乎每一天，各種市場都有謠言說梭羅斯基金管理公司進場操作，而且市場往往因為這些謠傳而波動。這些謠言通常於實無據，受益憑證持有人應對這些謠言抱持懷疑之心。我們建立的倉位如需揭露詳情，便會按規定申報，並正式宣布。」

1992 年是梭羅斯光明燦爛的一年。他不只有令人目眩神迷的財富可供支配，也被視為奇蹟創造者。接近年底時一個晚上，布拉格有一場知識份子參加的晚宴，大家的話題一再繞著梭羅斯剛賺得的錢打轉。梭羅斯和他最喜歡的人坐在同一桌，他說，如果名氣提高後有助於他在東歐的努力，就算西方國家唾棄他，他還是很高興。梭羅斯現在是名人了，忙著送出親筆簽名給身旁圍繞的人，或是簽名在五英鎊的英國紙鈔上。

但梭羅斯追尋的仍是難以捉摸的東西：尊敬。

他突然成了公眾人物。人們要他的簽名。新聞媒體想要挖掘他的事業生涯和日常生活，說明是什麼原因使他紅了起來。這些對他們有好處，對梭羅斯來說卻不夠。連送錢出去也沒辦法給他足夠的滿足感。

他想要更多。他一直希望人們尊重他的心靈，而且現在比以往更需要。

他的目標從未在公開場合明講出來，偶爾會在私底下說出

來，是想在華盛頓揮舞力量，但不是得到民選官職，或者受命坐上重要的閣員位置。如果總統和華府的顯赫官員肯洗耳恭聽他講的話，便於願已足。

　　梭羅斯是民主黨員，1992年11月，同是民主黨的柯林頓獲選為美國總統。梭羅斯曉得，要吸引新上任總統的注意不容易。其他許多已經累聚龐大財富的人，也相信他們有權向華盛頓進建言。是什麼原因使梭羅斯認為他比別人更有權利？他要怎麼做，才能讓自己與眾不同，聲音被聽到？「我必須改變別人看我的方式，」他告訴同事，「因為我不想只當另一個富佬。我有一些事情要講，希望聲音被聽到。」

第二十一章
避險基金大王

　　1990 年代初，避險基金是金融市場最大和最不受節制的一部分，主宰著複雜的金融世界。他們成了投資人的新寵，主要是因為最有名的避險基金經理人賺了驚人的金額。領先群倫的是喬治・梭羅斯和他的量子基金。但別人也做得很好，包括史坦哈特合夥人（Steinhardt Partners）的邁可・史坦哈特（Michael Steinhardt）、老虎基金（Tiger　Fund）的朱利安・羅伯森（Julian Robertson），以及奧美加顧問公司（Omega Advisers, Inc.）的里昂・古伯曼（Leon Copperman）

　　難怪《華爾街日報》給它們取了個名字，叫做「華爾街最新的大賭場」。

　　經營這些基金的人，成了美國最有影響力、待遇最好的企業人，足可與華爾街最重要公司的操作力量相匹敵。拿《商業週刊》的話來說，他們是「投資世界裡的槍手——不受節制，不顧一切，而且做為投資人，所賺遠比傳統的同業要高」。

　　約 1,000 個避險基金每年的投資金額高達 5,000 億美元。（其中梭羅斯占了 120 億美元。）每年市場中支出的投資資金為 3 兆 5,000 億美元，所以這是很大的一部分。這些避險基金每天估計交易 750 億美元，是紐約證券交易所股票交易金額的八倍以

上。

　　1987年到1990年，避險基金平均每年成長75.1％，高於共同基金的平均上漲率35.1％和史坦普500種股價指數的56.2％漲幅。單是1992年，一般避險基金的投資報酬率約是史坦普500種股價指數漲幅的三倍。1992年，最有名的避險基金的投資報酬率在25％到68％之間，遠高於投資人投資美國股價指數基金所獲得的7％到8％。梭羅斯的基金1992年上漲67.5％，史坦哈特上漲約50％，羅伯森是27.7％。避險基金表現之好，最好的證據是《金融世界》（Financial World）編纂的1993年賺錢高手名單。名單上約半數是自己經營避險基金，或在避險基金工作。避險基金經理人占了前五名——喬治‧梭羅斯拔得頭籌，收入11億美元，是第一位一年賺得10億美元以上的美國人。前十名中，有八位是避險基金經理人，前100名中，則占了46名。第四名是史坦利‧朱肯米勒（Stanley Druckenmiller），賺到2億1,000萬美元。前100名中，有九人在梭羅斯基金工作。

　　1994年，梭羅斯的基金管理的資金超過110億美元，羅伯森是60億美元，史坦哈特逾40億美元。後兩人各賺1％的資產管理費，加上投資組合增值的20％。梭羅斯則拿15％。

　　要賺取這些利潤，避險基金大王得掌握全球的利率趨勢，賭對某些貨幣會對利率下滑產生什麼樣的反應。他們也買進外國債券，特別是歐洲和日本的債券，買進的地點通常在期貨市場。許多人也投資欣欣向榮的第三世界市場。

　　華爾街總是被那些能夠化不可能爲可能的人弄得神魂顛倒；這些人似乎比大部分人更瞭解複雜的金融市場是怎麼運作的。有一陣子，那可能是摩根（Morgan）或史坦利（Stanley）、古爾德（Gould）或伯魯克（Baruch）。1990年代初，則是喬治‧梭羅斯和其他的避險基金操作高手。

　　依紐約《葛朗特利率觀察家》（Grant's Interest Rate Observer）主編葛朗特（James Grant）的看法，這些華爾街鉅子擁有的金融力量，往往比外人所想的少得多，可是華爾街相信某個人或某個機構能夠控制事情的發展，無中生有，因爲這種想法似乎令他們比較高興。

　　他指出：「我認爲梭羅斯是這些人中的一個，帶點神秘色彩，又帶點真實。人必須把自己的焦慮和憎惡投射到某個地方、艷羨某些生氣蓬勃的事情。他們希望某個人能使市場發生某些事情。他們無法相信供給和需求真能做到那樣的事，無法相信市場能自行把未來的事件預先納入考量。他們願意相信有個梭羅斯存在。

　　「……空頭市場中，很多人可能身受其害，但是不管怎麼樣，我認爲人們的確希望有人成功，有人出來負責，可以打電話找到某個人，可以傳訊某個人。

　　「我認爲今天的『他們』就是避險基金。人們一直在談的『他們』，今天指的是避險基金。他們以光速移動龐大的資金，旁若無人地做這些事——直到最近，十分成功。喬治‧梭羅斯、朱利安‧羅伯森、里昂‧古伯曼、保羅‧都德‧鍾斯

（Paul Tudor Jones）等人，集合起來，成了『他們』。」

　　想成為「他們」之一，容不容易？加入某個避險基金，不就得了？

　　一點不容易。對許多投資人來說，加入避險基金也不是很明智的做法，因為避險基金帶有很高的風險，而且需要很多錢。

　　美國證券管理委員會（SEC）基於富人才有能力或願意承擔風險的想法，強制美國避險基金的投資人必須有100萬美元的淨資產，或者連續兩年每年所得至少20萬美元，夫婦則必須有30萬美元。梭羅斯的量子基金沒有設定加入的底限，但買主必須付很高的溢價才能參加。

　　一種神話因此誕生，認為避險基金完全不受管理；其實不然。1934年的證券管理委員會法，規定1億美元以上的基金，投資經理人必須向證管會申報資訊，而且所有避險基金經理人必須受反詐欺法規範。但是避險基金如限制投資人數在100以下，而且以直接銷售的方式出售商品，則不必以投資公司的形式登記。

　　梭羅斯的境外基金和各種美國避險基金間有個很大的差別，在於稅負。只要境外基金的絕大多數受益憑證持有人不是美國人，基金的受益憑證持有人就可以不繳資本利得稅。有些時候，美國人可以投資境外基金，但不得享有稅負優惠。不過由於避險基金帶有那麼高的風險，大部分境外基金都禁止──

或者至少不鼓勵——美國投資人加入。

至於喬治·梭羅斯，已經想出辦法，1961年後擁有美國公民身分的他，成了這種實際做法的例外。雖然他是美國公民，卻有資格加入自己的境外基金。梭羅斯基金的大部分投資人是歐洲人。

避險基金雖有那麼高的風險，卻也有許多吸引人的地方。當然了，其中之一是以成為某個專屬俱樂部為榮。但最動人的地方，還是在於賺取厚利的潛力。大部分避險基金投資人都被要求把錢留在基金中一段很長的時期，他們通常會把賺到的錢再投資進去。因此，錢愈滾愈多。

傳統的基金經理人——指經營共同基金和退休基金的人——總是盡可能做得保守些。他們只用到少數幾種金融投資技巧，期望得到過得去但穩定的報酬率。避險基金的經理人則不受這種保守心態羈絆，運用其他更帶風險的技巧，其中最叫人側目的是使用信用槓桿，也就是借錢來投資。華爾街一位知名的避險基金經理人希望不透露姓名，描述了大量使用槓桿操作驚險萬狀的情境：

「那是勇氣的嚴厲考驗，非常酷烈。你得擁有特殊的能力，才能運用喬治·梭羅斯或邁可·史坦哈特（Michael Steinhardt）所用的信用槓桿。……一個人的能力中，得有某種智慧、某種信心，才敢於一試，因為對你不利的小波動，可能擴大到演變成很嚴重的衝擊。美元兌日圓（1994年2月）一天之內動個4％到5％，便令梭羅斯損失6億美元。我們生存其間的世界，4％到5％的波動，並非不常見。美國聯邦準備理事會

（Fed）提高利率0.25個百分點，道瓊30種工業股價指數便跌掉97點。那必須……對風險有某種愛好。你必須十分明智地利用。

「……喬治・梭羅斯是槓桿操作玩家。你可以想像，那得有某種膽識，對於所下賭注，有某種程度的信心，也要有一套基本的財務控制方法，因為必須確保你的錢多於所用的信用槓桿。」

避險基金也運用其他的技巧。另一種嚇壞人的做法，叫做放空，也就是賣出自己沒持有的證券（或貨幣），期待價格下跌，好在以後用較低的價格買回，交割給買方。梭羅斯1992年9月使用這個技巧，也就是在黑色星期三之前放空英鎊。

依美國國稅局的規定，共同基金公司的毛利中，不得有30％以上來自出售短期投資，也就是持有不到三個月的投資，共同基金的放空操作因此受到限制。依照這個規定，放空被視為短期交易。不久前，一些傳統的共同基金才獲證管會許可，准予放空。

要求姑隱其名的同一位避險基金經理人，說明了何謂槓桿操作和放空。他指出，證券分析之父葛拉漢（Benjamin Graham），認為股票有內在價值（intrinsic value）。內在價值是指某種證券在特定環境下的身價；而所謂的特定環境，必須考慮利率、經濟狀況、公司的獲利能力等。「分析師或基金經理人的工作，是找出價位高於內在價值的證券。在這之後，因循保守的投資人會賣出那種證券，而避險基金可能進而放空。股票的價位低於它的內在價值時，也就是價格偏低，投資人當

然會買進。因循保守的投資人和避險基金投資人的不同點，在於前者可能用現金買進，後者可能透過信用槓桿買進，投資比率超過100％。」

可用的技巧還很多。避險基金不只更可能做多或放空，也更可能玩選擇權、期貨和其他衍生性金融商品——市場有什麼就玩什麼。他們建立的倉位更集中在某些投資工具上，也比傳統的基金更常操作；1988年，梭羅斯的投資組合的交易金額是全部資金的18倍，1992年則為八倍。而且他們讓投資人有機會在全球任何金融市場建立倉位——這和傳統的基金經理人形成強烈的對比，後者根據自己的專長，只在單一領域或單一市場發展。

避險基金經理人有很大的誘因，利用各種工具賺取更高的利潤。不管資產的表現如何，傳統經理人都只拿總資產的1％左右，當管理費用收入。因此他們沒有很急迫的個人誘因，積極任事。相對的，避險基金經理人通常拿取基金利潤的20％。所以說，他們有十分充分的理由去賺取利潤。

1994年，避險基金已成長到威力相當驚人的地步，政治家開始談論需要新的法規來管理。他們日益憂慮，避險基金操作者投入龐大的資金到金融體系，有能力對金融市場造成不利的影響。1994年初債券市場重挫時，政治家更相信避險基金是幕後罪魁禍首。避險基金經理人駁斥這樣的看法，辯稱他們的投資倉位遠比投資銀行和商業銀行的倉位要小。

　　就喬治‧梭羅斯來說，有關是否加強管理，他的立場相當矛盾。

　　他有反對管理的充分理由。畢竟，他是在欠缺管理的情況下，賺到那麼多財富。梭羅斯喜歡稱自己為善用不穩定狀態的專家，靠金融市場的混亂狀態過活。為什麼他要被管？可是他贊成為國際金融圈成立一個集中管理的銀行體系。

　　這樣的說法，可就有點矛盾。「在外匯市場投機，我一點不猶疑──雖然我認為外匯市場應該穩定，」他指出，「我們應該區分參與者和一般公民的不同。身為參與者，你得按規矩行事。身為公民，如果體系有錯，你有責任試著去改變它。」

　　避險基金似乎暫時仍不必受到太多管理。1992年，證管會針對境外基金，提出厚達500頁的報告。提出這份報告時，正值人們懷疑三大避險基金，包括量子基金，在美國財政部標售公債時，大量買進。那時的公債標售，紐約的薩羅門兄弟公司被指企圖圍標。政府的調查人員發現三個基金都沒問題。證管會的報告作結說，避險基金不需要更嚴格的管理。

第二十二章
大　師

　　喬治・梭羅斯因為 1992 年 9 月對英鎊發動攻勢，賺得厚利而添增新的光彩。

　　他看起來是那麼有先見之明，那麼洋溢投資技能，於是一種神話圍繞著他而生：只要他選好建立什麼倉位，就能使市場上漲或下跌。

　　也就是說，他似乎具有大師般呼風喚雨的能力。

　　當他公開談論某種貨幣、某種股票或某家公司，和它有關的市場可能就會波動。這事看起似乎很簡單。你要做的事，是等梭羅斯發表談話，然後趕出去買這位大師建議的東西就可以。

　　問題是：這位大師不常講話。

　　那麼，如何及早發現他要做些什麼事？其他投資人怎麼知道梭羅斯要買些什麼？

　　他們注意的是市場專家所說的「足跡」，也就是顯示某種投資方向或重點的種種線索。尋找足跡是必做之事，因為像梭羅斯那樣的投資人，即使公開發表談話，也不會告訴別人他們

什麼時候建立了倉位，或者投資了多少。

那些足跡很難發現。其中一種方法，是注意某些通常很少波動的證券，一直往相同的方向出現穩定的趨勢。

丁威特雷諾茲公司（Dean Witter Reynolds）股票研究部門資深副總裁兼首席投資策略師威廉・道奇（William Dodge）解釋道：「如果道瓊30種工業股價指數下跌50點，而且交易員說他們沒看到很多成交量，經我四處觀察的結果，發現下跌的都是道瓊指數的採樣股票，同時美元兌德國馬克走軟，那我可能做出正確的結論，相信有位來自德國的外國投資人賣出美國股票或者轉進德國金融資產。我談的是要注意不相關的市場間，或者有關連性的市場間出現異常的情形。」

由於有那麼多人對梭羅斯很感興趣，很容易就會相信某支股票一有波動，背後一定有他的影子，但實際上並沒有。道奇說：「今天要馬上愚弄一個人，是看到某樣東西動得很快時，便說喬治正在買進。要是市場相信真的是喬治在買，可能大家都會搶著去買。只要說某個人正在做某件事就可以產生效果。」

梭羅斯的交易員都閉口不談他們正在做些什麼。不過其他的交易員有時可以察覺梭羅斯何時活躍於某個市場。威廉・道奇表示，一些交易員可能開始注意到，每次他們替某人賣股票，那支股票還是跌不下去。這一來，他們會很好奇，想知道何以如此。這些交易員會很仔細地傾聽同事彼此間不經意的交談。其中一個人可能說，他賣了很多石油，可是價格沒跌，另一個人說，他也注意到同樣的事情。

　　但是這些交易員在梭羅斯的組織裡都沒有內線消息，至少目前沒有。不過他們還是有可能推想喬治將做些什麼。

　　道奇再次幫我們的忙：「我可能打電話給你，說我想要買進——也就是你得替我撮合交易。我四處打聽，發現有25個人能賣。三個月前，一起喝啤酒的時候，你告訴我，正替梭羅斯做很多買賣，但沒說是什麼樣的買賣。我打了電話給你，說想從你那裡買進，而你說沒貨，那我們可能處在競爭買進的狀況。你只是25個不想賣的人中的一個，可是後來其他人都一直賣出，而你似乎和喬治有某種關係，這一來，市場就會推測你正在替梭羅斯買進。」

　　喬治·梭羅斯被視為大師，因此似乎有能力使幾乎每樣東西變成黃金。

　　不動產是很好的例子。

　　1993年初以前，梭羅斯從來不碰不動產。有段時間，這個領域一直受到很大的財務壓力；1980年代，不景氣再次來襲，營建商興建過度。現在出現了危機，卻沒嚇走梭羅斯，突然之間對不動產有了好感。他視這次危機為買進良機。不過梭羅斯踏進這個領域看起來還是很奇怪。由於仍是外行人，所以選了保羅·芮克曼（Paul Reichmann）當合夥人。

　　1993年2月8日，梭羅斯宣布設立2億2,500萬美元的不動產基金，由芮克曼負責管理。新的基金叫做量子不動產基金

（Quantum Realty Fund），代表梭羅斯放手一搏，賭低迷的不動產市場很快就會回春。

芮克曼兄弟──保羅、愛伯特、拉爾夫──在不動產市場崩跌時大驚失色。這之前，芮克曼家族在加拿大、紐約和倫敦持有的不動產價值數十億美元。不過他們的奧林匹亞約克公司（Olympia & York）由於開發倫敦的加納利碼頭（Canary Wharf）金融中心，發生龐大虧損，芮克曼家族持有的絕大部分不動產都已進入破產清算程序。保羅・芮克曼是奧林匹亞約克公司占控制股權的股東。

喬治・梭羅斯似乎不在意這些事情。他告訴《紐約時報》：「他們（芮克曼家族）是全世界最成功的不動產開發商。基本上，我是為自己的錢找投資機會，當然要找最好的。」梭羅斯和芮克曼投入新基金的資金在7,500萬到1億美元間；大部分資金將來自量子基金原有的受益憑證持有人。

那一年9月，梭羅斯和芮克曼新成立的基金第一次出手買進：花6億3,400萬美元從大型保險業者旅人公司（Travelers Corporation）手中買下抵押贖回權已取消的不動產和未履行債務的抵押貸款。這是有史以來金額數一數二的不動產買賣。接下來，11月間，梭羅斯和芮克曼宣布，計劃在墨西哥市推出三個不動產開發案，支出可能高達15億美元。

———————————

市場一知道喬治・梭羅斯操作某種股票、貨幣或商品，便可能聞風起舞。事實上，他可能是市場中追隨趨勢行為的觸

媒。

　　1993年4月就發生這樣的事。這一次他瞄準的目標似乎真的是黃金。

　　前幾個月通貨膨脹率一直偏低，但依梭羅斯之見，通貨膨脹率即將再次揚升，黃金雖然不發股利，和股票、不動產或債券比起來，卻是最好的保值工具。

　　因此量子基金以每英兩345美元的價格，買進200萬到300萬英兩。梭羅斯也投資約4億美元在紐蒙特礦業公司（Newmont Mining），從傑克伯・羅斯柴爾德（Jacob Rothschild）和併購高手詹姆士・高史密斯（James Goldsmith）爵士那裡以每股39.50美元買了1,000萬股，股權占13％，是公司第二大股東。高史密斯仍是最大股東，占30％。羅斯柴爾德的持股比率不到5％。

　　梭羅斯、高史密斯和羅斯柴爾德都是很熟的朋友。梭羅斯和羅斯柴爾德公司間有位連絡人，叫做尼爾茲・陶伯（Nils O. Taube）。他是羅斯柴爾德的首席投資員和量子基金不兼高階主管的董事，也是梭羅斯多年的貼身助手。

　　一點沒錯，一些交易員看到喬治・梭羅斯的足跡，黃金價格激漲。等到傳言散開，黃金的投機性買盤擁出，出現近年來成交量最大的交易日。倫敦金價每英兩上揚約5美元，突破350美元，是1992年10月以來首次穿越這個關卡。

　　1993年夏末，梭羅斯顯然已經落袋為安，賣出退場。倫敦《星期日泰晤士報》8月15日報導，梭羅斯在385美元到395美

元間，賣出手頭上持有的全部黃金。梭羅斯似乎是爲了避免利潤減少太多：兩個星期前，倫敦金價漲到每英兩400美元以上，然後重挫。

1993年初，量子基金的操作績效很好。前四個月內，基金淨值漲了18％，部分由於日經225種股價指數在16,000點左右時，投資東京股市賺了不少。1993年5月11日，日經指數漲到20,000點。

爲免有人對喬治·梭羅斯的市場力量持疑，他試著把自己的操作紀錄公之於世。1993年4月26日梭羅斯接受有線電視新聞網（CNN）的「企業日」（Business Day）節目主持人戴伯勒·馬奇尼（Deborah Marchini）訪問。馬奇尼說，最近金價上漲，是由於俄羅斯傳來利多消息，因爲葉爾欽（Boris Yeltsin）和他的經濟改革在全國公民投票中，贏得信任。梭羅斯不以爲然。

梭羅斯指出，俄羅斯的消息和金價上漲沒有關係。金價上漲是因爲他買進紐蒙特礦業公司的股票。

除了在CNN發出這種大膽的言論，即使所有的新聞標題都吹捧梭羅斯爲市場救世主，他似乎不急著運用自己的新地位。「我對自己的大師地位很開心，」那一年夏天他告訴《商業週刊》：「我承認這一點。我怎能否認？我想那是短暫的階段。我希望，既然我對別人的思想有衝擊，他們真的能夠曉得，尋找缺陷和帶批判性眼光去思考很重要。」

　　但是芮克曼和紐蒙特的經驗，似乎提供了堅實的證據，也就是梭羅斯在市場上的一舉一動，一傳開到其他交易員耳中，便會觸發市場進一步的活動。新的市場活動總是模仿他的行為，因此梭羅斯的投資倉位，價值幾乎一定提高。這是個很有影響力的新地位。《每日郵報》1993年4月30日的標題問道：「這位現代的麥得斯為什麼叫我們那麼著迷？」

　　答案很明顯。喬治・梭羅斯似乎是能夠點石成金的現代麥得斯，很容易便迷倒眾生。拿他當範式，可以使人更富有。這一點，有什麼不對？

　　依梭羅斯之見，即使他想，也不能拿新得的身分地位做太多事。「我的工作是操作，那是我的角色，也是我的專業活動。如果不建立股票、債券和貨幣的倉位，我就不能繼續管理某個基金。因此我建立了紐蒙特礦業的倉位，看看會發生什麼事。」

　　有些金融玩家對梭羅斯特殊的身分地位，相當尊重。「有些機構投資人控制的資金遠多於梭羅斯，卻對他的判斷很有信心。」彼得・羅諾（Peter Rona）說，「這就是梭羅斯呼風喚雨本領的源泉。」羅諾曾在投資銀行做過事，和梭羅斯一樣，也是匈牙利移民。

　　但是也有人認為沒什麼了不起。有些人喜歡貶損梭羅斯，堅稱他根本沒有動搖市場。其中一人叫做愛席亞・諾蘭（Arthea B. Nolan），是《避險馬》（Hedge Mar）通訊快報的新聞副主編，說：「沒錯，經手大量資金的經理人，可能在

短期內動搖市場，卻不能撼動市場的根本，因為供給和需求因素決定了長期的價格。」

也有人否定梭羅斯擁有某些魔術般的本能直覺；他們反而堅稱，他做的是一些比較邪惡的事。這個人當然有朋友。他們很快便承認，這不是什麼罪惡。可是這些朋友都位高權重。同樣的，他們也很快承認，這樣的事未必使人坐牢。不過那些人際關係背後似乎潛藏著一些邪惡的事。

比方說，《觀察家》（The Observer）談到梭羅斯和詹姆士・高史密斯、尼爾茲・陶伯過從甚密時說：「這類關係，給人小圈圈結黨成派的印象，照正規行事的投資人，聽到梭羅斯的名字時，有時難免皺起眉頭。他的同事可能說他憑藉的是第六感，可是連他們說的話，也給人留下印象，覺得梭羅斯為自己建立廣泛的人脈，為的是蒐集情報。」

可是，在正確的地點擁有朋友到底有什麼不對？

梭羅斯基金管理公司的企業經理人蓋里・葛雷斯坦（Gary Gladstein）很樂意談起梭羅斯大師在全世界任何地方能夠掌握總體經濟趨勢，是因為交遊廣闊。「喬治有一些頭腦靈光的朋友，在全球各地有很廣的人脈。他會走進辦公室，說：『我對A國有興趣，打電話問X……。』而且在他整個事業生涯中，一直依賴各地的獨立顧問師。你該看看他的通訊錄。」

1993年6月，梭羅斯又投資不動產，這次是到英國。和芮克曼在美國設立基金後四個月，他成立了一個更大的基金，做為投資英國不動產的管道。梭羅斯的量子基金和倫敦一家叫做

英國土地公司（British Land Co.,PLC）的不動開發商聯手，而這一次，梭羅斯打算投資7億7,500萬美元到不動產。他也吃下英國土地公司4.8％的股份。

如果梭羅斯要買英國的不動產，那就表示英國的不動產市場已經見底，將要反彈。不管怎麼說，這是英國投資人從梭羅斯的投資得到的訊息。結果，股票市場中的不動產公司股價漲翻天：市值增加6億6,700萬英鎊，梭羅斯持有英國土地公司近5％的股份，馬上賺進520萬英鎊利潤。英國土地公司的股價從298便士漲到434便士。

顯然梭羅斯仍散發難以抵擋的魅力。《衛報》（The Guardian）咕噥道：「上個月是黃金，昨天是不動產。整個投資圈都認為，如果喬治・梭羅斯覺得什麼東西值得投資，他們就該有相同的想法。」梭羅斯見到自己很明顯擁有號召群眾的能力，大受鼓舞，於是再往前踏進一步。他公開宣稱另一件事，不管有意或無意，又產生影響市場的效果。這一次，他針對外匯市場發表談話。

1993年6月，梭羅斯大張旗鼓地公開表示，德國馬克將要下跌；這事不叫人意外。一個人如果已經做成結論，相信可以善用自己不同於常人的力量，最後一定有這樣的行為。

6月9日梭羅斯致函倫敦的《泰晤士報》，對該報經濟新聞主編安納托爾・卡雷茨基（Anatole Kaletsky）5月20日寫的一篇文章，敦促梭羅斯砲轟法國法郎一事，表示意見。梭羅斯答稱，他不同意卡雷茨基的看法，也就是該賣出的不是法國貨幣和債券，而是德國的資產。梭羅斯寫道，不管德國聯邦銀行心

裡怎麼想，德國的短期利率勢在必降。「我預期馬克會對所有主要貨幣下跌，甚至包括對英鎊在內。我也預期未來幾個月德國債券相對於法國債券會下跌，但當德國聯邦銀行的準備止跌回升，並大幅降低短期利率後，德國債券價格會上漲。

「德國聯邦銀行把利率訂得太高，而且這麼高的利率維持太長的時間。它本來大可逐步降低短期利率，而不危及它的威信，卻錯失大好良機。德國現在的經濟衰退比法國還糟。」

依梭羅斯之見，德國遲早得屈服，因為經濟衰退愈來愈嚴重。「不管德國聯邦銀行喜不喜歡，短期利率勢在必降。」梭羅斯補充說，到時候，德國債券價格會因為馬克上揚而跟著上漲，但一旦匯率因素吸收消化完畢，價格會回跌。

透露自己建立的倉位，棒極了。這不但是喬治‧梭羅斯這位出色的金融理財專家，依據自己的經驗和直覺，提供忠告的單純例子，更是投機客喬治‧梭羅斯公開坦承，假使大家追隨他的忠告，他本身的倉位也會直接受益。

這是近幾個月來，梭羅斯第三次及時透露自己做了什麼投資，而有助於投資倉位增值。「這是賺錢的新方法，」摩根史坦利公司駐倫敦的策略師大衛‧羅席（David C. Roche）表示，「綜合了在市場底部適時投資和公開宣傳之效。」

梭羅斯在信末作結時，設法講得很清楚：他的兩種事業──投資人和公益慈善家──是分開和截然不同的。他不是為了讓自己的投資獲益而從事公益慈善活動。「我希望釐清自己的角色。你的信中，同時提到我在外匯市場和東歐的活動。這中

間有很大的差別。在東歐，我追求的是促進開放式的社會。在金融市場，我是爲受益憑證持有人和我自己追逐利潤。進出金融市場，讓我拿得出錢來資助東歐的各個基金會。在東歐，我不會追求利潤，在金融市場，我不會當慈善機構。可能讓我萬劫不復的投機行爲，我總是設法避免，但即使沒有我參與也會發生的事，看不出有什麼理由棄之而去。當然了，做這種判斷時，我不比中央銀行更不會犯錯。」

或許不會吧，但是市場聽了梭羅斯有關馬克的談話，作出正面的反應後，他的大師身分地位更爲提升。6月11日馬克匯價是61美分，梭羅斯的信發表兩天後，6月25日，馬克跌到59美分。量子基金增值10％，約合4億美元，據信和梭羅斯的外匯操作有關。

6月23日，梭羅斯說馬克匯價肯定會下跌：美元馬上會從現在的1.70馬克漲爲2馬克。他再次攻擊德國聯邦銀行沒有採取行動，幫助歐洲其他國家。「德國聯邦銀行目前的立場，對德國經濟和歐洲經濟有害，而且對歐洲的政治統合非常有害。以前美元曾漲到4馬克，」他補充說，「只要低於2馬克，我都覺得美元太便宜。」

第二十三章
叫做狂妄的一種常見病毒

　　說起來十分矛盾。長久以來，喬治‧梭羅斯一直希望政治家站起來注意他。現在他們終於那麼做了。當然了，他期望得到他們的尊重，而不是抱著懷疑之心。可是他得到的是後者。

　　1993年初，梭羅斯有些惹人注目的舉動，加上1992年他賺了6億5,000萬美元的消息，引得政治家側目。他們記得十分清楚，1980年代，邁可‧米爾肯（Michael Milken）、伊凡‧包斯基（Ivan Boesky）以及併購年代裡的其他巨星，賺進了數百萬、數千萬美元。

　　這些政治家的記憶裡，抹不掉併購年代如火如荼展開的種種情形。米爾肯、包斯基和一堆知名度沒那麼高的人，其實是利用內線情報大賺其錢。一開始，每個人都對這些人看起來那麼聰明驚異不置。後來大家才發現，1980年代的企業巨星，不像他們外表看起來的那麼聰明。

　　現在，政治家相信，他們應該好好觀察喬治‧梭羅斯和整個避險基金的運作情形。他們沒理由相信他的行為和米爾肯、包斯基等人相同。依他們之見，梭羅斯犯下的罪，在於他賺了那麼多錢。華盛頓的不安之情揮之不去。

在他們眼前，一些金融操作高手賺了很多錢，更糟的是，這些賺錢高手的所做所為，以及怎麼賺得巨富的方法，華爾街以外的地方，沒人曉得，有時甚至連華爾街裡面的人也不知道。華盛頓慢慢覺得，有必要找梭羅斯和其他避險基金經理人來一談，問一些事情，以便瞭解內情。他們有必要來說個清楚。

因此，1993年6月，權勢強大的眾議院銀行委員會主席亨利・龔薩雷茲（Henry Gonzales）宣布，計劃請聯邦準備理事會（Fed）和證券管理委員會（SEC）仔細觀察喬治・梭羅斯量子基金的外匯交易情形。龔薩雷茲在眾院全會上說，他很好奇，想知道梭羅斯怎能賺到那麼多利潤。他希望瞭解梭羅斯的資金有多少來自銀行貸款，以及美國銀行業者因為借錢給梭羅斯的基金而承受多大的風險。「近期內，」這位國會議員保證，「我會請Fed和SEC檢討梭羅斯先生對外匯市場的影響，以明瞭像梭羅斯先生這樣一個人，有沒有可能操縱外匯市場。」

他講的是「操縱」。

這是個很強烈的字眼。

對梭羅斯先生來說，到華盛頓走一遭，可不像到公園散步。

龔薩雷茲補充說：「Fed和其他國家的中央銀行，最好充份瞭解梭羅斯先生操縱外匯市場的方法。畢竟，在操縱各種貨幣的價值上，他們是和他正面競爭。」

　　約過了一年才舉行相關的聽證會。可是龔薩雷茲的宣布，給整個避險基金遊戲投下陰影。在他們張大眼睛靜待事態發展時，梭羅斯和避險基金業的其他人，都必須設想前頭有什麼東西在等他們。

　　但是情況未必如此。1993年夏，梭羅斯對自己很感滿意，看起來似乎好整以暇。大家說他是市場大師，他十分平靜地接納這種說法。和十年前比起來，他似乎比較快樂。他在倫敦的合作夥伴艾德格‧厄斯泰爾（Edgar Astaire），發現和早些年比起來，他對自己滿意許多，當年「他抑鬱寡歡，冷若冰霜。現在到處談他怎麼動搖市場、這位大師如何呼風喚雨，聽在他心裡，自然影響心情。現在他比較爽朗，更會享受生活，我比較常聽到他在笑」。

　　梭羅斯似乎喜歡有那麼多人注意他，但他察覺那可能只是一時的現象。「我沒有操縱市場，但不能否認，目前有種神秘的氣氛籠罩著我，視我為市場作手。眼前大家對我的所做所為十分注意。我買了紐蒙特礦業公司的股票後，（1993年5月中旬）金價漲了15美元，的確和我的買進有關。事情確實是這個樣子。但在我做了幾個錯誤的行動後，人們平靜了下來。」

　　不過他確實很有技巧地操縱新聞媒體。

　　引來新聞媒體的興趣之後，梭羅斯曉得，他必須拒絕如潮般湧來的記者問題：他在市場上正在做什麼。他希望焦點能夠集注在他的援助活動，以及做得十分成功的事實上。沒錯，19

93和1994年，大部分有關梭羅斯的文章，都把重點放在他的公益慈善活動。記者覺得有必要談談他生活中的投資面，但拿不到什麼明確的資料，只好含混其詞帶過。

梭羅斯發現新聞媒體的報導，對他的援助活動有好處，因此對新聞媒體變得比以往熱絡。1992年9月拋空英鎊大賺，並因此獲得不少正面報導（特別是在英國）之後，他更常坐下來接受訪問。比方說，《觀察家》（The Observer）1993年1月10日談他的一篇報導，標題是「擊垮英格蘭銀行的人」；3月14日，《倫敦標準報》（London Standard）的文章標題是「宇宙大師」（Master of the Universe）。

來自英國和美國的電視台採訪攝影人員，請他合作，針對他的事業生涯拍些簡短的紀錄片。破天荒第一遭，他准許他們在紐約的投資辦公室，以及到布達佩斯他躲納粹的地窖裡攝影。

對梭羅斯來說，這麼做絕對值得。1993年12月13日播出的ABC－TV紀錄片裡，他說：「（我的基金）已變得那麼龐大，除非我找到錢的用途，否則它的存在毫無意義。……那麼做（賺錢比花錢）似乎容易些。我的賺錢設施，似乎比送錢出去時做出正確決策的設施要大。」

認同危機不再困擾他。梭羅斯看起來像是十分滿足的人。不過他還是希望在生命中得到更多東西。這一點，1993年7月《領導統御》（Leadership）雜誌刊出一篇很精彩的訪問稿，

他講得很清楚。

　　記者問他：他對自己當時的看法如何？

　　梭羅斯說：「我只是件在製品（work in progress），對事件進行的曲線很感滿意。和光是忙著賺錢的時候比起來，我遠為喜愛自己。現在我覺得自己比較完整。……只要更瞭解各種事情怎麼湊合在一起，我就感到很滿足。」

　　簡而言之，1950 年代初他在倫敦求學時，一直縈繞心中，和生存有關的所有問題，他還是希望得到解答。

　　記者問他，是不是有金盆洗手的一天，意思是指退休。

　　梭羅斯從反方向來回答：「我想，那表示某種挫敗。不過我希望保持事情在一定的界限內，好讓自己不到那個階段。顯然會有某個時點，事情變得太難以負荷，我再也沒辦法應付。」

　　他是不是曾感精疲力盡？擁有很多錢的人，難免有些時候有那樣的感覺，梭羅斯會不會？

　　「不，我覺得自己相當擅長於找出這種風險，盡力去避免。我接受它，視它為整個遊戲的一部分。」

　　記者：「你談到，擁有那麼多錢，必須負些責任，運用錢財的方式，不能很明顯地被視為只圖私利。這麼做會不會很困難？」

　　梭羅斯說：「其實我不很在意別人怎麼說。我曉得，要是

還沒做，別人會寫些什麼樣的文章。我不認為我有什麼事情需要為自己辯護。我想，問題在別的地方。我到底是成功的奴隸，還是能夠掌控自己的命運？

「是有這樣的事情，也就是人做得太成功，而且有太多的事要做才能成功。我必須設法取得適切的平衡，不要被自己的成功沖昏頭。我不能被某些事情吸走，結果自己無法應付。這就是我生命中真正玩的遊戲，因為那是冒險犯難的部分。」

接下來是個很好的問題：如果梭羅斯沒在賺到那麼多錢後又送出去那麼多錢，那他可能做些什麼？

他坦承，思考過這個問題。1960年代初，他首次回到匈牙利，第一次問自己這樣的問題。「我得到的結論是，我會去開計程車，搭載觀光客，賺一些外幣。」

他可能視自己為還算有錢的中產階級商人。他的意思是不是說，要是事情的發展不同，他可能成為普通的老計程車司機，為求溫飽而奔波忙碌？

———

在此同時，1993年夏，在金融圈裡面，梭羅斯是個更充滿謎團的人物。這時，距1992年9月拋空英鎊大賺一筆後九個月，梭羅斯被視為幾近神話中人，每開金口，市場總要隨之起舞。

還不止如此，這年夏天，歐洲共同體出了麻煩，注意梭羅斯一舉一動的人，發覺愈來愈難以猜透這位大師心裡在想些什

麼，揣測他喜歡當前金融市場的哪個層面。他好像坐在蹺蹺板上，忽上忽下。想跟隨他腳步的人，往往搞得昏頭轉向。

每個人都想猜出，在歐洲匯率穩定機能（ERM）似將解體之際，梭羅斯會有什麼樣的舉措。梭羅斯曾趁ERM有問題時上下其手並且獲勝，現在人們的憂慮之情復起，擔心他再來一次。

法國法郎受到的壓力愈來愈大。德國利率居高不下，吸引資金從法郎流向德國馬克，迫使法郎匯價跌到ERM允許的下限。投機客大拋法郎，但是法國無意貶值法郎。

7月26日星期一，梭羅斯告訴法國《費加羅報》，他對法郎沒有投機性動作，理由是：不希望任何人指責他摧毀ERM。基本上，梭羅斯等於給法郎投下信心票，意思是法郎可以度過目前的動盪，法國不用脫離ERM。

梭羅斯似乎打算遠離那場騷亂。可是德國聯邦銀行開會並表決不調整重要的重貼現率之後，梭羅斯大怒，講出他似覺遭人背叛的話。他預測：「我想這個體系終將崩解。」

7月30日星期五，他傳真一份新聞稿給倫敦的路透社，宣布：「德國聯邦銀行決定不降低重貼現率之後，我覺得可以不受我在《費加羅報》所說的話約束。身為歐洲貨幣體系（European Monetary System）支柱的德國聯邦銀行，行事作為毫不顧及其他會員國的利益，這時為了保護歐洲貨幣體系而放棄操作貨幣，一點效用也沒有。」

他把法國法郎比喻作慘遭毆打的妻子，被打之後，還不肯離開老公──這個例子中，指的是ERM。「我不認為目前的安排，到週一上午還能運作。」他宣布，現在覺得可以無拘無束恢復操作法國法郎。

金融圈頓感迷惑，不曉得喬治・梭羅斯要怎麼做──以及他想傳遞什麼樣的訊息。歐洲各國部長群聚布魯塞爾，手忙腳亂地試圖挽救ERM之際，梭羅斯仍好整以暇，設法給人清楚的印象，認為他遠離紛擾，對ERM的另一次危機無動於衷。

一天，他躺在南安普敦家中游泳池畔小憩，《紐約時報》的記者碰巧打電話來，逮個正著。《紐約時報》的記者說，他的話聽起來比較像是年老的政治家，不太像貨幣交易員。他告訴這位記者：「正由於我不想把市場逼瘋，所以不想說出自己要做什麼事。」梭羅斯不把秘密洩露出去，只說星期五中午以前他沒有投機操作歐洲貨幣。這話聽起來很像他已在那之後開始操作法郎。

真是這樣嗎？

梭羅斯不說。他急於消除別人心目中他只是投機客的印象，因此一舉手一投足依舊像是年老的政治家。「我對歐洲和它的體系有很強的信心，參與者應該關心那個體系如何保存，不要只為自己牟取利潤。」

但是他不再覺得自己遠離塵囂。

8月4日，他對馬克公開發表談話。他相信德國聯邦銀行的

政策正驅使德國的經濟衰退陷得更深，因此他賣出馬克。「我自己是投機操作馬克，賣出馬克買進美元和日圓，」梭羅斯在德國電視台上說，「長期而言，這是針對馬克應建立的倉位。」他補充說，德國央行的高利率政策將自取其敗；德國應降低利率，協助提振歐洲的經濟。

梭羅斯的看法起初似乎是對的。6月間，梭羅斯第一次發表預測時，馬克匯價是1.625兌1美元，7月底跌到1.75馬克兌1美元。但是9月中旬，馬克對美元大幅上揚，漲到1.61兌1美元。

───────

在這之前，很少人質疑梭羅斯有權公開自己的操作內情。大師都會這麼做。但是人們愈來愈覺得，梭羅斯給全球政治家建言的做法，可能做得太過火了。

舉例來說，8月1日，他出現在英國一家電視台的節目中，力主西方國家軍事干預巴爾幹半島。他說，容忍「種族清洗」，等於文明被毀。

誰指派他講這種話？

《每日電訊報》（Daily Telegraph）1993年8月5日的社論做了一個很好的總結，談到那年夏天許多人對梭羅斯抱持的愛惡交織心情：「自從他下注100億美元，賭英鎊會脫離ERM之後，每講一句話，都被奉為神諭，他的信和在報紙上發表的文章，則被視為聖經。……

「沒人期望梭羅斯先生病倒。最近幾天，歐洲大陸的政治家和中央銀行官員，責怪如他之流的投機客造成ERM崩解，但他們應該抑制自己的怒氣：錯全在他們自己，因為他們試圖維繫無法維持長久的匯率和利率。……

「但也有應審慎提防之處。梭羅斯先生對新聞媒體傳達的訊息日益囂張，讓人感到他狂妄自大。……

「這個星期，梭羅斯先生主張從空中攻擊，以解塞拉耶佛之圍，我們開始覺得他應該休個假。他可能已經相信，點個頭或眨個眼，不只可以決定匯率，還能決定外交政策。……不過，這個世界願意傾聽梭羅斯先生講的每一句話，不能讓他誤以為什麼話都可以說。」

兩天後，也就是8月7日，《經濟學人》（The Economist）週刊在題為「好發議論」的文章中，有進一步的探索。

「喬治・梭羅斯瘋了嗎？報紙和廣播中，這位住在紐約的匈牙利裔投資人講的重話愈來愈多，話題從銀行到波士尼亞，無所不包。最近幾天，正值歐洲的ERM纏綿病塌之際，梭羅斯先生的看法吸引到的注意，至少和德國聯邦銀行主管吸引到的注意一樣多。新聞媒體當然對梭羅斯先生有興趣；畢竟他是『擊垮英格蘭銀行的人』。……可是擁有像他那種力量的投資人，通常惜言如金，為什麼他不是如此？」

這本雜誌問的問題是：為什麼梭羅斯那麼常公開透露自己的看法？

「第一（個理由），梭羅斯先生一定不反對被視爲當代傑出的投資大師。他確實當之無愧。

「另一個動機可能是，梭羅斯不再自滿於抱著財富待在暗處，更希望影響當代重大議題的公共政策。這種野心值得稱許，但是從公益慈善活動中或許更容易得到滿足，正如他目前在東歐的所做所爲。

「梭羅斯先生顯然渴望新聞媒體有所報導的最後一個理由，可能是和以往每天必須管理量子基金比起來，現在較無掛心之事。」

新聞媒體繼續砲轟，《巴隆》金融週刊8月16日講話了。

「早些年，喬治沉默寡言。許多年內，他是我們的『圓桌論壇』中機智詼諧、很有價值的成員，但除此之外，他寧可由自己的績效替他講話，而天曉得，那可講了很多話。

「不過最近喬治已經徹底打破沉默的習性。在倫敦，打開電視機，數週內不見他的容貌出現在螢幕上，可說十分困難。他寫給報館的信滿天飛、在特別報導解說版撰寫文章、接見記者、公開叱責德國聯邦銀行——簡而言之，他除了是傳奇性的投資人，還成了公眾人物。

「……梭羅斯覺得有股驅力，要長嘯數聲，讓大家曉得他在做公益慈善活動，或者像有錢人，錢賺得有點累了，想做個好發議論的哲學家。這樣的事，我們不覺得意外。比較沒那麼宏大的問題，他把自己所想大聲講出來，像是德國馬克會上漲

或下跌，或者應該放空法國法郎，我們則覺得有點困惑。要是我們沒那麼瞭解他的話，便會懷疑他是不是染上一種叫做狂妄的常見病毒。」

那年夏天，《商業週刊》一位記者逮到機會，問梭羅斯，爲什麼他變得那麼「好發議論」。

梭羅斯一開始便這麼說：「除非我有某些事情想說，否則通常不願在大眾面前露臉。……而且只要有可能，我寧可用自己的話來說。因爲這是我自定的明確政策──我發現接受訪問，所講的話會被斷章取義。即使那是我自己講的話，經過處理，卻和本意不符。

「我（和新聞媒體）沒有愛恨關係。如果可以，我（會保持）相當遠的距離。如果你現在大肆批評，發現我有某些缺點或者其他東西，那不會傷害我。所以你可盡情去做。」

梭羅斯似乎是說，他並不在意新聞媒體，其實顯然並非如此。梭羅斯沒有龐大和複雜的公共關係機器幫助他，卻相當熟練靈巧地成了本身最好的發言人。他十分聰明，曉得發送傳真和寫信給主編，和接受報紙訪問比起來，更能使自己的所有觀點完整地呈現出來。這樣的手段一次又一次奏效。報紙接到梭羅斯的傳真或信函之後，總是全文照登。他也曉得，有些時候最好向新聞媒體發表評論，有時則宜守口如瓶。那年他大膽聘用外部的公共關係公司──紐約聲譽卓著的凱斯特公司（Kekst & Co.）──時，看上的是凱斯特的公共宣傳機器會盡可能少談他。

對某些人而言，梭羅斯公開談論投資倉位時，有點太聰明。華爾街一位著名基金經理人堅持不要透露姓名，顯然備受梭羅斯的行為所困：「我不瞭解為什麼要公開談那些事，特別是他們在市場中積極交易時。」這位經理人斬釘截鐵地說，發表那樣的談話，「不合時宜。……拿梭羅斯來說，那或許不是法律上的問題，只是道德上的問題。」

但是近8月底，梭羅斯還談個不停，引發另一波新聞媒體報導熱潮，這一次他的尊容上了《商業週刊》的封面。在過去，他可能視這樣的事為死神之吻。一些助理大為憤怒。

至於有多憤怒，可從封面故事的開場白中看出。

《商業週刊》的記者指出，梭羅斯即將接受該雜誌訪問。被稱做梭羅斯的資深投資組合經理的傑拉德·曼諾洛維奇（Gerard Manolovici）十分不安。

「蓋里，」──他向梭羅斯的行政長蓋里·葛雷斯坦（Gary Gladstein）說──「你得制止這件事。我是說真的。你必須制止這篇報導。」

葛雷斯坦轉向記者，帶著歉意笑道：「我們這裡不喜歡新聞報導，希望保持低調。」

華爾街上一位智者指出，像梭羅斯這樣的人吸引新聞媒體報導，「不只被視為有欠思慮，更被視為十分不幸。華爾街是個俗氣的事業和地方。在喬治·梭羅斯的投資活動中，四周圍

繞的人，除了想賺點錢，其他什麼事都不管。他們不在意自己
在歷史上的地位。梭羅斯或許在意，但他們不會。華爾街上有
一個言之十分成理的傳說，也就是一旦你惹人注意，便成了歷
史。一旦你上了《商業週刊》的封面，便只好和華爾街吻別。
而梭羅斯剛上了封面」。

　　梭羅斯本身的助理，包括史坦利・朱肯米勒（ Stanley
Druckenmiller ），給他愈來愈大的壓力，要他控制自己的唇
舌。梭羅斯基金管理公司內部的看法，認為梭羅斯經常公開談
話，使得該基金少了運作的靈活和彈性。正如以前的一位同事
所說的：「他可能認為自己是上帝給一般投資人的禮物，但是
有種現象值得注意，也就是他的倉位變得那麼大，需要很多人
追隨買進，才能造成既成事實。就某種意義來說，他本身就是
個市場。他的貨幣倉位那麼大、固定收益投資工具的倉位那麼
大，以致於他的基金在市場中失去了彈性。」

　　因此在好發議論的1993年夏天過後，梭羅斯見風使舵，改
採不同的做法，遇有記者詢問，一概拒絕回答他喜歡或不喜歡
什麼股票或貨幣。他似乎察覺到，自己所講的每一句話，都被
人監聽。如果他擁有說風是風，說雨是雨的某種力量，那麼這
股力量也可能對他不利。他曉得這件事，變得不再那麼愛講
話。

　　　　　————————————

　　梭羅斯很想耕耘歐洲政治家的人脈，卻沒贏得他們喝采。
梭羅斯不斷對歐洲的貨幣事務「插手管閒事」，令他們生氣。

1993年9月底，比利時外交部長卡雷斯（Willy Cales），那時也是歐洲共同體的部長理事會主席，指責梭羅斯拐彎抹角地推翻歐洲的統一大業。卡雷斯接受法國《問題週刊》（Le Point）訪問時說：「那裡面有某種陰謀存在。在盎格魯薩克遜的世界裡，有些組織和個人寧可見到分裂的歐洲，只扮演次要的經濟角色，而不想見到強大的歐洲，擁有自己的貨幣和外交政策。」

梭羅斯的發言人大衛・柯隆費爾德（David Kronfeld）輕描淡寫應付卡雷斯的話，指出「有關這種盎格魯薩克遜陰謀論的無聊談話，我們不打算有所回應。」他再次強調，梭羅斯贊成一個有效的歐洲貨幣體系，但深信這個體系最近崩垮之前，已經不再對歐洲國家有正面的益處。

整體而言，1993年是量子基金十分豐收的一個年頭，資產淨值漲了61.5％。1969年只要投資10,000美元在量子基金，現在已有2,100萬美元的身價。拿同樣的10,000美元投資史坦普500種股價指數的選樣股，同期內只變成12萬2,000美元，少得可憐。

梭羅斯的每個基金，表現都好得叫人稱奇。最好的是量子新興成長基金，扣除費用之前，漲了109％，其次是量子和配額基金，都漲了72％以上。1969年以來，梭羅斯的基金年成長複率約35％。史坦普股價指數每年只上漲10.5％。

1993年最後一季，梭羅斯買進最多的股票是派拉蒙傳播；

買進次多和第三多的股票在電腦網路領域：新橋網路
（Newbridge Networks）和DSC通訊。賣出最多的股票是
Medco全包服務（Medco Containment Services），但從其
他賣出數量很大的股票可以看出，他想擺脫金融服務類股；賣
出最多的十種股票中，五種屬於這種類股。

下表是梭羅斯持有最多的股票；持有的資產約半數是股
票。

持有最多的股票

公司名稱	持有價值 （百萬美元）	持有股數 12/31/93
紐蒙特礦業	$488	8,461,000
派拉蒙傳播	225	2,894,000
狄爾（Deere & Co.）	116	1,569,000
普宜（Perkin-Elmer）	78	2,036,000
家庭倉庫（Home Depot）	66	1,665,000
新橋網路（Newbridge Networks）	56	1,019,000
摩托羅拉	47	507,000
太克科技（Tektronix）	44	1,869,000
肯百（Kemper）	42	1,144,000

第四季買進金額最多的股票排名

公司名稱	買進股數 （1993年第四季）	持有股數 12/31/93
派拉蒙傳播	1,674,000	2,894,000
新橋網路	569,000	1,019,000
DSC通訊	439,000	651,000
菲利普莫理斯	424,000	436,000
摩托羅拉	253,000	507,000
霍斯特馬利歐（Host Marriott）	2,500,000	3,750,000
WMX科技	714,000	714,000
雷神（Ratheon）	238,000	250,000
美國家用品	208,000	208,000
LIN廣播	116,000	119,000

第四季賣出金額最多的股票排名

公司名稱	賣出股數 （1993年第四季）	持有股數 12/31/93
Medco全包服務	4,086,000	-0-
紐蒙特礦業	365,000	8,461,000
大通銀行	561,000	150,000
索尼（Shoney's）	790,000	-0-
泛美（Transamerica）	275,000	-0-
美國運通	519,000	550,000
馬利歐國際	529,000	720,000
聯邦國民抵押	185,000	145,000
通用再保（General Re）	134,000	205,000
柏林頓（Burlington）資源	305,000	592,000

資料來源：聯邦申報書（取材自《今日美國報》，1994年3月
12日）

第二十四章
我是匈牙利猶太人

　　說起來相當諷刺，梭羅斯小時候認為自己是上帝，長大了卻認為他的成功和宗教沒有什麼關係。

　　梭羅斯的父母和他本身的經驗，都沒吸引他更接近猶太信仰。即使納粹大屠殺強烈激發他想起自己的宗教背景，但對他的宗教信念沒有產生持續性的影響。1944年躲避納粹追捕的經歷，使他學到冒險犯難和求生圖存的技巧，但他沒因此更像猶太人。

　　如果他有從納粹大屠殺學到任何教訓的話，那應該說他相信少數民族──如歐洲的猶太人──將來應該受到保護，而最好的保護方式，是建立多元化的社會，給予少數族群應有的權益。

　　「1947年我到英國，1956年到美國，」他寫道，「但從沒變得很像美國人。我已把匈牙利拋在後頭，但我的猶太血統沒有產生族群的忠誠，引領我支持以色列。相反的，我以身為少數族群自豪，像個局外人，能用不同的觀點看事情。只有批判性思考和提出獨特觀點的能力，才能彌補身為匈牙利猶太人一直困擾我的危險和侮辱。」

　　猶太教信仰對他是個負擔。這事沒有特別的好處，只有「危險和侮辱」，一直「困擾」身為猶太人的他。因此，戰後他盡量避談自己的宗教。他的知性理念無一來自猶太教。

　　他的老友和事業上的夥伴拜爾倫・伍恩（Byron Wien）指出，「喬治從沒自認不是猶太人。他不曾試著暗指自己不是猶太人。他從沒背離自己的根，但我想，在此同時，他不希望那是自己血統的核心事實。

　　「在他長大成人的過程中，那是他的血統中的核心事實。他是猶太人的這個事實，表示他必須有所逃避。他必須奔逃，躲起來。到了美國之後，身為猶太人，便被劃為一類，而喬治希望擺脫所有類屬。他希望因自己所做的事、自己的智性和成就而為人接納。他不認同猶太教義，但另一方面，也不背離（身為猶太人）。他假想每個人都知道他是猶太人，但不會唯恐別人不曉得，刻意戴著一個標記，說我是猶太人。」

　　1992 年 10 月初，梭羅斯邀請以色列企業家班尼・藍達（Benny Landa）到紐約的寓所吃晚飯。對兩人來說，後來發現這是個很棒的晚上。

　　1977 年，藍達在離特拉維夫不遠的以色列小鎮雷霍佛（Rehovot），成立了一家叫做英迪哥（Indigo）的高科技公司。英迪哥很快成為全球高品質數位彩色印刷產品的翹楚。

　　6 月間，藍達請美國投資銀行第一波士頓公司替英迪哥做

些策略性規劃工作。第一波士頓建議先從直接發行證券做起，幾年後再公開發行。就在第一波士頓的直接銷售備忘錄即將完稿、寄發給可能的投資人之際，梭羅斯得悉該公司的意圖。進一步探詢之後，他請英迪哥暫緩寄發直接銷售的備忘錄，並表示如果他有興趣，將吃下全部，共5,000萬美元，做為投資。

1994年8月，藍達坐在雷霍佛的第四樓辦公室裡，回憶往事說：「那對我們來說，真是個驚喜，因為我們本來預期至少得有六位投資人才賣得完。」雙方談好條件，但梭羅斯告訴藍達，他個人對這件交易有興趣，希望在最後敲定之前，見見這位企業家。梭羅斯請他到紐約來，共進晚餐。

因此梭羅斯和藍達見了面。在場作陪的還有兩個人，一位是梭羅斯的同事查特吉（P.C. Chatterjee），另一位是第一波士頓的總經理羅伯・孔瑞茨（Robert Conrads）。這個晚上最叫人驚奇的是談話的性質。局外人會想，四位生意人一起吃晚飯談生意，談話內容即使不是全部，也應該大部分和工作有關。但是查特吉和孔瑞茨整個晚上幾乎沒開口。後來藍達解釋說，這兩人一定是聽了梭羅斯和他整晚聊的，都是和生意沒關的話題，吃驚之餘，不知如何開口。

約兩年後，藍達談起那天晚上談話的細節，就好像是昨天晚上才和梭羅斯吃過飯。他們在晚上7時30分開始吃飯，前後四個小時。大家坐下來享受豐盛的晚餐後，梭羅斯請藍達談談自己和他的公司。這事可能花了20到30分鐘。接著藍達問梭羅斯，是不是該換他請這位投資人談談他自己。

「沒問題，」梭羅斯答道，以為藍達要問他有關投資上的

問題。

「喔，」藍達打斷他的話，「我看過你的經濟和政治哲學，對那不是很有興趣。」要是梭羅斯聽了這話而皺眉頭的話，藍達可是沒注意到。「我感興趣的是」——藍達提醒自己，要講得含蓄些——「身為猶太人，你的感覺如何。和以色列的公司做生意，是不是具有任何意義。」

藍達聽人說過，梭羅斯對猶太信仰相當冷漠，但又曉得這位投資人、納粹大屠殺的倖存者，是猶太人。梭羅斯是納粹大屠殺的倖存者，卻對猶太信念無動於衷，藍達有點難以理解。所以有此一問。

對於這個問題，梭羅斯看起來似乎很驚訝，但沒有不快。

「不論是哪裡的公司，對我來說都無關緊要。並不是因為你是家以色列公司，我才感興趣，只是這事看起來似乎是個很好的機會。」接下來三個半小時，梭羅斯侃侃而談他的猶太血統、他的童年經驗，特別是二次世界大戰期間躲避納粹的追捕。「那是我這一生中最刺激的經歷之一，」他告訴藍達，「那種躲藏就像玩警察抓小偷，刺激極了。」他們也談到猶太的民族性和猶太人的自我憎恨。那個晚上，有些時候，兩人辯了起來——但不是爭得面紅耳赤，而是相當心平氣和地辯論，但話題是藍達後來所說的「那些切身而痛苦的問題」。

藍達和梭羅斯聊天的時候，很好奇想知道是什麼原因令這位投資人否定自己的猶太根源。聽梭羅斯談他戰爭期間的經驗時，藍達發現可能的解釋方法。他注意到梭羅斯描述二次世界

大戰的經驗時，總是把它看成很刺激的遊戲。可是現實中，他一定歷經難以想像的恐怖，而個中原因，只在於他是猶太人。於是他作成結論：身爲猶太人，對梭羅斯來說是個負擔，從來不是有趣的事。那個晚上某個時候，梭羅斯透露，直到1980年代初，公開承認自己是猶太人，他才不覺得渾身不自在。在這之前，他總是避而不談這個問題。梭羅斯說：「或許是因爲在商場中成功，終於給了我足夠的信心，承認自己的猶太血統。」

　　他們又扯到民族情感的話題。藍達認爲，民族主義含有某些建設性、正面的因子，猶太人復國運動尤其是一股十分正面的力量，值得爲之奮鬥。他告訴梭羅斯：「我希望能夠吸引你更接近它。」

　　梭羅斯受到納粹的殘酷折磨，對於民族主義沒有好感。「那只會帶來邪惡和破壞的行爲，引發盲目的愛國心和戰爭，」梭羅斯回應道，「我反對任何形式的民族主義。如果民族主義有可能只出現建設性的一面，沒有負面的特質，以及因之而來的政治和社會傷害，那你說的是對的。但那不可能。」

　　就在他們談話的時候，梭羅斯也受到東歐政權的民族主義份子抨擊。「那實在很諷刺，」梭羅斯說，「他們試著把我和全球的猶太人復國運動計謀連結在一起，和錫安山的長老混爲一談。那真的很諷刺。」之所以諷刺，因爲梭羅斯幾乎不認爲自己是猶太人。

　　時間接近11時30分，梭羅斯和藍達神色間都露出疲態。

藍達轉向梭羅斯，帶著作結的語氣說：「我覺得那是我的使命，就像你對其他政治信念的認同，終要把你拉回來認同以色列。把你拉回到猶太人的世界裡。」

「那會很有趣，」梭羅斯含糊其詞地回答。

在電梯中，查特吉轉向藍達說：「我很吃驚。這一輩子，從沒看過這樣的事，關於喬治的那些事，我從來不曉得。」藍達自己也很驚訝。那個晚上對藍達和梭羅斯來說，談的是和個人十分切身的話題。

幾個月後，1993年1月，藍達在梭羅斯的紐約辦公室和這位投資人見面，握手、簽約。梭羅斯一定還記得10月間他們在一起的那個晚上，可能覺得他讓人留下印象，以為他不肯和以色列公司有所往來，害怕如此將使自己的猶太血統過分曝光。他設法消除藍達可能持有的這種想法。

握手之際，梭羅斯說：「你該知道，我很高興這家公司在以色列。」藍達認為，梭羅斯的意思是說這件生意對他的確具有個人的意義。藍達趁機邀請梭羅斯到以色列，梭羅斯答應了。

與班尼・藍達見面後，可以看出喬治・梭羅斯出現了更深沈的變化。1990年代初，朋友和同事開始注意到他對宗教的態度改變了，對自己的過去重新感到興趣。他開始請一些熟識的朋友，如丹尼爾・杜隆（Daniel Doron），介紹他看一些書，

包括猶太法典。「他對猶太的文明發生興趣，」杜隆說，「突然之間，他瞭解自己不是憑空蹦出來的。」其他方面，他也有所覺醒。在布加勒斯特的梭羅斯基金會正式揭幕式上，梭羅斯站在人群前面，大聲地說：「我是喬治‧梭羅斯，我是匈牙利猶太人。」珊卓‧布拉隆（Sandra Pralong）也在場，還記得人群驚愕的樣子。羅馬尼亞人不習慣聽到某個人在公開場合以身為猶太人為榮。

這種轉變令人難以相信，特別是這個人到50歲出頭還不願自認是猶太人，而且認為自己的猶太血統是種負擔。可是現在，1990年代初，所有的事情似乎都變了。

是誰喚起喬治‧梭羅斯的猶太人自覺？首先是東歐右翼民族主義份子對他和他的猶太血統展開攻擊。其次是他對自己的猶太血統愈來愈能夠安然處之。他已在商業世界得到很大的成功，因此覺得可以不必擔心遭人攻擊。他不再需要擔心猶太血統會帶來懲罰。

最後，他在東歐親眼目睹的苦難，特別是1990年代初波士尼亞的戰爭，使他想起猶太同胞在本世紀稍早承受多大的痛楚。在他資助塞拉耶佛重建供水和天然氣管線後，有位記者問，為什麼像他這樣一樣猶太人，會同情回教國家。梭羅斯很少談到他的猶太血統，這次卻表示：「如果你經歷過納粹大屠殺，再見到另一次類似的情形，便有特別的感觸。我尤其關心前南斯拉夫的大屠殺。」

但是1994年1月他造訪以色列──首次公開訪問該地──才最能看出他對猶太信仰展現新的熱情。多年來，他的猶太同

事一直設法吸引他更注意這個猶太國家，但徒勞無功。梭羅斯對猶太信仰的冷漠，令他們相當氣惱，氣他似乎以身爲猶太人爲恥。但是他們瞭解，不管費盡多少唇舌，梭羅斯本人還是必須經歷某種轉變，才會去拜訪以色列。

他以前老是說，遠離以色列，是不滿以色列對待阿拉伯人的態度。另一個理由是，他覺得社會主義式的以色列經濟過於僵化，對投資人太不友善。由於他提供援助的目的，在於打開東歐的封閉社會，稍後更擴及前蘇聯地區，所以沒有理由在已經走向民主的以色列取得一席之地。他不認爲以色列需要「開放」。

但是別人並沒有因此停止努力，極力說服他到以色列一訪。

1993年秋，以色列宣布已和巴勒斯坦解放組織秘密談判，希望和巴勒斯坦人達成協議。以色列經濟學教授古爾‧歐佛（Gur Ofer）覺得這是個好時機，於是寫了信，請梭羅斯重新思考到以色列一遊之事。

「閣下應該還記得，我們談過，但你拒絕到以色列一事？」歐佛寫道，「是的，過去幾年來，以色列已經歷非常重大的經濟改革，而且我們將要擁有和平。此時正宜重新思考您和以色列的關係。」歐佛寫的信毫無下文。但梭羅斯宣布1994年1月將訪問以色列，間接給了他答覆。

梭羅斯決定造訪以色列，或許不是因爲對這個猶太國家有了新的興趣，而是想向整個世界宣示：他不屈服在東歐右翼民

族主義份子的攻擊之下。雖然被指責替以色列的知識份子效力，梭羅斯可能想表示這樣的抨擊不會使他卻步。

　　儘管以色列很希望有像梭羅斯那種身分地位的人造訪，一些以色列人對這則消息還是相當審慎。這樣的審慎態度和梭羅斯較無關係，而是和一位叫做羅伯·麥斯渥（Robert Maxwell）的國際金融家有較大的關係。幾年前，以色列人舖上紅地毯歡迎麥斯渥。這個人和梭羅斯一樣，直到年紀相當大才發現自己的猶太根源。麥斯渥來訪之後，以色列人才大感遺憾，原來麥斯渥不是什麼好人，甚至可說是騙子。因此一些以色列人擔心梭羅斯是另一個麥斯渥，帶著他的數十億美元財富和神秘的金融理財活動，到以色列招搖撞騙。

　　雖然大部分以色列人沒聽過梭羅斯這號人物，以色列政府重要的官員卻聽過，而且決定讓這位投資家受到最好的待遇。梭羅斯離去時對以色列留下正面的印象，是他們最大的心願，因爲只要他在國際金融圈講一兩句好話，以色列對外部投資人的吸引力便會提升。的確，單是他因商務目的造訪以色列這樣的事實，以色列的公共關係機器便能拿來大作文章，說它的經濟正走在正確的方向上。

　　因此，梭羅斯獲許會見大部分的以色列重要政治和經濟官員，從總理拉賓（Yitzhak Rabin）到以色列銀行總裁法蘭克爾（Jacob Frankel）；梭羅斯以前曾和法蘭克爾一起做過事。拉賓告訴梭羅斯，以色列正試著加速推展一些公辦企業的民營化工作，很歡迎這位投資家參與。梭羅斯在以色列已有兩項小投資，也到現場巡視。其中之一是吉歐電信公司（Geotek），經

營特別行動廣播和無線通訊事業，另一家公司就是英迪哥。梭羅斯在英迪哥擁有 17 ％的股份， 1993 年價值 7,000 萬美元， 1994 年增值一倍。

一天晚上，在地中海岸，特拉維夫北方的赫齊里亞（ Herzylia ），艾凱迪亞飯店（ Accadia Hotel ）裡，他們爲梭羅斯安排了一場晚宴，全國金融圈約 250 位知名人物到場。梭羅斯將爲這些人發表演說。黃昏時分，梭羅斯問班尼・藍達，他該講些什麼。藍達說，聽眾除了想聽他的商業生活，還想聽身爲猶太人的他，談談在今天的以色列感受如何。「把那天我們一起吃晚飯，你告訴我的事，講給他們聽。」梭羅斯同意照辦。

梭羅斯講了 20 分鐘。正常情況下，梭羅斯在大庭廣眾面前都能侃侃而談，但這一次，即席演說卻結結巴巴。藍達說，梭羅斯「變得很彆扭，支吾其詞，口齒不清，顛三倒四」。這可能是梭羅斯第一次站在人群前面，試著以親身感受的方式，談自己的猶太血統。要是他終身以身爲猶太人爲榮，可能就會很順暢地把話講出來。但是在他設法坦承長久以來一直掩飾自己的猶太血統之際，一定察覺每一位聽眾都以身爲猶太人爲榮，而且其中不少人也可能曾在納粹大屠殺期間失去親友。他一定瞭解，在他懷著猶太人的自我憎恨和否定心情時，所講的話很難叫人信服或產生吸引力。

在那 20 分鐘裡，梭羅斯把他約一年半前向班尼・藍達講過的大部分話，再講了一次。他談到，小時候被朋友叫做異教徒有多麼憤怒；一直無法接受身爲猶太人的事實；爲什麼這麼多

年來，一直對以色列保持緘默，因為他對這個猶太國家沒有好感，所以最好什麼話都不說。他也提到，以色列現在似乎放棄了大民族主義，而且正採取行動和阿拉伯鄰國媾和，所以他才能很自在地來訪。他談到自己的公益慈善哲學，說明以色列一直是向外伸手的國家，但以他的觀點，不認為該這麼做，反之，以色列是適合投資的地方，不是做公益慈善事業的地方。他無意把公益慈善事業延伸到以色列，但他目前在以色列有兩項投資，而且還在考慮做更多的投資。

梭羅斯來訪，不是每一位以色列人都抱著正面的態度。許多以色列人根本不曉得該怎麼看待他，而且聽了他那個晚上在艾凱迪亞飯店的演說，大為失望。「對那些聽眾來說，那是個叫人驚愕的晚上，」班尼‧藍達回憶道，「對於他不肯獻身於這個國家，他們大為失望。」

「很多以色列人對他的演說感到生氣，而且是很生氣。雖然每個人都瞭解他很坦白直率，視聽眾有如自己人，而且很難說出肺腑之言，但有些人還是不解，何以必須弄得大家不愉快。他們說：『我們待過集中營，失去了家庭，並沒有變成反猶太主義者。我們有背棄以色列？有背棄猶太信念？他有什麼了不起？為什麼我們得聽他要和以色列保持距離的話？』」

沒錯，梭羅斯必須克服很高的期望。有些以色列人期待，或至少抱著一絲希望，想聽到梭羅斯語出驚人，宣布他計劃在這個猶太國家投資10億美元。但至少他提醒了以色列人，相信他是精打細算、很認真的金融家。以色列人雖然發現他欠缺支持以色列猶太化的熱情，但立即承認，梭羅斯謙遜有禮，不擺

架子，不像麥斯渥光講大話、投機取巧。他們停止拿他和麥斯渥相提並論。

　　梭羅斯現在認為他是研究這個猶太國家的某種專家。訪問以色列後沒多久，1994 年 1 月 11 日，他上有線電視新聞網的「拉利金現場」（Larry King Live）節目。前聯合國大使珍‧柯克派崔克（Jeanne Kirkpatrick）也是受邀來賓，表示她懷疑以色列和敘利亞馬上可以談和。梭羅斯不同意她的看法，說他剛去過那個猶太國家。「我留下很深的印象，因為他們打從內心深處有了真正的變化。我想，他們真的想那麼做，雙方會有和平的。」

第二十五章
情人節慘遭屠戮

　　1994年開年，梭羅斯就大量投資，放空德國馬克。有些報導指出，放空的金額高達300億美元，除了基金的資金，其餘部分是用信用槓桿。前一年，梭羅斯相信德國利率會下降，但結果沒降，不過高利率正對德國經濟造成很大的傷害，因此梭羅斯還是賭德國會降低利率，連帶拉低德國馬克。德國人相當不悅。他們不喜歡喬治・梭羅斯下不利他們的賭注。

　　這一年年初似乎過得還不錯，但是地平線上慢慢湧起烏雲。好諷之士指出，1月間就有壞兆頭，因為《新共和》（New Republic）用梭羅斯做封面故事。

　　這篇文章是暢銷書《老千的撲克牌戲》（Liar's Poker）作者麥可・劉易士（Michael Lewis）寫的，基本上帶著讚許的味道，重點擺在喬治・梭羅斯的公益慈善活動上。前一年11月，梭羅斯曾帶劉易士走一趟「援助之旅」，為期兩個星期。劉易士全程體驗了喬治・梭羅斯在東歐的影響力。

　　不到一個月後，屋頂垮了下來。

　　1994年2月喬治・梭羅斯所受的傷害，驚人之處不在於賠了錢。他以前也賠過。賠掉的金額之大，這次是6億美元，也

沒什麼大不了。

　　真正叫人注目之處，是梭羅斯對這次挫敗淡然處之，似乎有意掩飾災難的規模。這次挫敗發生在1994年2月14日。量子基金的員工稱之為「情人節慘遭屠殺」。

　　有一陣子，梭羅斯一直賭日圓會對美元繼續下跌。那時美國政府主張日圓應呈強勢。這是在貿易談判期間，對日施壓的一種手段；如果日圓上漲，日本的出口貨會變得較貴，更難在全世界各地銷售。梭羅斯相信柯林頓總統和日本首相細川護熙會化解他們的貿易爭議；一旦化解，美國政府就會讓日圓下滑。

　　梭羅斯賭錯了。柯林頓和細川護熙間的談判在2月11日星期五破裂。三天後，市場恢復交易時，本來跌個不停的日圓，突然間激漲。交易員作成的結論是：美國會試著推高日圓，希望藉此縮減對日貿易逆差。強勢日圓會使美國的日本進口貨更為昂貴。

　　那個星期一，紐約匯市的日圓收盤價是102.20兌1美元，比上個星期五的107.18日圓漲了5％。叫梭羅斯悔恨不及的是，他沒想到貿易談判破裂之後，日圓會漲得既快且劇。

　　梭羅斯很少談到2月14日的虧損，但有一次說：「日圓一天之內漲了5％，同一天之內，我們也賠了5％，其中可能有半數來自日圓倉位。我不曉得哪一樣比較差勁——是我們建立的倉位，還是兩個政府的立場，彼此相鬥而製造了那種波動。」

　　梭羅斯賠掉6億美元，叫人搖舌不下的是，這事對他的聲

譽影響相當小。幾乎沒人落井下石，也幾乎沒人發表評論，說梭羅斯的賺錢機器一夜之間自取其敗。沒人表示，這位世界一流的投資家自掘墳墓，或者自此將沒沒無聞。

梭羅斯不只活了過來，還活得很好。他利用十分聰明的才華，粉碎流言於無形。

1987年10月股市崩盤時，梭羅斯試著說服新聞媒體相信他的損失金額只有3億美元——不是別人傳說的8億5,000萬美元。他沒有成功。

現在，1994年2月，傳言再度紛飛，說梭羅斯的損失金額遠高於6億美元。這一次，梭羅斯曉得，必須趕快行動，粉碎這些謠言。

他找來左右手史坦利・朱肯米勒（Stanley Druckenmiller），要他站到新聞媒體前面。因為必須先有地震，朱肯米勒才會和新聞媒體講話。1994年2月14日，地震已經發生，梭羅斯需要找個人從瓦礫堆中把錢挖出來。

朱肯米勒面對新聞媒體時，很聰明地一開始便指出賠了多少錢：6億美元，不多一分，也不少一分。

朱肯米勒證實，梭羅斯基金的主要虧損，來自誤判日圓會對美元下跌；他們建立的日圓空頭倉遠比謠傳要小，只有約80億美元——不是某些市場報導所說的250億美元。

朱肯米勒接著指出，有一陣子他們的基金的確有較大的日圓倉位——他沒有說明到底有多大——但2月14日之前已經縮

小。

　　為免他人誤以為「梭羅斯的投資已經誤入歧途」，朱肯米勒解釋說，前一陣子，他認為1994年日本經濟成長會轉強，產值提高後，日本的貿易順差將縮小。所有這些事情會壓低日圓。因此，梭羅斯基金建立了很大的日圓空頭倉，並且買進很多日本股票，賣出日本債券。1993年夏到那年下半年，梭羅斯的日圓兌美元遊戲，操作得相當好。

　　但是到了年底，梭羅斯的日圓倉位「做得大而不當」。這件事在目前無關緊要，但朱肯米勒承認，那時他和同事實在應該重新評估他們的日圓倉位。

　　到了該透視梭羅斯虧損的時候了。

　　朱肯米勒指出，這6億美元只是梭羅斯總資產的5％。梭羅斯的魔術機器或許看起來似乎破了底，但梭羅斯王國中的第二號人物堅稱，絕非如此，因為還有其他95％。喔，順便一提，朱肯米勒不小心說溜了嘴，那時候梭羅斯的總資產是120億美元。

　　因此，利用簡單的算術可以算出：這個人的資產剛虧蝕數億美元，但還有114億美元。此外，朱肯米勒報告，量子基金已經賺回2月14日大賠中的若干。以2月23日的資產淨值計算，梭羅斯基金只跌2.7％。

　　他們還有夠多的錢。俯瞰中央公園的摩天大樓中，梭羅斯基金管理公司的員工還領得到錢；還有很多錢能夠送往東歐和前蘇聯地區的所有基金會。

　　各基金會的工作仍全力推展。梭羅斯可以一夜之間賠掉6
億美元，而不引起一絲絲疑慮，懷疑他有能力維持賺錢機器繼
續運轉。1994年頭幾個月，人們對他的信心，由此展露無遺。

　　沒錯，6億美元的虧損，對梭羅斯的資金管理布局有嚴重
的影響。但重要的是，在大眾心目中，梭羅斯是理財魔術師的
形象沒有改變，一點都沒變。

第二十六章
梭羅斯先生到華盛頓

雖然梭羅斯基金2月間大賠，4月轉眼就到了，喬治‧梭羅斯得到華盛頓特區的眾議院銀行委員會作證。這時梭羅斯還是一代大師，世界一流的投資家。他的身分地位仍得到《紐約時報》在一版大肆報導。

《紐約時報》會在一版報導，部分原因是金融圈有所抱怨，新聞也有同感，那就是梭羅斯和各種避險基金引起人們日益憂心。這種憂慮來自1994年初金融市場動盪不安。可是梭羅斯覺得不必說抱歉：「我還是認為自己很自私和貪心。我無意使自己變成某種聖人。我有很健康的品味，一切以自己為優先。」

賭日圓會跌不是只有梭羅斯一人。其他避險基金也共襄盛舉，同樣賠了很多錢。使問題更複雜的是，一些避險基金基金為了籌措現金，不得不賣掉持有的部分資產，如日本證券和一些歐洲的倉位。持有很多日圓的自營商被迫賣出之後，在全球各地產生連鎖反應。

連沒有賭日圓會下跌的避險基金自營商，也受波及。這些基金的經理人相信，高失業率會迫使歐洲各國政府降低利率以刺激經濟。因此他們建立了很大的歐洲債券倉位。他們的看法

是：如果歐洲利率下跌，手頭上的債券價值會增加。

接下來一些避險基金因為日圓賠了不少錢而必須賣出其他的資產以為彌補，其他避險基金因此開始賣出手上持有的一些歐洲債券。這一來，債券價格下跌，迫使歐洲的債券發行機構提高利率以吸引買主。歐洲債券市場陷入動盪不安，一些避險基金賠了很多錢。

喬治・梭羅斯可能寧可保持低調，好給自己時間彌補虧損——確保情人節慘遭屠戮的事情「不會一再發生」。這樣的願望不能實現。他已成了知名的公眾人物。歐洲各國中央銀行3月間在巴塞爾集會，美國國會的聽證預定4月間舉行。梭羅斯和各避險基金承受的壓力愈來愈大，因為兩個機構威脅要採取行動對付他們。

於是那年春天梭羅斯成了避險基金的代言人，以為因應。他決定盡可能博取好感。3月2日在波昂，他宣稱中央銀行當然有權規範龐大的避險基金。「我察覺到，未受規範的市場先天上就不穩定，」他告訴記者，「我想，主管當局理該有所規範。」

「我真的相信，不受規範的市場，終有崩跌之虞，因此（中央銀行）進行調查是很合情合理的事。我們準備就這事和他們合作。我只能希望，不管他們採用什麼樣的規範，產生的弊不要多於利。」

有人指責避險基金使得市場的波動和不穩定性增加，詢及對這一點有何看法時，梭羅斯說：「我會說，市場本來就有過

度反應的傾向，因此我一點不相信有所謂的完美市場存在。我也不認為避險基金很完美；否則它們不會一天之內賠掉5％。」

巴塞爾的會議結束後，十大工業國的中央銀行總裁找不到好理由，訂立新法規，規範避險基金或者使用自有資金在國際市場交易的銀行業者。市場已從那一年稍早的騷動不安中自行矯正，沒有理由預期會有進一步的麻煩。不過還是有些觀察家有種獨特的感覺，認為避險基金使出各式各樣的騙術後巧妙地脫逃，因此需要更多的管制。

丁威特雷諾茲公司（Dean Witter Reynolds）股票研究部門資深副總裁兼首席投資策略師威廉・道奇（William E. Dodge）這麼說：「要是你說，今天給我50美元，你就可以擁有100英兩的黃金，而且任何時候只要你想要它，就能來拿，但要付我當時的市價和50美元之間的差額，（那我）就賣你一個可以擁有100英兩黃金的選擇權。現在，當我進入這一行時，如果我和很多人達成那樣的協議，就會被歸類為交易未登記的證券。

「我搞不懂何以今天衍生性金融商品在沒登記的情況下滋長茁壯。由於這些東西沒有登記，所以不需在某個定點交易。如果它們沒在定點交易，有關的紀錄和交易情況就沒有；市場的構面、交易條件、個別交易的構面無從得知或瞭解。……

「避險基金投資的構面變得如此龐大……如果它們失敗，（它們）會對銀行體系製造系統性風險，因而危害到整個社會的金融結構。」

「市場本來就有過度反應的傾向。」

那一年年初市場的騷亂，促使眾議員亨利・龔薩雷茲（Henry Gonzales）計劃舉行聽證會。國會的聽證會本來是要調查整個避險基金的運作情形，現在他們面前有了特定的案例，顯示避險基金是金融市場的罪魁禍首。龔薩雷茲把目標針對梭羅斯和避險基金已有一年之久。後來梭羅斯慘遭事業生涯中最糟的一次挫敗，但對龔薩雷茲來說，那似乎無關緊要。那年稍早，股票和債券市場波動如此之巨，所以他有足夠的理由獵捕梭羅斯。

因此梭羅斯先生到了華盛頓。

聽證會的目的——龔薩雷茲毫不隱瞞——是瞭解避險基金的經營者是不是像大家所想的那樣，爲達目的不擇手段，以及他們的行動是不是真的影響到金融市場、是不是需要更多的管制。聽證會舉行前一天，龔薩雷茲發表的立法聲明，威脅要讓這個領域「不當的管理」，成爲「直接違反法律」的行爲，並指出希望「國會加強監視衍生性金融商品的交易活動」。

立意很不錯，但在眾議院銀行委員會提出新的法令規定之前，必須先解決更爲基本的問題。雖然這個委員會主管的範圍是金融，委員會的成員幾乎無人曉得避險基金是怎麼運作的。很少人瞭解他們使用的深奧難解的金融工具。

　　爲了取得若干答案——實際上是上一堂避險基金入門課程——他們請大師1994年4月13日出席聽證會。聽證室內座位開始坐滿後，很明顯地可以看出，喬治・梭羅斯的秀是那一天華盛頓最棒的一幕。

　　聽證室擠滿了人，最後只能用站的。避險基金入門課程即將開始。「老師」宣讀一份聲明，「研討會」終於開始，桌上放著他的部分金融理論，用以解釋爲什麼國會議員找錯樹狂吠不已。他利用自己的理論說明何以如此。

　　他開門見山，斬釘截鐵地說，金融市場沒辦法正確地預判未來，但是可以影響經濟的基本面。一旦出現這樣的事，市場行爲便和高效率市場理論所認爲的正常狀況相去甚遠。雖然這種事不常發生，榮枯相生循環具有破壞作用，原因正在於它們影響經濟的基本面。

　　梭羅斯繼續說，只有在市場由追隨趨勢的行爲支配時，榮枯相生的現象才會發生。「所謂追隨趨勢的行爲，我是指人們在價格上漲時買進，價格下跌時賣出，而形成一種自我強化的型態。一窩蜂的趨勢追隨行爲，是促使市場急劇崩跌的必要條件，但不是充分條件。

　　「這時你該問的關鍵問題是：是什麼因素促成了追隨趨勢的行爲？避險基金可能是個因素，而且你們有理由去注意它們，不過就我的避險基金來說，你們看錯了地方。」

「一窩蜂的趨勢追隨行為，是促使市場急劇崩跌的必要條件。」

更重要的是，梭羅斯認為共同基金和機構經理人——不是避險基金——使得市場不穩定，因為兩者往往追隨趨勢而行。「為什麼資金會一直擁入？他們經常維持低於正常水準的現金餘額，因為他們預期資金會再流入。資金流入時，他們必須增加現金，以防投資人贖回。」結果，「他們創造了部分的金融泡沫」。

梭羅斯接下來很簡短地談到當前的市場狀況：「我願強調，我沒看到市場有崩跌或一蹶不振的立即危險。我們剛戳破了資產價格上漲產生的一些泡沫。因此，目前的市場狀況遠比去年年底為健全，我不認為投資人在這個時候應該十分憂慮。」換言之：大可放心買進美國證券或史坦普500種股價指數期貨。

梭羅斯抨擊柯林頓政府在貿易上對日本採取強硬立場，以及試圖唱低美元。「這對美元的穩定和市場的穩定有相當大的傷害。拿壓低美元當作對日本的貿易政策，是種危險的工具，我們不應該這麼使用。」好嘲之士從大師口中聽出了相當明顯的市場訊息：做多日圓和放空美元，直到貿易談判穩定下來。

梭羅斯繼續試著避免避險基金成為聽證會的焦點，指出投資世界裡，避險基金所占比重沒有那麼大。雖然梭羅斯基金管理公司平均每天的貨幣交易額為5億美元，梭羅斯告訴銀行委

員會，這種交易水準不會影響市場，因為避險基金頂多占有外匯市場每天成交量的0.005％。

　　梭羅斯認為，解決貨幣危機和騷亂的方法，是不要固定匯率。他說：「那太僵化了。」但也不要使匯率浮動。「自由浮動匯率制有缺陷，因為市場總會反應過度，走上極端。」他的解決方法是：「七大工業國（G－7）主管貨幣政策的官員，應該相互協調貨幣和財政政策，不要讓彼此之間出現很大的差距，而從根本埋下市場不穩定的種籽。」

　　「自由浮動匯率制有缺陷，因為市場總會反應過度，走上極端。」

　　從委員會成員發問的問題，梭羅斯看得很清楚，他們還是不曉得避險基金到底在做些什麼。「避險基金到底是什麼？」他們一問再問。梭羅斯試著向他們說明，但不得不承認這個標誌包藏著許多原本不是它要的東西。「這個名詞不分青紅皂白地應用之後，涵蓋十分廣泛的活動。它們唯一共通的地方，在於經理人是依績效而給酬，不是從所管理的資產中抽取固定的百分比。」用這種方式描述避險基金似乎很奇怪──特別是出自避險基金大王之口。但是梭羅斯沒有興趣開個研討會去定義避險基金是什麼。他想傳達的訊息是：避險基金──不是罪魁禍首──其實是在金融市場中做一些好事。

　　梭羅斯辯稱，由於避險基金的經理人是按實際的績效給

酬，所以它們提供了「一帖健康的解毒劑，消解機構投資人的
追隨趨勢行為」。舉例來說，他的基金操作時是與買進或賣出
趨勢相抗——不是隨之起舞——所以對波動激烈的市場產生好
影響。「我們往往有助於穩定市場，而不是使市場不穩定。我
們不是為了服務大眾而做這樣的事。那是我們的賺錢方式。」

梭羅斯向聽眾講了一句最坦率的話，為避險基金辯護：
「老實說，我不認為避險基金值得你們或主管當局傷腦筋。」
他說，那年稍早股票和債券價格急挫，不應怪罪到避險基金頭
上。「我不接受任何人蓋棺論定，或暗示我們的行動有害或造
成不穩定。」

梭羅斯被問到，有沒有可能出現一種狀況，也就是像他那
樣一位民間投資人，累積起足夠的資金，能夠操縱義大利里拉
或英鎊等貨幣的價位。

「不會，」他答道，「……我不相信任何市場參與者有能
力，背逆市場基本面，成功地影響主要貨幣的外匯市場，但是
一段很短的時間內有可能。……和全球外匯市場的規模比起
來，避險基金小巫見大巫。較次要的貨幣，也因為市場欠缺流
動性，能防止任何投資人成功地影響它們的匯價。如有任何投
資人建立了那種貨幣的大倉位，企圖影響匯價，將因欠缺流動
性，在賣出倉位時面對災難性的後果。」

「如有投資人建立了某種貨幣的大倉位，企圖影響匯價，
將在賣出倉位時面對災難性的後果。」

　　梭羅斯試著盡可能和衍生性金融商品保持距離。所謂衍生性金融商品，是從股票、債券或商品衍生出來的金融合約。銀行委員會對這些金融工具十分好奇。梭羅斯說的話，聽起來就好像連他這位終極投資高手，也很難講清楚它到底包括什麼。此外，他指出，避險基金的「行為不像衍生性金融商品工具的發行者。它們比較有可能是顧客。因此，和金融中介機構的衍生性金融商品操作檯上積極活躍的避險操作者比起來，它們對這個體系構成的風險較小。請不要把積極活躍的避險操作和避險基金混為一談。除了『避險』一詞，它們之間沒有相同的地方。」

　　為什麼大家會對衍生性金融商品感到迷惑？

　　梭羅斯表示：「它們有許多，其中一些深奧難解，涉及的風險，連最精明的投資人也不是很清楚，而我想我是其中一位。這些工具中，有些似乎專為機構投資人設計，讓他們去賭本來不被允許的東西。

　　「我們很保守地使用選擇權和比較奇特的衍生性金融商品。我們的活動是逆勢而為，不是隨勢而作。我們試著盡早抓住新趨勢，而在稍後的階段，則試著抓住反轉中的趨勢。」

　　梭羅斯留下清楚的印象：就算國會決定要規範管理衍生性金融商品，他並不在意。「看看最近狂熱冒出的工具，或者將本息分離的工具……我不十分確定它們真的有需要。」

（提姆・佛古森〔Tim W. Ferguson〕在《華爾街日報》上撰文說，在這一點，梭羅斯有點不厚道；不能因爲其他某些人最近賠了錢，「一位投資泰斗就在國會批評自己沒有用到的技巧」。）

梭羅斯因爲支持立法規範而感內疚，他也承認公司裡的其他人試著說服他，應該高聲疾呼反對立法管理。明尼蘇達州民主黨籍眾議員布魯斯・文托（Bruce Vento）問梭羅斯關於最近金融市場波動的事情，梭羅斯答道：「不瞞你說，我們爲我在此出席之事做準備時，稍微談了這件事。我說，坦白講，衍生性金融商品工具的發行或許應受管制。接著我的合夥人……指出，不合宜的法令規定會有意想不到的後果，因爲主管當局只對負面的事情有興趣；對正面的事不感興趣。換句話說，他們希望避免大災難發生。

「因此……如果你們規定義務（如股票般，向某個管理委員會登記）……那真的會產生一股對繁文縟節的抗力，因爲主管單位的興趣和市場的興趣不相稱。因此他要我不要做那樣的建議。」

聽證會上，發言認爲不需要進一步管理的人，不只梭羅斯一個。主管官員也作證，淡化避險基金和衍生性金融商品對銀行體系及對投資人可能產生的風險。金融檢查署長尤金・魯威格（Eugene Ludwig）指出，八家國內銀行擁有的衍生性金融商品，平均不超過資產的0.2％。證券管理委員會主席亞瑟・李維特（Arthur Levitte, Jr.）在聽證會上表示，依目前的銀行和證券法，幾乎所有的避險基金活動都受到高度嚴格的管理，因

此不新另訂新法。出席作證的三位主管官員，都認爲需要更多的資訊。「我們不贊成管制，」聯邦準備理事會（Fed）理事約翰・雷威爾（John P. LeWare）指出，「但我們強烈傾向於揭露更多的資訊。」

眾議院銀行委員會對梭羅斯的說詞，反應如何？

湯瑪士・傅利曼（Thomas Friedman）隔天在《紐約時報》撰文，總結他們的感受，說得很好：「眾議院銀行委員會的成員，受教於那位能夠點石成金的人，既敬且畏，但同時對避險基金的神秘世界十分好奇，兩種感情交互激盪。避險基金是富有投資人的合夥事業，在全球各地蒐尋通常十分奇特的貨幣、債券和股票投資標的。避險基金大起大落的故事，包括梭羅斯先生最近一次貨幣交易賠掉6億美元，使得這些基金的神秘色彩似乎更濃，而不是更淡。……」

梭羅斯那一天在華盛頓作證，使出了渾身解數。但是說服國會還不夠，他還想轉變新聞媒體的看法。羅伯・詹森（Robert Johnson）奉命接下這個任務。詹森是梭羅斯基金公司的常務董事，老闆這次前往華盛頓，由他陪同。

聽證會結束後，詹森向新聞媒體說，喬治・梭羅斯這位投資人到底在做些什麼，還需要做更多的溝通，好讓國會和大眾明瞭。「最大的問題在於有關避險基金的神話。我們還需要和新聞媒體多聊聊。」

詹森顯然爲了更坦白些，透露了梭羅斯怎麼配置資產，以及如何運用信用槓桿：

- 梭羅斯的資金中，通常有60％投資於個股；在這一方
  面，梭羅斯很少利用信用交易。

- 20％投入總體交易中——下注在貨幣和全球性的指數；
  這一方面，運用的信用槓桿，有時高達資金的12倍。

- 另外20％用在詹森所說的「預防性準備」上，例如國庫
  券和銀行存款。他說，這20％有吸震緩衝作用，目的是
  「在險惡的環境中爭取時間，做爲投資組合的避震
  器」。換句話說，萬一需要補繳保證金，馬上有錢可
  用。

　　喬治·梭羅斯作證完畢，從種種跡象來看，他表現得很
好。

　　兩個月後，拜爾倫·伍恩（Byron Wien）和證管會一位官
員吃晚飯。他們扯到聽證會和梭羅斯出席的事情。伍恩後來
說，那位證管會官員「說他認爲喬治做得很棒，因此證管會不
再煩惱什麼事情——而且國會不再煩惱避險基金的事。」總而
言之，梭羅斯應該很高興才對。

第二十七章
比42個國家還富有

　　知識份子喬治・梭羅斯從沒放棄希望，想要贏取別人的敬重。《金融煉金術》（The Alchemy of Finance）出版已經七年，梭羅斯雖然很高興自己的觀點以書的形式呈現出來，但他十分清楚，很少讀者是因為探索知識的好奇心而買書。他告訴倫敦《泰晤士報》的經濟新聞主編安納托爾・卡雷茨基（Anatole Kaletsky）：「問題是，每個人買書都是為了尋找如何賺錢的秘訣。我想，我早該料想到這一點。」1994年5月，那本書首次以平裝版上市，梭羅斯再次希望讀者花時間去研究他的想法和理論，而不是只尋找如何賺大錢的線索。

　　在此同時，1994年2月雖有龐大的虧損，梭羅斯和朱肯米勒還是十分努力，希望這一年的投資能有不錯的成果。根據《今日美國報》報導，那年春天他們犯了個判斷上的小錯誤，影響卻相當重大，因為量子基金放空基因科技公司（Genentech）。這是一家著名的生物科技公司。虧損只有1,000萬美元左右，對梭羅斯來說只是小零頭，但是這個錯誤使其他投資人損失慘重，記者丹・杜夫曼（Dan Dorfman）因此寫道：「投資人得到一個教訓：單單因為傳稱梭羅斯介入其中，就涉足某支股票，是很愚蠢的事。」但是由於基金發生虧損，4月底買進基金的人，溢價降到只有14％。基金所做的投資大

漲時，溢價漲到21％。（1993年底，溢價曾漲到34％，是前所未見的水準。）

1994年6月22日，量子基金的資產淨值只比年初下跌1％。當然了，這不是什麼好消息，因為梭羅斯還是有可能操作失利，而使量子基金出現成立以來第二個虧損年。但是和其他知名的避險基金相比，他還是有個出色的一年：同期內老虎（Tiger）的美洲豹基金（Jaguar Fund）跌了11.5％；里昂‧古伯曼（Leon Copperman）經營的奧美加（Omega）基金跌了23％；邁可‧史坦哈特（Michael Steinhardt）的基金跌了30％。

6月間，梭羅斯透露，不再堅持一個十分重要的原則，由此可看出他承受的若干壓力的確不小。十年來，凡是他設有公益慈善基金會的地區——東歐和前蘇聯——都不允許自己的任何基金前往投資。1993年1月，《金融時報》一位記者問他，有了這個禁令，所以他不會去買東歐的巴士工廠？梭羅斯一口咬定：「絕不會——不會去投資。真的，我認為這會產生利益衝突。」

現在不再如此。

1994年，梭羅斯讓他的投資基金經理人曉得，可以放手去投資東歐和前蘇聯。梭羅斯的發言人6月間指出，過去六個月已有1億3,900萬美元投入匈牙利、波蘭、捷克共和國和俄羅斯。發言人說，他們還會繼續尋找更多的投資機會，這是「我們事業活動正常途徑」的一部分。

　　梭羅斯最新的投資包括增資4,500萬美元，其中有「相當大」的一部分是發行第一匈牙利基金的認購權和直接銷售受益憑證。第一匈牙利基金是以布達佩斯為發行地點的股票基金，出資者主要是英國和美國的機構投資人。這個基金投資食品加工、製藥和Ｔ恤製造公司。1991年匈牙利基金成立時，梭羅斯曾短暫擔任董事，但不久後辭卸，因為他相信，這會和他在布達佩斯的公益慈善基金會的工作發生利益衝突。

　　梭羅斯接受《華爾街日報》訪問時，說明了何以改變既定立場：他覺得自己的基金會已夠強壯和獨立，承受得起他在這個地區投資時可能產生的任何壓力。此外，他說，這個地區有不少投資機會，他的基金應善加掌握。「我以前有個明確和簡單的規定，也就是有（公益慈善）基金會的國家不前去投資，因為不希望它們受制於我的金融利益，反之亦然。但是由於這個地區的市場已有長足的進展，而且我不能不分青紅皂白，也沒有權力拒絕我的基金、我的受益憑證持有人要求前往投資，或者不讓這些國家有機會獲得我的基金前去投資，所以以前的規定已有修改。」但他指出，雖然量子基金現在可以自由到這些地區投資，他本人仍不用自己的戶頭前去投資。

　　這位慈善家或許是想引發一些「追隨趨勢」的行為，而他本身則是花衣吹笛手（譯註：德國傳說中的人物，被請來驅逐鎮上的老鼠，卻拿不到工資，於是吹笛子把鎮上的小孩拐走）。詢及量子基金進軍東歐，會不會誘使其他投資人也轉向該地──正如他以前針對黃金、不動產和貨幣動向發表聲明所產生的效應──梭羅斯說，樂於見到那樣的事。

6月底傳來消息，《金融世界》（Financial World）把梭羅斯排為1993年華爾街收入最高的賺錢高手。根據這本雜誌的數字，梭羅斯1993年賺了11億美元，是第一次有人在一年內賺到那麼多錢，而且是排名第二的朱利安‧羅伯森（Julian Robertson）的二倍。

梭羅斯再次上了這本雜誌的封面。這次他坐在棋盤旁，看起來就像正在苦思下一步怎麼走。內文有他各種姿勢的照片——正在打電話、穿著舒適的皮鞋、沒穿襪子，上身是紅色運動衫，坐在長椅上，狀極悠閒地閱讀藝術書籍。

《金融世界》為了製造一點軟性氣氛，如此檢視梭羅斯1993年11億美元的薪水：「如果梭羅斯是家公司，那麼他的獲利力排第37位，介於萬恩銀行（Banc One）和麥當勞之間。他的薪酬超過至少42個聯合國會員國的國內生產毛額（GDP），與查德、瓜德洛普（Guadeloupe）、蒲隆地的GDP大致相當。用另一種方式來說，他可以買5,790輛19萬美元的勞斯萊斯轎車，或者支付哈佛、普林斯頓、耶魯、哥倫比亞大學加起來所有學生三年的學費。一些父母親可能說，要是他肯，那也不錯。」

《金融世界》也指出，1993年梭羅斯自己一個人賺到的錢，和麥當勞雇用16萬9,600位員工賺到的錢一樣多。梭羅斯的每個基金都有豐收的一年：扣除費用前，量子新興成長基金上漲109％；量子和配額基金都上漲72％以上。

最叫人驚異不置的事實可能是：《金融世界》的100人名單

上，有九個是梭羅斯基金的成員。

《衛報》（The Guardian）談到梭羅斯11億美元的收入時指出：「我們常見到億萬富翁，但他們總是擁有，而且可能早已建立起或繼承到創造財富的資產、油井、油輪等東西，持有我們之中無人終其一生能得的東西。那可能是幸運之神眷顧他們，也可能是我們自己找來的藉口。這裡卻有個人的薪水高達此數。因此現在我們全都可以想像能於今年和梭羅斯一樣富有。……」

當然了，說來諷刺，梭羅斯一出現在某份雜誌的封面，他和他的基金又陷入風雨飄搖中。

————————

那年秋天，梭羅斯比以往更忙於他的主要工作——基金會。他還不能肯定這些基金會能不能維持得比他自己還久，而且兩者之間不會產生爭議和騷動。雖然他試著把大部分的決策權交到當地工作人員手裡，但是明顯地可以看出，梭羅斯和他的錢是維繫基金會運作不輟的動力，給了它們方向和激勵。他對自己的投資基金能夠無限期經營比較有信心。他已經把投資基金充份機制化；他相信，它們擁有優秀的人才、優秀的組織，可以經營得非常好。

————————

整個1994年，喬治‧梭羅斯保持名列前茅的壓力愈來愈重。金融市場上，投資人唯他馬首是瞻，追隨著他的每一個腳步，期待他的魔法惠及他們，也期待成為另一個梭羅斯。1994

年秋，華爾街上流傳著一則故事，說拉什莫爾山對面一座山上，預定做四個人頭；其中喬治‧梭羅斯和華倫‧包菲特的人頭已經彫好。（譯註：拉什莫爾山在美國南達科他州，上面彫有美國總統華盛頓、傑佛遜、林肯和羅斯福的巨大頭像。）一位資深的投資經理人談到這則故事時說：「山腳下有許多人等著被刻上去。」

叫梭羅斯心情更沉重的是：新聞媒體。發現了梭羅斯這號人物，他們便不放他走。兩年半前，他幾乎沒沒無聞，但現在新聞媒體一直細心解剖他、分析他、量測他、判斷他。1992年，他是顆明日之星。現在才過兩年，財金新聞媒體看到他1994年黯然無光的表現，宣稱他已日薄西山。他們拿出鏟子，準備挖掘墳墓，埋葬梭羅斯和其他的避險基金經理人，無視於避險基金年代似乎尚處於萌芽期。

早些年，梭羅斯不被外界的注意眼光干擾，只專注於事業生涯。現在卻會在意別人怎麼看他。他已經竄升得那麼紅、那麼快，希望繼續品嚐站在金融世界頂端的滋味。要是1994年有不錯的表現，他大可坐下來，好好照顧自己的公益慈善事業，與投資事業保持距離。但由於1994年的挫敗，梭羅斯覺得必須把一隻手放在投資事業的舵柄上。他的同事辯稱，梭羅斯所做的事只是提供意見給史坦利‧朱肯米勒。但事實上，梭羅斯發現他根本無法掉頭不顧——還不到時候；在那麼多人經常注視著他、分析他的時候，不能這樣做。整個1994年，梭羅斯一直在尋找大賺的機會。他無法相信1992年9月放空英鎊一役，獲勝只是僥倖，只能發生一次。他曾經做過那樣的事，還能重演。只要做好家庭功課就可以。

　　過去幾年，梭羅斯曾相信英國的不動產可能有大行情。他
沒有錯得太離譜，利潤尚可，但不怎麼樣：土地交易開始後，
賺了17％。這樣的成績不夠好。據報導，他曾告訴英國土地公
司（British Land）董事長兼執行長約翰・李特布雷（John
Ritblatt），他需要40％到50％的利得。對梭羅斯來說，利潤尚
可已經不夠；他需要出色的成績。

　　因此，1994年11月的第三個星期，梭羅斯宣布他退出疲色
畢露的英國不動產市場。僅僅18個月前，他曾保證和英國土地
公司聯手，投資7億7500萬美元在英國的不動產市場。但現在
梭羅斯宣布量子基金要把新成立的英國不動產基金的一半賣給
英國土地公司，而正如原始的協定所規定，英國土地公司擁有
優先自由選擇的權利。

　　每當梭羅斯自覺表現平平，便會說他也會犯投資上的錯
誤。他會堅稱，他能夠成功，真正的秘密在於比大部分人早發
現自己的錯誤。退出英國不動產市場，是不是也是同樣的道
理？

　　一整年內，梭羅斯對美元的信心十分堅強。雖然那年稍
早，這樣的信心使他損失不貲，他還是相信美國的經濟愈來愈
強，而且政府會繼續採取措施，維持美元於不墜。他也深信美
國和日本遲早會解決貿易爭執，而這有助於美元對日圓攀高。
可是美元似乎是扶不起的阿斗，連美國聯邦準備理事會
（Fed）數次進場干預和全球各地的中央銀行相互配合，也無

濟於事。

梭羅斯本身的公共關係努力也告失敗。8月2日接受WNET的查理‧羅斯（Charlie Rose）PBS電視秀訪問時，梭羅斯爲美元辯護，一口咬定，不應讓美元貶值太多，因爲那會種下美國經濟不穩的種籽。他告訴羅斯：「如果讓美元貶值太多，那……會製造很大的不安定，因爲通貨膨脹壓力將因之而生，債券市場也會有不良的反應。」羅斯問他是不是正買進美元，梭羅斯閃爍其詞。「我不想告訴你，就在我們談話的這個時刻，我可能買進，也可能賣出，而我並不曉得。」

梭羅斯1994年的挫敗，並沒有使交易員卻步，不再跟隨他的每一個腳步，不再仔細聆聽他講的每一句話。10月4日梭羅斯接受路透社訪問，交易人全豎起耳朵。梭羅斯說，他見到日圓有可能對美元大幅貶值。梭羅斯斬釘截鐵地說：「我認爲有回檔15％到20％的潛力。」他預測日圓將從99.55日圓兌1美元跌到115日圓至120日圓兌1美元。

兩天後的一個晚宴上，大型機構的基金經理人群聚紐約一位客戶家裡，談話的主題是梭羅斯對美元所下的大賭注。那個晚上賓客很洩氣。他們想相信梭羅斯知道他到底在講些什麼。他做對的次數十分頻繁；在他表現大師風範並且發表公開談話時，他的觀點似乎總能自我實現。可是以前梭羅斯對美元的看法都錯了？他會不會再次犯錯？

梭羅斯那時的公開評論，洩漏了他1994年投機性操作貨幣感到的挫折。《商業週刊》10月3日那一期，有一篇訪問他的文章。詢及他從日本的虧損得到什麼外匯市場的教訓時，梭羅

斯說：「這個時刻，在外匯市場投機，賺頭不是特別好。過去兩三年的緊張關係，大幅失衡導致貨幣大幅波動的情形，目前並不存在。尚未解決的最大問題在日本——在經常帳順差方面（與美國）的言詞之爭。我們認為這事會解決，因為很有必要去解決。這是年初以來，我們犯錯的地方。我們認為會提早解決，而不是拖得很晚才解決。說來有趣，我們目前所想的還是同樣的事。」

但是堅信美元將升值，愈看愈像不對的策略。1994年11月初，美元跌到戰後新低點。

不管梭羅斯和朱肯米勒試著把1994年說得多好，財金專業新聞媒體——《金融世界》、《華爾街日報》等等——唱的調子就是不一樣。

《華爾街日報》11月10日的標題這麼做：「交易員說，梭羅斯再次看貶日圓」。這份報紙指出，梭羅斯基金管理公司因為賭美元會對日圓上漲，已經賠掉4億到6億美元；2月間它也賭同樣的事——也賠了。

要是梭羅斯的賺錢機器對2月間的虧損，抱持某種厭煩的態度，這一次——1994年11月——則採取比較防衛性、憤怒和模糊的語調。同樣的，朱肯米勒被推到新聞媒體前面，但現在他不再把事情講得那麼明白。他告訴《華爾街日報》：「正常情況下，我們不發表評論。但這些謠言絕對荒謬無稽。」他指的是外界傳稱量子基金的資產淨值「那一年平軟」。他補充

說：「我們樂於揭露今年稍早的虧損，但外匯操作又有損失一節，絕對荒誕無稽、毫無根據。」朱肯米勒指出，基金的外匯倉位「略有利潤」，但不多談基金的美元對日圓倉位細節。

對外界來說，梭羅斯的表現遠優於其他避險基金經理人，並沒有意義。1994年，量子基金的表現是歷年來第二糟，只比前一年上漲2.9％，別人則下跌20％到30％不等——它們的客戶也不斷流失；其他的避險基金必須整個退出這一行。不過這些似乎無關緊要，因為財金新聞媒體的注意焦點放在梭羅斯身上。新聞媒體仍認為他十分神秘、令人目眩神迷，繼續試著打進他的投資王國的的密室。有些時候，他對發生的事情十分不悅。

比方說，1994年7月的《金融世界》把梭羅斯列為1993年美國首屈一指的賺錢高手，11月8日的封面故事標題卻為「滿目瘡痍的梭羅斯：煉金師失去準頭」，對梭羅斯1994年的表現不予好評。封面上的梭羅斯看起來疲態畢露，右手撐著前額。他似乎在說：「我怎會搞得一團糟？」

梭羅斯宣稱，1993年投資量子基金（那時持有50億美元資產）的人，已賺到63％的利潤，《金融世界》雜誌不以為然，認為只有50％。梭羅斯說，1994年頭六個月，量子基金漲了1.6％，《金融世界》同樣不以為然，堅稱實際上發生9％的虧損。

《金融世界》也指出梭羅斯陷自己於困境的另一種可能原因：依《金融世界》的數字，1993年底，量子基金欠梭羅斯的顧問和績效費用累計達1,549,570,239美元，占基金淨資產的25

％。只要基金的表現不錯，而且梭羅斯不會爲了彌補自己的虧損而追討，這個「債務」不是什麼大問題。

新聞媒體對梭羅斯的攻擊持續不斷。11月底，報紙報導，雖然量子基金1994年的資產淨值只漲1％多一點，交易價格卻遠低於以往。受益憑證的資產淨值從1993年12月31日的22,107.66美元，降爲1994年11月初的17,178.82美元；減少之數幾乎全因1994年4月每股派發4,900美元。但是受益憑證市值的最重要指標，是高於資產價值的溢價。1994年初溢價是36％，但11月初已重跌爲只有16％。個中涵義十分清楚：投資人不再願意多花錢，好成爲梭羅斯賺錢機器的一員。

替梭羅斯講話的人，則試著解析溢價下跌的原因：1994年避險基金普遍承受很大的壓力；梭羅斯雖然處於種種不利的情境，做得還是比其他避險基金經理人要好；以前量子基金的溢價被人爲抬高，是新聞媒體炒熱喬治・梭羅斯的結果。

到了1994年底，愈來愈少人問：喬治・梭羅斯的力量太強了？梭羅斯基金管理公司的表現遠遜於前幾年，似乎十分清楚明白地回答了這個問題。但不能就此蓋棺論定，因爲即使1994年也沒有玷辱他做爲避險基金大王的美名。依他年復一年的投資紀錄，他那鮮明的超級投資家形象，以及在避險基金領域無可置疑的領導地位，梭羅斯仍被視爲大王。

事實上，儘管1994年的操作欠佳，梭羅斯的影響力還是很大。在梭羅斯宣布不再處理梭羅斯基金管理公司的日常經營事

務之後很久，以及他近乎全心全力轉向東歐和前蘇聯地區的公益慈善事業之後好幾年，他還是被視為華爾街和倫敦金融圈最有影響力的一股力量。隨便找個紐約或倫敦的基金經理人，問他梭羅斯是不是還值得密切注意追蹤，答案總為「是的」。

不過人們仍有揮之不去的感覺，覺得梭羅斯——以及其他重要的避險基金經理人——成長得太大、力量太強。以它們的規模之大，以及集體性的行動來說，雖然彼此間的行動未經協調，還是能夠對金融市場的行為產生影響。比方說，1994 年秋，避險基金總共擁有的美元倉位很大，而且棄船而去的意願十分強烈，因此在交易人心裡，梭羅斯和其他避險基金使得美元益顯疲弱。他們指出，避險基金經理人幾乎每逢美元開始反彈就賣出，使得美元的走勢變弱。

就算華爾街上有人相信梭羅斯的力量太強，對梭羅斯來說，那樣的看法遠比華盛頓對他的看法不重要。他真的認為，以他在這個世界上某些地區發揮的長才而言，華盛頓的決策官員應該對他感興趣才是。可是他發現，他們對喬治・梭羅斯這位外交政策專家不是那麼有興趣，不免感到震驚。

1994 年稍早，梭羅斯在國會銀行委員會前面表現得可圈可點，贏得許多人讚賞，之後便開始認為，也許千里馬終於遇到伯樂，可能有正確的人開始聽他講的話——而且很認真地看待他。梭羅斯沒能瞭解的事，是這個世界上有些自大的金融機構認為，人不喜歡聽別人告訴他們去做什麼事，當然也不聽喬治・梭羅斯的話。有一種看法存在，認為梭羅斯在惹惱德國聯邦

銀行或英格蘭銀行等機構時，太逾越分寸了。紐約《葛朗特利率觀察家》（Grant's Interest Rate Observer）的主編詹姆士・葛朗特（James Grant）指出：「假設你是英格蘭銀行的高階官員，一年賺4萬5000美元，擁有三個學位，寫過旁徵博引的專題論文，一年半來一直聽喬治・梭羅斯先生說你們弱智低能，作何感想？梭羅斯先生已經激發全球金融主管官員對他產生敵意。」

梭羅斯曉得，他還沒能取得同業對他完全敬重。拜爾倫・伍恩坦承：「他發表過很多演說，覺得『他們還是沒聽我的話。他們沒做我告訴他們去做的事。其他人從中作梗。這裡面有『此地無銀三百兩』的問題。』」

梭羅斯夠聰明，知道在自己不擅長的領域不要表示意見。但是碰到他有親身體驗的地方，以及他和政治、經濟領袖平起平坐的場合，便覺得自己講的話該有人聽聽。他相信西方國家沒有夠強的意願，去打開東歐國家的封閉社會。以前法西斯主義和共產主義對自由世界的威脅，西方國家都瞭解，也有所因應，但梭羅斯認為，1990年代缺乏這種威脅，西方國家反顯徬徨無所適從。1994年7月，他說：「我們甚至沒體認到有必要建立一個新的世界秩序，取代冷戰。沒那樣做，我們的世界將失序。梭羅斯講話的語氣，好像現在重擔落在他身上。「我發現自己置身於很奇怪的情境，在這裡面，個人為開放社會所做的事，多於大部分政府。」

他注意到，當他說德國中央銀行的高利率政策不智時，市場便把德國馬克匯價推落。「但是我痛責歐洲國家的波士尼亞

政策時，不是沒人理睬，便是有人告訴我，守著自己專長的領域就好。」有些時候，他很接近權力中樞──但還不夠近。1994年7月，他出席華盛頓一場國際會議，但沒會晤總統，也沒會晤國會領袖。

那種會晤是梭羅斯想要的，但他只和記者講到話。面對記者時，他敦促主要國家談好一套新的經濟協調體制，協助穩定匯率。他說：「我們不只在貨幣領域處身於非常嚴峻的情境，政治上也是如此。」他表示，蘇聯解體後，西方國家沒必要像以往那樣團結一致。「我們現在沒有（協調政策和穩定匯率的）體制。」他不認為主要國家宣布匯率區間的想法行得通。「所有的匯率制度都有缺陷。它們可以運作一段時間，然後瓦解。因此你必須經常保持彈性，調整制度。」

簡單的說，梭羅斯想要的是權力。他已經嚐到權力的滋味，喜歡那種體驗。他說：「權力醉人，而我取得的權力已比以前所敢想的還多──就算那只是在極端匱乏的情形下花費外匯的權力也可以。」

但對梭羅斯來說，那種權力，也就是大灑銀子的權力，是不夠的。他想要更多的權力。「他曾說過：「我希望人們聽我講話聽多一點。我有管道，但除了透過自己的基金會所做的事外，我對西方國家的舊蘇聯政策，幾無影響。白宮幾無資源可用，現在有我這樣一個資源，卻不使用，實在很奇怪。」

梭羅斯的密友拜爾倫・伍恩指出，很明顯的可以看出，這位投資家希望呼吸到白宮令人心醉的氣息。「喬治可能想要當伯納德・伯魯克（Bernard Baruch）。伯納德・伯魯克是成

功、聰明伶俐的人物，羅斯福總統從他那裡得到不少點子。喬治可能期待柯林頓也從他那裡得到點子。克里斯多福（Warren Christopher）或托爾伯（Strobe Talbott）從他那裡得到點子也可以。」

1994年9月27日，梭羅斯快要過65歲生日，發生了一件事，似乎集他的挫折感於一爐。那一天，匈牙利頒給梭羅斯的中十字景星勳章，是匈牙利第二高榮譽，表彰他對匈牙利現代化的貢獻。最高榮譽大十字一向是給政治人物，給梭羅斯的獎章是爲「平民」而設。

那只是平民獎章。

孩童時代相信自己可能是上帝的喬治‧梭羅斯，並不期望得到那樣的東西。

他在這個國家誕生，以這種方式對待他，他應有什麼樣的感受。當然了，應該覺得驕傲。1947年，他逃離這個國家，尋找更好的生活；他已經找到那個更好的生活。他已經回饋若干給出生地，也得到尊敬。但那不是他一直在尋找的尊敬。他無意受到平民式的待遇。喬治‧梭羅斯不是那種人。

———————————————

喬治‧梭羅斯，力能擊垮英格蘭銀行、擊潰英鎊，是全世界最傑出、能夠動搖市場的人物。

我們能從這些動聽的詞句得到些什麼概念？

　　許多人自然對他既敬且畏。他利用自己的操作基本工具——
——他的頭腦、他的電腦、他的分析天賦——表現優於所有同
行。可是某些好嘲之士一直繞著他打轉；他們嘲笑他只會賺
錢，不是辛勤耕耘，創造大事業的人。有些人覺得，只靠篩選
過濾企業的財務報表、和其他投資人聊聊、閱讀報紙、做一些
有根據的推測，就能累聚那麼多財富，叫人不敢相信。

　　「梭羅斯是怎麼辦到的？梭羅斯如何賺到那麼多錢？」

　　這些問題很容易便立即浮上心頭，因爲有人可以不經由我
們所有人都得經歷的顛簸路程，就賺到那麼多錢，似乎很不可
思議。但是對喬治・梭羅斯來說，累積那麼多財富不是簡單容
易的事，早年更是如此。因此別人沒理由不相信他，或者懷疑
他。

　　可是梭羅斯本人有意無意間，助長了我們的懷疑之情，因
爲他一再告訴我們，他賺錢比花錢容易；他一直都很神秘；談
他的投資秘密談了一堆，卻讓人摸不著頭腦；宣稱他提出了一
套理論，可以解釋金融市場，然後又說那其實不是理論，因爲
沒辦法在每種狀況中適用。有些時候，梭羅斯似乎讓我們得以
一窺他內心的金融靈魂，我們一得到滿足，便不再煩他。又有
些時候，梭羅斯講的話，聽起來似乎真的想讓我們瞭解到底什
麼因素使他那麼成功。不管喬治・梭羅斯多神秘、隱晦、曖
昧，他還是透過各種方式，讓大眾看到他的蓋氏計數器如何運
作，爲他的成功搖舌不下。別人看著梭羅斯表演時，總是試著
把他們的懷疑擺到一邊去。他們想要相信梭羅斯絕非一時僥
倖、可以模仿他、他們也能成爲賺錢機器。總而言之，誘引別
人夢想達到他的高度，是梭羅斯沛然莫之能禦的威權。

寰宇財金系列叢書

1997年新書出版計劃

梭羅斯旋風

Original: Soros: The Life, Times,& Trading Secrets of the World's Greatest Investor
by Robert Slater
ISBN: 0-7863-0361-1
Copyright © 1996 by McGraw-Hill , Inc.
All rights reserved.

5 6 7 8 9 0   P H W   9 8

作　　者　Robert Slater

譯　　者　羅耀宗

合作出版　美商麥格羅‧希爾國際股份有限公司（台灣）
暨發行所　台北市大安區復興南路一段 227 號 4 樓
　　　　　TEL: (02) 2751-5571　　FAX: (02) 2771-2340

　　　　　寰宇出版股份有限公司
　　　　　台北市仁愛路四段 109 號 13 樓
　　　　　TEL: (02) 2721-8138　　FAX: (02) 2711-3270
　　　　　E-mail: ipc@gcn.net.tw

總 代 理　寰宇出版股份有限公司

總 經 銷　聯經出版事業股份有限公司
　　　　　台北縣汐止鎮大同路一段 367 號 3 樓
　　　　　TEL: (02) 2642-2629

出版日期　西元　1997　年　7　月　初版
　　　　　西元　1998　年　8　月　五刷
　　　　　行政院新聞局出版事業登記證／局版北市業字第 323 號

印　　刷　普賢王印刷有限公司

定　　價　新台幣　420 元

ISBN：957-8496-84-2

國立中央圖書館出版品預行編目資料

梭羅斯旋風／ Robert Slater 著；羅耀宗譯. -- 初版. --
臺北市：麥格羅·希爾，1997[民 86]
面；　公分
譯自：Soros: the life, times & trading secrets of
the world's greatest investor
ISBN 957-8496-84-2 （平裝）

1. 梭羅斯(Soros, George) - 傳記

785.28　　　　　　　　　　　　　86008092